S. FISCHER

1. Annette Kolbs Schreibtisch in Badenweiler

ANNETTE KOLB

»Ich hätte dir noch so viel zu erzählen«

Briefe an Schriftstellerinnen und Schriftsteller

Herausgegeben von Cornelia Michél und Albert M. Debrunner

S. FISCHER

Originalausgabe
Erschienen bei S. FISCHER
© 2019 S. Fischer Verlag GmbH,
Hedderichstr. 114, D-60596 Frankfurt am Main

Satz: Dörlemann Satz, Lemförde
Druck und Bindung: GGP Media GmbH, Pößneck
Printed in Germany
ISBN 978-3-10-397422-5

Inhaltsverzeichnis

Vorwort   7

La Belle Epoque – 1914   9
Zwischen den Fronten 1914–1923   31
Die glücklichen Jahre 1923–1933   61
Im Exil 1933–1945   123
Die Rückkehr 1945–1967   219

Die Briefempfängerinnen und -empfänger   275

Verzeichnis der Briefe   295
Bildnachweis   305
Editorische Notiz   307
Personenregister   309

Nachwort und Dank   317

Vorwort

Annette Kolb war im Laufe ihres fast hundert Jahre währenden Lebens äußerst produktiv. Neben zahlreichen Feuilletonartikeln, literarischen Aufsätzen und zwei Musikerbiographien schrieb sie drei Romane, die stark autobiographisch geprägt sind. Letztere werden bis heute immer wieder neu aufgelegt. Ihre Essays, Erzählungen und vieles mehr findet man antiquarisch oder in der 2018 erschienenen kommentierten Werkausgabe. Als Autorin ins öffentliche Bewusstsein trat Annette Kolb mit ihrem Buch *Briefe einer Deutsch-Französin*, das bei seinem Erscheinen mitten im Ersten Weltkrieg einen Skandal auslöste. Die Verfasserin wurde vom Bayerischen Kriegsministerium zunächst mit einer Reise- und Briefsperre belegt, konnte dann aber in die Schweiz ins Exil gehen. So stehen Briefe am Anfang ihrer schriftstellerischen Karriere. Dennoch sind die Briefe Annette Kolbs bis heute nur interessierten Fachleuten bekannt. Diese sind sich indes einig, dass Annette Kolbs Briefe es ebenso verdienten, gelesen zu werden, wie ihre Romane.

Bis jetzt ist nur ein kleiner Teil von Annette Kolbs Korrespondenz veröffentlicht worden. Vorliegendes Buch versammelt zum ersten Mal Briefe aus mehreren Jahrzehnten und an verschiedenste Adressaten. Die Briefe bieten sowohl Einblick in Annette Kolbs Leben als auch in eine ganze literarische Epoche, tauschte sie sich doch mit vielen heute noch berühmten oder einst wohlbekannten, aber mittlerweile in Vergessenheit geratenen Schriftstellerinnen und Schriftstellern aus. Die Liste der in diesem Band vertretenen Korrespondenzpartner ist ein wahres Who is Who der Literaturgeschichte zwischen 1900 und 1970. Annette Kolb schrieb an Elazar Benyoëtz, Franz Blei, Carl Jacob Burckhardt, Gerhart Hauptmann, Wilhelm Hausenstein, Hermann Hesse, Alfred Walther Heymel, Hermann Kasack, Erich Kästner, Hermann Kesten, Erika, Klaus und Thomas Mann, Werner Richter, Rainer Maria Rilke, Romain Rolland, Max Rychner, Thea Sternheim, Dorothy Thompson, Kurt Tucholsky, Theodora Von der Mühll, Werner Vordtriede, Julius Zeitler, Berta Zuckerkandl und Carl Zuckmayer. Liest man die Briefe Annette Kolbs, nimmt man Teil am privaten und öffentlichen, kulturellen und politischen Alltag mehrerer Autorengenerationen. So entsteht ein einzigartiges Bild der literarischen Welt des 20. Jahrhunderts, gesehen mit den Augen einer Frau, die ein Teil von ihr war, jedoch trotz aller Liebe zu dieser Welt stets unabhängig und kritisch blieb. So steht Spott neben Begeisterung und analytischer Verstand neben Leidenschaft. Annette Kolb war eine Femme de lettres durch und durch. Die Lektüre ihrer Briefe ist nicht nur instruktiv, sondern ein ausgesprochenes Vergnügen.

La Belle Epoque – 1914

2. Annette Kolb und Franz Blei

Die drei Jahrzehnte vor dem Ersten Weltkrieg werden gemeinhin als die Belle Epoque, die schöne Zeit, bezeichnet, und im Rückblick auf die untergegangene *Welt von Gestern*,[1] wie Stefan Zweig sie nannte, mag es vielen so vorgekommen sein, als wäre sie tatsächlich schöner und besser als die der Gegenwart gewesen. Annette Kolb war und blieb in vielerlei Hinsicht ein Kind der Belle Epoque, obschon sie diese durchaus kritisch sah und keineswegs verklärte. So verschloss sie weder die Augen vor dem grassierenden sozialen Elend noch verkannte sie die Gefahr, die von den unheilvollen politischen Veränderungen in Europa und weltweit ausging. Sie wusste um die Drohung eines kommenden Krieges, den sie mit allen ihr zur Verfügung stehenden Mitteln verhindern wollte. Sie war überzeugt davon, die richtige Gesinnung zu haben, und wollte sich Gehör verschaffen, in der Hoffnung, Gleichgesinnte zur Tat und Andersdenkende zum Umdenken zu bewegen. Enttäuscht musste sie feststellen, dass nur wenige ihre pazifistischen Ansichten teilten oder zumindest nachvollziehen konnten. Umso wichtiger wurden für sie die Menschen, mit denen sie sich geistig und seelisch verbunden wusste. Diese wenigen unterstützten sie bei ihrer Arbeit, ihrem Bemühen, die Katastrophe abwenden zu helfen, doch sie standen ebenso auf verlorenem Posten wie Annette Kolb.

Annette Kolbs erste Veröffentlichung 1888 war ein Artikel in einer Münchner Tageszeitung. Thema des Artikels war die erbärmliche Lage eines Steinadlers in einem privaten Zoo, den sie besucht hatte. Der Steinadler fristete ein elendes Dasein in einem zu engen Käfig und geriet Annette Kolb zum Sinnbild unterdrückter Freiheit und Lebensfreude. Der Artikel hatte den gewünschten Effekt, denn die Zoobesitzer be-

---

1 Stefan Zweig, *Die Welt von Gestern*, Stockholm: Bermann-Fischer 1942.

eilten sich, die Lage des gequälten Tieres zu verbessern, um sich nicht dem geschäftsschädigenden Zorn des Publikums ausgesetzt zu sehen. Die erst achtzehnjährige Annette Kolb war von da an überzeugt, dass Schreiben etwas bewirken, etwas verändern kann, dass Schreiben Handeln bedeutet.

Annette Kolbs Schreiben bewirkte nach ihrem ersten journalistischen Erfolg erst einmal gar nichts. Im Gegenteil, kein Mensch interessierte sich für ihre Texte, und selbst gute Freunde rieten ihr, das Schreiben zu lassen.[2] Sie ließ es nicht. Tag für Tag ging sie ins Café Fahrig am Karlstor und schrieb.[3] So entstand mit der Zeit eine Vielzahl von Texten, von denen sie 1899 unter dem Titel *Kurze Aufsätze* eine Auswahl im Eigenverlag herausgab. Das Sammelsurium war ein einziger Flop und brachte ihr statt Ruhm vor allem Spott ein. Niemand hatte auf dieses Buch gewartet, keiner kaufte es, noch schlimmer, kaum jemand las es. Doch Annette Kolb blieb überzeugt: »Ich habe etwas zu sagen. Was ich zu sagen habe ist wichtig.«[4] Sie hatte gelernt, dass es viel Geduld braucht, sich Gehör zu verschaffen. Deshalb schrieb sie weiter kleine Artikel für diverse Feuilletons und schaffte es schließlich sogar, 1905 in der vom S. Fischer Verlag herausgegebenen renommierten Zeitschrift *Die Neue Rundschau* ihre autobiographische Erzählung *Torso* unterzubringen.

Eine zusätzliche Möglichkeit, am literarischen Leben teilzunehmen, bot sich ihr als Übersetzerin. Schon als junges Mädchen beherrschte Annette Kolb fünf Sprachen: Bayrisch, Französisch, Hochdeutsch, Englisch und Italienisch. Dies kam ihr nun zupass. Für den Leipziger Verleger Julius Zeitler übertrug sie die Briefe der heiligen Catarina von Siena

---

2 Vgl. Armin Strohmeyr, *Annette Kolb*, München: dtv 2002, S. 41.
3 Vgl. ebd.
4 Zitiert nach: Armin Strohmeyr, *Annette Kolb*, ebd., S. 33.

aus dem Italienischen ins Deutsche. Sie besorgte nicht nur die Übersetzung, sondern auch die Auswahl, und schrieb überdies das Vorwort zu dem Band. Die friedliebende Heilige war ihr ein Vorbild. Wie sie wollte Annette Kolb vermittelnd wirken zwischen Individuen, Völkern und Kulturen. 1906, im selben Jahr, als *Die Briefe der heiligen Catarina von Siena* herauskamen, veröffentlichte sie bei Heinrich Jaffe in München *L'âme aux deux patries. Sieben Studien.* Stolz vermerkte die Verfasserin auf der Rückseite des Titelblattes: »Von den folgenden Studien sind drei in der ›Neuen Rundschau‹, beziehungsweise in der Wiener Wochenschrift ›Die Zeit‹ erschienen.«[5] Langsam trug ihre Geduld Früchte, und sie erregte als Autorin mehr und mehr Aufmerksamkeit.

Mit ihrem Buch *L'âme aux deux patries* schlug Annette Kolb einen Ton an, der ihr ganzes Werk durchziehen sollte, die deutsch-französische Verständigung. Da war es nur konsequent, dass sie sich besonders als Übersetzerin aus dem Französischen hervortat. Ihr Freund und Förderer Franz Blei verhalf ihr zu weiteren Übersetzungsaufträgen. Er war es auch, der 1909 in der Zeitschrift *Hyperion* ihren Dialog *Schatten* veröffentlichte. Zwischen 1909 und 1911 konnte sie Jean-Marie Comte de Villiers de l'Isle-Adams Roman *Edisons Weib der Zukunft*, die Memoiren der Markgräfin Wilhelmine von Bayreuth sowie André Chevrillons Reisebericht *In Indien* ins Deutsche übertragen. Spätestens mit ihren Übersetzungen etablierte sich Annette Kolb im literarischen Betrieb. Mit ihrem ersten Roman, einer zarten und psychologisch feinen Liebesgeschichte, gelang ihr dann der endgültige Durchbruch als Schriftstellerin. *Das Exemplar* erschien wie Thomas Manns *Tod in Venedig* 1912 in Fortsetzungen in

---

5 Annette Kolb, *L'âme aux deux patries. Sieben Studien*, München: Heinrich Jaffe 1906.

S. Fischers *Neuer Rundschau*, die damals von vielen gelesen wurde, unter anderen von Rainer Maria Rilke und Hugo von Hofmannsthal, die beide Annette Kolbs Erstling begeistert aufnahmen. 1913 kam *Das Exemplar* als Buch heraus und Annette Kolb erhielt dank Franz Blei für den Roman den Fontane-Preis verliehen. Da war sie dreiundvierzig, und fast die Hälfte ihres Lebens lag bereits hinter ihr, doch ihre literarische Laufbahn sollte erst jetzt richtig beginnen.

AN JULIUS ZEITLER

19.11.06

Sehr geehrter Herr Doctor

Vielen Dank für Brief und Sendung. Ich finde die Ausführung
äusserst geschmackvoll und das gebundene Exemplar wunderhübsch. Die Lilienarabeske hebt sich so stilvoll-mittelal-
terlich ab! Freilich habe auch ich mir das Sodoma Bild »ver-
fänglicher« gedacht! Was nun die Kritiker angeht, so kenne
ich zwar keinen persönlich, aber ein gewisser *Georg Jacob
Wolf*, der Recensent in den *Münchner Neuesten Nachrichten*,
hat mein erstes Buch so überraschend vorteilhaft besprochen,
dass mir sehr daran läge, ihn mit einem Exemplar der Catarinabriefe[6] bedacht zu wissen. Dann ist Rich. Schaukal[7] in
Wien, den ich zwar auch nicht kenne, aber Oukhama Knoop[8]
forderte ihn auf seine Gnadensonne mir zu zuwenden. Er
schickte mir gestern einen ganzen Stoss Bücher. Ihm sollte
ich wohl selbst ein Exemplar schicken? – Für mich selbst
möchte ich nicht unbescheiden sein, ich kenne die Usanzen so
garnicht. Blei ist nicht hier, so kann ich ihn nicht fragen. An
Msgr. Duschéne[9] in Rom und noch einigen anderen *auswär-
tigen*, sowie an Alfr. Walther Heymel, der immer Propaganda

---

6 Catarinabriefe: Annette Kolb übersetzte die Briefe der heiligen
   Catarina von Siena, die 1906 von Julius Zeitler als Buch herausgegeben wurden.
7 Richard Schaukal, österreichischer Dichter.
8 Gerhard Ouckama Knoop, deutscher Schriftsteller und Chemiker.
9 Monseigneur Louis Duchesne, französischer Kirchenhistoriker, den
   Annette Kolb in Rom durch Camille Barrère kennenlernte.

14

für mich macht, und an Oukh. Knoop sollte ich halt schon ein Exemplar schicken! event. auch an Thomas Mann? doch überlasse ich Ihnen was Sie mir geben wollen und können. Um eines der Luxus Exemplare hätte ich noch für die Prinzessin Rupprecht[10] gebeten. (Das Centrum[11] soll bereits auf mich geladen sein!! im voraus schon!) Hochachtungsvolle Grüsse. Die schöne Ausstattung hat mich sehr erfreut. Auf den Katalog bin ich sehr gespannt. Mit wiederholtem Dank

Annette Kolb

*

AN ALFRED WALTER HEYMEL

16. Okt. 1908

Lieber Alfred,

Der Bogen ist gross – aber keine Gefahr nicht. Der Brief ist nicht unangenehm – zwar hoffe ich dass auch E. Hw.[12] geboren nicht erbost sein zu müssen zu geruhen glauben, denn warum? – Ich bin unschuldig! – Ist meine Art zeitweilig désagreable [unangenehm] so ist doch mein Herze, ist vor Allem meine Absicht *gut*. Weiter: Deo grazias, mein Buch ist fertig. Die nassen Schleier der Correcturbögen liegen schon darüber, und um die Enthüllung des Monumentes brauche ich mich nicht zu kümmern, Weber[13] besorgt das. Allas, und ich fahre

---

10 Kronprinzessin Marie-Gabriele, Ehefrau des Kronprinzen Rupprecht von Bayern.
11 Deutsche Zentrumspartei, Partei des politischen Katholizismus.
12 E. Hw.: Euer Hochwohlgeboren.
13 Hans von Weber gründete 1906 den Hyperion Verlag, 1908 die Zeitschrift *Hyperion*.

auf ein paar Tage in Urlaub nach Tegernsee und lasse mir's bei einigen fröhlichen Herrschaften[14] nach den überstandenen Strapazen wohl sein denn die waren schrecklich. Wenn Sie das Buch lesen, werden Sie es sehr begreifen können!

Die Haindlkinder[15] hab i net kriegt, krieg i's net? Versprochen san's!

Weiter: Alfred, ich kann Ihnen nicht sagen, wie ich mich *ganz im Stillen* freue, daß Sie in den Hyperion einzutreten denken! (Haben Sie übrigens Gebsattel's[16] Briefe drin gelesen? Sie kommen diese Tage heraus!) Denn 1. ist das eine wirklich vornehme Revue, Ihres Interesses viel würdiger als … ur, ich bin schon wieder ruhig; ich will nichts gesagt haben; eine Revue, die sich in keiner Weise noch compromittirte, sondern wirklich den Rahm abschöpft; sowohl in der Art wie sie sich präsentiert als wie in ihrem Niveau. Ich will den jungen Germain[17] dafür interessieren; er ist gerade da. Dann halte ich Weber für einen sehr anständigen Menschen der rasend viel Geschmack hat. Und was Blei[18] betrifft, sehen Sie, Alfred, ich habe auch schon meine Härten, aber der Mann scheint mir immer wert, daß man ihn fördern, aus mehrfachen Gründen: seines selten formlosen und gütigen Naturells halber, seiner unleugbaren Generosität, abgesehen davon daß er ein feiner Kritiker und ein witziger Kopf ist. Vielleicht lebt keine Frau, die seiner *Richtung* entfernter steht als ich, ja, wenn mich etwas in meinen selbsteigenen Anschauungen und Prinzipien bestärken konnte, so war sie es. Stünde ich ihr nicht so un-

---

14 Annette Kolb war ein häufiger Gast von Sophie Gräfin Drechsel von Deufstetten, sowohl am Tegernsee als auch in München.

15 Roman von Rudolf H. Bartsch, *Die Haindlkinder*, Leipzig: Staackmann 1909.

16 Viktor Emil von Gebsattel, Philosoph, Arzt für Psychiatrie.

17 André Germain, französischer Journalist und Schriftsteller.

18 Franz Blei.

endlich ferne, ich könnte nicht so lebhaft für ihn eintreten, wie ich es immer tue. Aber – (ich will mich nicht auf die hl. Catarina steifen!) – allein der Mann scheint mir immer wert, daß man zu ihm steht; denn ich habe die Überzeugung, daß ihm mit seiner Richtung garnicht ernst sein kann, er gehört ihr garnicht an, die Umstände und die Umgebung müssen ihn dazu gedrängt haben. Keiner ist ja so harmlos wie er. Bereits ist diese Richtung schon sehr abschattirt einen Ruck noch und er stünde in einem anderen Lager. Darum begrüsse ich Ihren Plan den Kunstabteil dieses Blattes zu übernehmen sehr, und habe, seitdem Sie ihn mir verrieten, viel darüber nachgedacht. Es würde hier Ihrer Tätigkeit ein so würdiges, ja rühmliches Feld eröffnet. Ganz unter uns zwei – muß man doch sagen, daß Blei punkto Zeichnungen das Auge für die gesellschaftlichen Notionen nicht besitzt, oder wenigstens, daß es unsicher ist, ob er es zeigen wird, während Ihr Name allein für die Öffentlichkeit wie eine Garantin steht. Wenn es sie daher reizen müsste, einer Revue beizutreten, die intellectuell u.s.w. auf einem derartig hohen Niveau steht, so wäre Ihr Name zugleich wie ein Adelspatent; (Sie sehen ich kann auch nett sein!!) mich aber würde es schrecklich freuen, die Blüte eines so verheissungsvollen Organs (es kommt halt wieder die Münchnerin zum Vorschein?) in München gezeitigt zu sehen. Schreiben Sie mir doch wieder einmal einen schönen Brief! Von Sonntag ab (übermorgen) bis 24. Okt. ist meine Adresse Tegernsee Villa Drechsel, dann wieder hier!

Tausend Grüße

Annette

Kommen Sie nicht mehr vor America?? Muß man Ihnen schon gute Reise und frohe Heimkehr wünschen? –

*

AN GERHART HAUPTMANN

München, Sophienstr. 7/I
12.11.09

Hochverehrter Meister,

Wenn ich mir gestatte, Ihnen beiliegenden von den Süd. Monatsheften zurückgewiesenen, von den Münchner Neuesten leider mutilirten [verstümmelten] Artikel, einzusenden, so geschieht es nur zum Beweis, dass München doch nicht insgesammt für dessen leidige Tradition, die besten Männer der Zeit zu verunglimpfen verantwortlich gemacht werden darf. Aus demselben Grunde erlaube ich mir, Ihnen die letzte Hyperion Nummer mit einer für Sie angemerkten Seite einzusenden. Fassen Sie es nicht als Dreistigkeit auf, ich bitte Sie, wenn ich Sie frage, ob Sie Ihr Weg etwa Sonntag 5 Uhr bei mir vorbeiführte. Ich würde es in diesem Falle auch Mottl[19] sagen. Sie träfen ausserdem nur ganz wenig Menschen bei mir an. gern hätte ich sie gefragt, ob ich Sie etwa nach der Vorlesung begrüssen dürfte, doch fürchte ich, dass ich zu schüchtern wäre, mich Ihnen da – unbekannter Weise – zu nähern. Ausserdem werden Sie auch zu umringt sein.
Mit verehrungsvollstem Grusse
Annette Kolb

*

---

19 Felix Mottl, österreichischer Dirigent und Komponist, war bekannt für seine Wagner-Interpretationen. Von 1907 bis zu seinem Tod 1911 war er Generalmusikdirektor an der Hofoper in München.

AN ALFRED WALTER HEYMEL

[1909/1910]

Lieber Alfred,

Ich schrieb Ihnen eben einen so saudummen Brief, dass es
nicht zum aushalten war, und ich ihn wieder zerriß. Vielen
Dank für Ihre liebe Epistel. Es ist mir ungemein tröstlich dass
Ihnen der Dialog[20] gefiel, denn wenn man volle 2 Jahre (oder
mehr) an eine derartig jämmerlich kurze Sache laborierte,
so verliert man alle Fühlung zu ihr – ist aber umso abhän-
giger vom Urteil der anderen! Knoop schrieb mir, es hätte
die scheinbare Regellosigkeit eines Naturprodukts, darin
läge der formelle Reiz. Ich verstehe nicht recht was er damit
meinte. Aber genug von mir. Simolin[21] kam heute mich holen,
weil er mir bei Brakl[22] 2 Habermanns[23] zu zeigen wünschte,
von denen er eines kaufen wollte. Ich habe ihm die ihn betref-
fenden, nur die dankenswerten, natürlich!! Stellen aus Ihrem
Brief vorgelesen; ihm auch gesagt, wie durchaus loyal und
unvoreingenommen Sie in seinen letzten Missgeschicken sich
stets äusserten; es freute ihn sichtlich. Dass er misstrauisch
und bis zu einem gewissen Grade auch schwierig ist, läugne
ich nicht, aber seine letzten Erfahrungen (aus denen sich eine
recht blutige Satire auf die Münchner Haute Volée machen

20 *Der Schatten, ein Dialog* erschien 1909 in der Zeitschrift
    Hyperion.
21 Rudolf von Simolin-Bathory, deutscher Kunstsammler und
    Unternehmer.
22 Franz Josef Brakl, österreichisch-ungarischer Opernsänger,
    Theaterdirektor und Galerist.
23 Hugo von Habermann, deutscher Maler.

19

liesse sind recht angetan ihn noch misstrauischer zu machen, als er es von Natur schon ist. Für mich sprechen für Simolin 2 Momente: erstens sein grässliches Gebrechen, also Mitleid, 2. dass er ein feinsinniger Mensch ist; also Sympathie. Das ist aber so selten, dass man schon ein Auge zudrücken darf, findest du nicht? Denn *grobsinnig* finde ich fast Alle, und das gibt immer einen so quälenden Contakt! ich leide so sehr *darunter*! Wenn nur einer durch seine Grobkörnigkeit mich nicht verletzt! und verletzbar bin ich leider bis zur Stupidität. Was ich dir noch sagen wollte, ja also Kippenberg[24] hat mir geschrieben, es ist alles in Ordnung, die Honorarfrage lässt er wie ich auch noch etwas in der Schwebe, nur will er das Buch jetzt erst im *Herbst* 1910 herausgeben, erst setzte er es für das Frühjahr an. Nun es lässt mir Zeit auch nebenbei ein bischen was zu schaffen obwohl wenn ich nicht ein bischen wieder Umschau halte in der Welt so ist es fertig mit meiner Schreib-Ader!! Wenn meiner Mutter besser sein wird muss ich fort auf eine kleine Weile, oder ich ersticke hier ganz. Aber genug, sobald ich wieder von mir rede, regt es mich nur auf; a propos, aber Thomas Mann sagte mir gestern, mein griechischer Frühling (er ist jetzt in den N.N.[25] erschienen) sei ihm aus der Seele geschrieben; er fand viel Beifall bei den »Zünftigen« doch wird es wohl das letzte sein, was ich in dem Blatt schreibe, ich sagte es auch zu Knorr,[26] denn in der Redaktion habe ich zu viele Hasser (was ein echter »Redakter« ist, hasst mich im vorn herein!) denn ich selbst finde es nur verlockend an ein mächtig grosses Lesepublikum sich zu wenden, wenn schon, dann auch. Was habe ich von 400 Lesern? wenn ich

---

24 Anton Kippenberg, deutscher Verleger, Gründer des Insel Verlags.
25 *Münchner Neueste Nachrichten*.
26 Thomas Knorr, Verleger der *Münchner Neuesten Nachrichten*.

meine Meinung sagen will. Neulich war ich bei Hildebrand[27] oben. Sein Bismarck[28] ist geradezu unbeschreiblich. Wir gingen nach dem Essen ins Atelier und blieben lange davor stehen.

Hofmiller's Versuche[29] finde ich sehr inhaltsreich, besonders Galiani;[30] etwas gekrunken bin ich über seine Catarina v. Siena. Da wäre es füglicher mich zu erwähnen, denn was *ich* über diese Frau sagte ist wahrlich nicht von Pappe, und zwar Gedanken, die ich da bringe sind origineller und schwerwiegender als das seine; 's tut mer leid, aber 's isch e so. Fragen's nur den Hildebrand, wie der meine Einleitung fand. Aber jetzt bin ich schon wieder giftig, ruhe o mein Herz! Aber halte mir meine manchmalige Giftigkeit zu Gute, lieber Alfred. Es ist nicht der Grund meines Wesens. Aber mein Leben…doch genug, genug! Du siehst, ich sollte gar keine Briefe nicht schreiben. Adieu. Auf Wiedersehen. Bewahren Sie mir Ihre Freundschaft lieber Alfred. Wann kommen Sie? Herzlichst

Annette

＊

---

27 Adolf von Hildebrand, deutscher Maler und Bildhauer

28 Hildebrands Reiterstandbild von Otto von Bismarck vor dem Bremer Dom wurde 1910 eingeweiht.

29 Josef Hofmiller, Essayist, Kritiker und Übersetzer, veröffentlichte seine *Versuche* 1909 in den *Süddeutschen Monatsheften.*

30 Einer der *Versuche* Hofmillers war ein Essay über Abbé Ferdinando Galiani, 1728–1787.

München Sophienstr. 7
26.2.11

Lieber Herr Doctor

Sie könnten die Übersetzung jedenfalls haben. dass das Buch im Herbst erschiene, im Laufe des Sommers also fertig würde.[31] Aber liebster Doctor 400 M. sind mir offen gesagt wirklich nicht genügend. Es ist das Honorar das ich jetzt für Übersetzungen Anfängern zutreibe. Legen Sie mir diese Worte nicht als Anmassung aus; wir haben immer irgendwie auf der Basis gegenseitigen Vertrauens zu einander gesprochen, obwohl wir uns garnicht kennen. Es wäre mir so leid wenn sich die Sache zerschlüge. Ich werde Ihnen gewiss nicht das Honorar sagen, das ich für die »Markgräfin v. Bayreuth« erhielt, denn durch das schwierige Nachwort wurde ja die Arbeit sehr compendiös, aber über die Summe die Sie mir nannten bin ich doch sehr erschrocken. so weit zurückgreifen könnte ich wirklich nicht, und es wäre gar zu deprimierend! Ich hatte offen gesagt so etwas wie mindestens 700 gedacht. Eine *gute* Übersetzung verlangt Zeit, und als Halbfranzösin kann ich sie versichern dass sich ein englisches Buch (selbst für mich) viel schneller verdeutscht wie ein französisches. Desshalb werden auch die französischen Bücher gewöhnlich am schlechtesten übersetzt, weil man die Schwierigkeit garnicht wahrnimmt. Darf ich Sie bitten zu meiner Auffassung freundlich Stellung zu nehmen, und mir eine freundliche Rück-

---

31 Gemeint ist das Buch *In Indien* von André Chevrillon, das von Annette Kolb übersetzt wurde und 1911 im Verlag Julius Zeitler erschien.

äusserung geben zu wollen. Mit vielen Grüssen lieber Herr
Doctor

Ihre Annette Kolb

*

München Sophienstr. 7/1
24.12.11

Lieber Herr Rilke,

Ich danke Ihnen von Herzen für den prachtvollen Centaur.
Eine Sprache wie die Ihrige scheint alles in sich zu vereini-
gen et tenir du miracle [und behält das Geheimnis]. Sie ist
von einer berauschenden Schönheit wie ein Wald, und scheint
sich an Stelle der Natur zu setzen! Ich bin noch ganz unter
dem beglückenden Eindruck indem ich es Ihnen sage. Werden wir Sie wieder einmal in München begrüssen dürfen?
Die Wünsche die ich Ihnen für das kommende Jahr entgegen
bringe brauche ich Ihnen nicht zu nennen. Viele dankbare
Grüsse

Annette Kolb

*

6.2.[1913]
München

Lieber Herr von Hofmannsthal

Ich bin so entzückt von Ariadne[32] dass ich es Ihnen sagen muss (noch einmal.) Car c'est bien vous, qui par ce texte si inspiré avez *mis* Strauss à ce souffle parfois vraiment génial. Mais il y a dans votre Ariadne l'atmosphère créatrice où ces accents soudains ont été puisés [Denn Sie sind es, der durch diesen so inspirierten Text Strauss den manchmal wirklich genialen Atem gegeben hat. Aber es gibt in Ihrer Ariadne die schöpferische Atmosphäre, aus der diese plötzlichen Akzente geschöpft worden sind]. Ohne mechtildische[33] Arroganz glaube ich dass man eine gewisse »Nase« haben muss um das Füllhorn zu entdecken das sich hinter so viel Grazie so bescheiden – fast spielerisch – versteckt! Nichts rührender wie die *Tiefe* unter diesem Geplänkel. Aber ich kann Ihnen nicht ordentlich schreiben lieber Herr von Hofmannsthal, meines Speicher's[34] Ofen ist gerade defect, und unten han i kein Ruh net.

Kommen Sie bald wieder einmal nach München?

Alles Liebe Ihnen Beiden und die aufrichtige Bewunderung Ihrer

Annette Kolb

*

32 Richard Strauss' Oper *Ariadne auf Naxos*, für die Hugo von Hofmannsthal das Libretto geschrieben hatte.

33 Anspielung auf Mechtilde von Lichnowsky, deutsche Schriftstellerin.

34 Annette Kolb bewohnte in ihrem Elternhaus an der Sophienstraße 7 in München ein Zimmer unter dem Dach.

[München,]
7.2.[1913]

Lieber Herr von Hofmannsthal

In der gestrigen Ruhelosigkeit konnte ich Ihnen nicht mehr sagen, was ich Alles auf dem Herzen hatte bezüglich der Ariadne. es war nur so ein cri de cœur [Herzensruf] – und jetzt schnell einen Anhang an dazu von meinem Speicher aus. Sie werden bestimmt Freude an der hiesigen Aufführung haben. Zwar gab ich soeben mein Billet für die heutige performance [Aufführung] zurück – weil die Fladung[35] statt der wirklich fabulösen Bosetti[36] singt, und die Fladung ist *unter* der Mediocrität. Die Craft[37] wäre eine viel bessere Doublure [Zweitbesetzung] gewesen aber die Bosetti ist *einzig*, und Walter[38] – Sie wissen wie wenig ich hier Fanatikerin bin – dirigirt die Ariadne über alles Lob – ja seine Führung ist hier von höchstem Interesse. Miserabel wird der Bourgeois[39] gegeben ein Stück, das so amüsant sein könnte. Wohlmut[40] insupportable [nicht zum Aushalten] – die Schwarz[41] von unerhörter

---

35 Irene von Fladung, österreichische Opernsopranistin.
36 Hermine Bosetti, deutsche Opernsängerin.
37 Marcella Craft, amerikanische Opernsopranistin.
38 Bruno Walter, deutsch-jüdisch-österreichischer Dirigent, Pianist und Komponist. Er zählte zu den wichtigsten Dirigenten des 20. Jahrhunderts.
39 Molières Stück *Le Bourgeois gentilhomme* wurde zuerst gespielt, anschließend die Oper von Strauss.
40 Alois Wohlmuth, österreichischer Schauspieler, Schriftsteller.
41 Vera Schwarz, österreichische Opernsängerin.

Gemeinheit wenn man doch eine Ramlo[42] hätte. Graumann[43] ist ein vorzüglicher Schauspieler, kriegt auch nie was gescheites zu tun. Die Fay[44] sieht gut aus, und singt schön, wenn man auch auf die Dauer von der amerikanischen Mundart ihrer seelenlosen Gesten sehr gestört wird. Die Omelette ist natürlich mit einer fürchterlichen Enttäuschung gefüllt, aber trotz dieser Mängel ist die Ariadne eine Glanzleistung, und Walter und Bosetti absolut Sterne zu nennen. Ne craignez pas de venir la voir, mais ne venez pas avant le retour de Bosetti. Elle restera absente jusqu'au 2 mars, à ce que j'entends [Fürchten Sie sich nicht davor, sie sich anschauen zu kommen, aber kommen Sie nicht vor der Rückkehr der Bosetti. Sie wird, wie ich höre, bis zum 2. März abwesend sein]. Herzliche Grüße Ihre
    Annette Kolb

*

AN HUGO VON HOFMANNSTHAL

München, Sophienstrasse 7
17. 8. 13

Lieber Herr von Hofmannsthal

Es ist zum Glück *mein* Brief verloren gegangen und nicht der Ihre[45], der mir so wertvoll ist, der mich so freute, und für den

---

42 Marie Ramlo, deutsche Theaterschauspielerin und Schriftstellerin.
43 Karl Graumann, deutscher Theaterschauspieler.
44 Maude Fay, amerikanische Opernsopranistin.
45 Hugo von Hofmannsthal schrieb Annette Kolb am 2. Juni 1913 einen Brief, in dem er sie für ihren eben erschienenen Roman *Das Exemplar* lobte.

ich Ihnen alsbald noch hart vor meiner Abreise nach England dankte. Ottonie,[46] die ich gestern auf der Strasse traf, sagte mir, dass Sie keine Antwort von mir erhalten hätten, darum will ich Ihnen gleich nochmal sagen, was für ein Stein von meinem Herzen fiel als ich Ihre schönen und gütigen Worte las, denn dass ich gerade auf *Ihr* Urteil bebte, war natürlich. Lob und Tadel der meisten Anderen, ach mein Gott, will man lieber garnicht wissen. Es ist immer gar so wunderschön nebenhinaus. Worauf es ankommt entgeht ihnen mit so erstaunlicher Sicherheit. (Das Wort »mondän« hab i aa scho so gern!!) Ach kommen Sie doch wieder einmal. Ich glaube die Ariadne[47] würde Ihnen hier wirklich Freude machen. Und bei der Gelegenheit käme ich vielleicht auch auf einen Speicherbesuch Ihrerseits, nach dem ich mich sehr sehne. Ihr Freund Frankenstein[48] scheint entschieden das Richtige zu haben. Er imponirt und gefällt in Folge dessen Allen, die mit ihm zu tun haben. Jedermann schätzt ihn. In London habe ich Mechtild L.[49] oft gesehen. Quelqu'un devrait la guider [jemand müsste sie führen]. Es ist wirklich schad um sie. Elle aurait de l'étoffe mais hélas [sie hätte Stoff aber leider]! mit Flattusen wird das Gewand nur verschnitten. Winter fuhr strahlend nach England ab, verlobte sich vor eitel Freude auch noch dazu. Denken Sie den »Tod von Venedig«[50] nahm ich neulich wieder vor und erschrack wie schnell dieser Tote schon

---

46 Ottonie von Degenfeld, Freundin von Hugo von Hofmannsthal und Annette Kolb im Neubeurer Freundeskreis.
47 Richard Strauss' Oper *Ariadne auf Naxos* wurde 1913 in München zunächst im Residenztheater und dann im Hoftheater aufgeführt. Dirigent war Bruno Walter.
48 Georg Albert von und zu Franckenstein, österreichischer Diplomat, Jugendfreund von Hofmannsthal.
49 Mechtilde von Lichnowsky.
50 Thomas Manns Novelle *Der Tod in Venedig*.

davongeritten ist. Ein grosser Bluff. voilà! eine erschreckende Ungedanklichkeit wie schnell sind da die Sachen zerschlissen! (Ist nicht die Gedanklichkeit das, was die Lagerlöf[51] am Leben erhalten wird?)

Obwohl noch nicht Privatière [Alleinwohnende] habe ich jetzt doch schon ein Telefon

51280

nicht wahr Sie rufen mich an wenn Sie kommen, dann bin ich sicher dass ich Sie nicht molestire [belästige] Meine Mutter grüsst Sie vielmals. Und ich liebe Sie sehr.

Annette Kolb

Alles Herzliche der Gattin. Sie soll mich nicht vergessen.

*

AN ALFRED WALTER HEYMEL

61 Grosvenor Street, London W. bis spätestens 20. März
An Bord des »Imperator«
Hamburg Amerika Linie
Mittags, den 11.03.1914

Liebster Alfred,

Bevor das Schiff noch läuft Alfred möchte ich dir sagen wie stark mich der Gedanke an unser Zusammensein bewegt hat! Lass es dich nicht gereuen, dass es gerade an seinem Höhepunkt eine Unterbrechung erleiden musste. Ich konnte nicht anders handeln, so *leid* es mir war ich kann dir die Gründe nicht sagen aber glaube mir! vielleicht war eine Begegnung

---

51 Selma Lagerlöf, schwedische Schriftstellerin.

zwischen uns, nein gewiss ist nie eine so harmonisch gewesen und so in sich selbst erfüllt wie unsere gestrige. Siehst du ich bin längst zu dem Schluss gekommen, dass es das Loos der Freunde ist, nur höchst selten einander das sein zu dürfen was sie sich im Herzen bedeuten – dass ein eisernes Gesetz es ihnen verwehrt sich gegenseitig die Einsamkeit zu benehmen. Denn dazu scheint das Leben wohl da zu sein, dass wir immer wieder auf uns selbst mit empfindlichsten Stössen zurückgeworfen werden. als du mir gestern dein schönes Gedicht vorlast weisst du, da war ein Moment, wo ich dich wirklich vollkommen durchschaute und durchfühlte, es fiel aller Schein und alle Zutat von dir, das wesenhafte allein was das Leben so wenig an uns erschöpfen kann schälte sich da von dir los ohne Irrtum, ohne Schicksal, rein wie ein Klang, den nichts mehr aufhält, den die eigene Schwingung weiter trägt. Was Helene[52] und ich deine schöne Geste nennen und so sehr an dir lieben. nichts was echt noch was kostbar an einem Menschen ist kann verloren gehen. und das Seltene und Schöne an dir: der wundervolle Impuls, der »Schuss« den hast du vor den meisten, fast vor Allen voraus. Denk an die 2 Stunden nicht an die welche gestört wurde. Wo hat man oft solche Stunden? man muss ihre Erinnerung ungetrübt zurückbehalten: ihr Licht und ihre innere Beleuchtung. Lieber reicher armer Alfred, für dich gibt es letzten Endes nur eine aufwärts stürtzende und eine Sonnenbahn. Fühle aus diesen hingeworfenen und incoherenten Zeilen nur meine Anhänglichkeit heraus: *Tust du das?* mein sehr starkes Gefühl für

---

52 Sehr wahrscheinlich ist hier Helene von Nostitz-Wallwitz
   gemeint, die zum gemeinsamen Neubeurer Freundeskreis um
   Ottonie von Degenfeld, Hugo von Hofmannsthal, Alfred W.
   Heymel, Rainer Maria Rilke, Harry Graf Kessler, Henry van de
   Velde, Rudolf Alexander Schröder et al. gehörte.

den Kern deines Wesens. Ich bitte dich schreibe mir sofort 61 Grosvenor Street London W. % Mrs Heneage,[53] deine genauen Abreise Pläne *wie lange du* noch in Berlin bist. Ich hoffe dich noch zu sehen; ich bleibe eine Woche in London vielleicht treffe ich mich auf 1 bis 2 Tage mit Helene in Holland auf meinem Rückweg. Kämst du eventuell gar auch? Jedenfalls bitte deine Reisepläne und Daten.

Deine Annette

---

53 Dorothy Margaret Heneage, geb. Helyar, Tochter aus erster Ehe von Lady Violet Savile-Lumley auf Rufford Abbey, Ollerton. Annette Kolb war mit Mutter und Tochter eng befreundet und häufiger Gast in Rufford Abbey und nach dem frühen Tod 1912 von Lady Violet oft in London bei Dorothy Heneage.

Zwischen den Fronten 1914–1923

3. Annette Kolb am Teetisch

1914 veröffentlichte Annette Kolb im Verlag der weißen Bücher den Essayband *Wege und Umwege*. Er enthielt Aufsätze zu aktuellen Themen sowie Porträts von Zeitgenossen und hätte den Nerv der Zeit getroffen, wäre er nicht ausgerechnet Anfang August erschienen. Der Ausbruch des Ersten Weltkriegs ließ alle literarischen Bemühungen um Frieden zwischen den Völkern lächerlich erscheinen. Wer wollte schon *Besuch bei Duchesne*, einen Essay über einen französischen Kirchenhistoriker, lesen, wenn Deutschland Frankreich gerade den Krieg erklärt hatte? Was scherte einen Annette Kolbs *Ballonfahrt*, wenn tollkühne Flieger aus der Luft den Feind beobachteten und Bomben auf ihn warfen? *Wege und Umwege* war zu spät herausgekommen.

Für Annette Kolb bedeutete der Ausbruch des Ersten Weltkriegs nicht nur eine politische, sondern eine persönliche Katastrophe. Hatte sie als junges Mädchen in ihrer allerersten Veröffentlichung noch gegen die Käfighaltung eines Steinadlers protestiert, wurde die erwachsene Schriftstellerin nun gewahr, dass sich Deutschland durch den Krieg »en une cage gigantesque« [in einen riesigen Käfig][1] verwandelte, dem zu entkommen schier unmöglich schien. Dennoch gab sie nicht einfach auf, sondern bewies taktisches Geschick, das sie aber nicht davor bewahren sollte, angefeindet und mit Hass verfolgt zu werden. Auch ihr war klar, dass es im aufgeheizten politischen Klima des Winters 1914/15, als Deutschland bereits herbe Verluste erlitten hatte und die Front im Westen zum Stillstand gekommen war, nicht möglich sein würde, sich ungehindert gegen den Krieg und die Zwietracht zwischen den Nationen zu äußern. Aber sie wagte einen Versuch.

---

1 Annette Kolb, *Blätter in den Wind*, Frankfurt am Main: S. Fischer 1954, S. 173.

Am 25. Januar 1915 hielt Annette Kolb in Dresden einen Vortrag zum Thema *Die Internationale Rundschau und der Krieg*. Sie erzählte ihrem Publikum von dem Projekt einer neutralen, pazifistisch ausgerichteten Zeitschrift, für die Schreibende aus allen Ländern Beiträge verfassen würden, damit die Stimme der Vernunft vernommen werden würde. Sie kritisierte die Presse dafür, ein Sprachrohr des Hasses statt der Versöhnung zu sein, und hob als besonders übles Beispiel die französische Zeitung *Le Matin*, ein notorisches Hetzblatt, hervor. Das nützte ihr aber gar nichts, denn sie wurde von den wegen der vermeintlichen Verunglimpfung der deutschen Presse aufgebrachten Zuhörern niedergeschrien, konnte ihren Vortrag nicht zu Ende halten und musste noch am selben Abend mit dem Zug nach Berlin fliehen. Von da an war sie in Deutschland eine persona non grata. Wieder waren es ihre Freunde, die alten wie Franz Blei und neue wie René Schickele, die ihr den Rücken stärkten. Der Elsässer Schriftsteller René Schickele, der sich einmal selbst als zweisprachigen Grenzvogel bezeichnet hat, besuchte die als Landesverräterin beschimpfte Autorin in München und versicherte sie seiner Solidarität. Annette Kolb hatte moralischen Beistand bitter nötig. Zu allem Unglück starben 1915 zuerst ihre Mutter und wenige Monate danach ihr Vater. Ohne ihre Eltern war die Tochter zweier Länder plötzlich heimatlos. Sie konnte zwar noch publizieren, doch es waren bezeichnenderweise *Briefe an einen Toten*. Und sie wusste auch nicht, wie lange sie, die den Boden unter den Füssen verloren hatte, noch frei sein würde.

Die politische Verfolgung, der Annette Kolb in Deutschland ausgesetzt war, war real. Am 9. Mai 1916 fiel die Tür zu ihrem Käfig ins Schloss. Das Bayerische Kriegsministerium erließ eine Verordnung, die der Schriftstellerin die Möglichkeit nahm, öffentlich aufzutreten, sie mit einem Publikationsverbot belegte, ihre Korrespondenz stark einschränkte und ihr Reisen ins Ausland untersagte. Annette Kolb saß in München fest und konnte nichts tun. Einzig der Uneinigkeit der Behörden hatte sie es zu verdanken, dass sie im August 1916 für ein paar Wochen in die Schweiz reisen und Freunde, darunter Romain Rolland, dessen Bekanntschaft sie im Jahr zuvor gemacht hatte, treffen konnte. Bei dieser Gelegenheit lernte sie Harry Graf Kessler kennen. Er und Walter Rathenau sorgten dafür, dass sie schließlich wieder einen regulären Pass bekam. Im Februar 1917 fuhr Annette Kolb wiederum in die Schweiz, diesmal auf Jahre. Deutschland sah sie erst nach dem Krieg wieder.

Obschon sie sich im Exil befand, bedeuteten die Jahre in der Schweiz für Annette Kolb eine Befreiung. Zwar war sie unbehaust und reiste von Ort zu Ort, nirgends konnte und wollte sie sich länger niederlassen, doch durfte sie nun endlich wieder sagen und schreiben, was sie dachte. Dem Käfig entronnen, breitete sie ihre Flügel aus. Kaum in der Schweiz, veröffentlichte sie im *Journal de Genève* unter dem Titel *Lettre d'une Allemande* [Brief einer Deutschen] einen Artikel, in dem sie das in Dresden Gesagte nochmals aufgriff. Der Titel war eine Anspielung auf ihr 1916 bei Kurt Reiss erschienenes Buch *Briefe einer Deutsch-Französin*. Diese Briefe waren bereits früher in der von René Schickele redigierten Zeitschrift *Die weißen Blätter* erschienen. Schickele lebte mittlerweile auch in der Schweiz und stand in regem Kontakt mit Annette Kolb.

Im Exil nahm sie ihre privatdiplomatischen Bemühungen wieder auf, musste aber einsehen, dass trotz der freundschaftlichen Beziehungen, die sie zu Entscheidungsträgern wie Harry Graf Kessler hatte, ihr Einfluss auf die Zeitläufte gegen Null tendierte. Weder die klandestinen Treffen in ihrer Wohnung zwischen Pazifisten, Diplomaten und Schriftstellern aller Länder noch all die Briefe und Artikel, die sie schrieb, bewirkten auch nur das Geringste. Allerdings hatten ihre vergeblichen Aktivitäten einen nicht beabsichtigten, aber umso schöneren Nebeneffekt: In der Schweiz gewann Annette Kolb unter den Exilierten wahre Freunde. Romain Rolland und Hermann Hesse wurden von Kollegen zu Freunden, und die österreichische Schriftstellerin Berta Zuckerkandl lernte sie in der Schweiz überhaupt erst kennen. Besonders aber mit René Schickele verband sie von den Schweizer Jahren an eine Freundschaft, die ihr weiteres Leben bestimmen sollte.

AN ALFRED WALTER HEYMEL

21.09.[1914]

Lieber Alfred

bitte lies diese Zeilen mit *Bedacht*! Zuerst vielen Dank für
den Schein für Rosa.[2] Es ist rührend, wie hilfsbereit du immer
bist.

Über die deutsche Diplomatie ein Wort. Man scheint
mir hier ebenso kopflos vor – wie nachher; siehst du denn
nicht, wer die Hauptschuld trägt!! *Die*, welche ausgerechnet die grössten Esel von Deutschland an die ausgerechnet
verantwortungsvollsten Posten sandten, also das auswärtige
Amt, das eine ebensolche Blütenlese mit ins Hauptquartier
S.M.'s[3] nahm und in den Friedensverhandlungen egal alles
verpatzen wird. Ich kann noch nicht alles sagen was ich seit
15 Jahren weiss, aber es wird zu Tage kommen, hoffentlich
bald. Deutschland erweckte den Eindruck durch seine Botschafter als sei es inferior, die *guten* Köpfe drangen nie durch.
Barrère[4] war mit 28 Jahren Gesandter. Wir haben einen ge-
scheiten Gesandten in Copenhagen,[5] sonst wäre dort wohl
längst der Bruch entstanden – aber vielleicht ist er 9 Monate
zu jung um ein Botschafter zu sein. Der grösste Diplomat der
Welt war ein Deutscher. Es bedurfte besonderer Umstände

---

2 Alte Wahrsagerin vom Land, die »Lügenrosa«, die Annette Kolb
  manchmal konsultierte.
3 Seiner Majestät.
4 Camille Barrère, französischer Diplomat, 1914 Gesandter in Rom.
5 Ulrich von Brockdorff-Rantzau, von 1912 bis 1918 Gesandter des
  Deutschen Reichs in Dänemark.

dass er durchdrang – du weisst welche – und doch welche Kämpfe bis es ihm gelang. Unsere *guten* Leute werden ausgenützt, untergehalten u. diszipliniert, bis ihnen der Atem ausgegangen ist. Die Schlüsse welche die Gedankenlosen ziehen, ist, dass wir sie nicht haben. – Wie wünschte Rich.[6] immer *Solf*[7] möchte Botschafter werden. Wird man endlich darauf kommen. Nein Alfred, gute Köpfe in Deutschland sind immer Duldner u. vielleicht sind es deshalb vielleicht stets noch die besten Köpfe geworden. Hast du den Aufsatz von *Mons*,[8] dem ehemaligen Botschafter (den Fürst Bülow[9] natürlich cassieren liess weil er was taugte!) im Berliner Tagblatt 25. August Abendbl. gelesen? Da kannst du die Wahrheit über unser ausw. Amt zwischen den Zeilen lesen *und* unverblümt.

Lichn.[10] war der wenigst dumme von den Dreien oder Vieren. Schön[11] u. Pourt.[12] haben den Record. In England sind 90 pr. C. gegen den Krieg wie Mons hervorhebt, vor 8 Jahren wären sie *alle* dafür gewesen dort; es ist so gedankenlos die gebahnte Annäherung jetzt zu läugnen, weil sie durch Sarajewo vor dem Abschluss in die Brüche ging; tue du das wenigstens nicht. Mir tun alle die gedacht haben (und ich rechne mich darunter) heute bitter leid. Da hast du meine Meinung.

---

6 Richard von Kühlmann, deutscher Diplomat und Schriftsteller.

7 Wilhelm H. Solf, deutscher Diplomat und Politiker.

8 Anton Graf von Monts, deutscher Diplomat, von 1902 bis 1909 Botschafter in Rom.

9 Bernhard Fürst von Bülow, von 1900 bis 1909 Reichskanzler.

10 Karl Max Fürst von Lichnowsky, deutscher Diplomat, 1912 bis 1914 Botschafter in London.

11 Wilhelm E. Freiherr von Schoen, Deutscher Botschafter in Paris von 1910 bis 1914. Er überreichte am 3. August 1914 die Kriegserklärung Deutschlands an Frankreich.

12 Friedrich Graf von Pourtalès, Deutscher Botschafter in St. Petersburg 1907 bis 1914. Er überreichte am 1. August 1914 die deutsche Kriegserklärung an Russland.

Und darum halte ich jetzt, *wie nie vorher* zu Kühlm.[13] und weiss warum. Denke dir, *ihn* liess man in Ohlstadt[14] bis zur allerletzten Minute und rief ihn erst zurück, dass er gerade recht kam um seine Pässe zu kriegen. L.[15] wollte Alles selbst prima gedeichselt haben, aber selbst wenn es anders gewesen wäre, hätte die Kriegspartei, obwohl das Cabinet gespalten war, wohl die Oberhand gekriegt; denn die Dinge waren eben noch nicht so weit, u. dafür ist auch an erste Stelle die Verantwortung aufzuladen. Es ist mir verboten worden, sonst wüsste man längst Dinge, die Niemand auch nur ahnt, u. die schon weit zurückliegen – ich *koche* wenn ich nur daran denke. Aber wenn ich dich auch ohne Grossmut reden höre bevor du die Einsicht haben kannst, dann bin ich tief deprimirt. Gita[16] nimmt die Dinge vernünftig und tut was sie kann. Im übrigen bleiben die Menschen die gleichen finde ich. Sofie Kaulbach[17] war lange krank in Folge eines Sturzes. Jetzt geht es ihr wieder gut. Mein liebes Alfrederl es ist so schwer keine wilden Briefe zu schreiben wenn man innerlich so durchwühlt von Wildheit ist, ach Gott gebe uns den Sieg. Tausendmal lieber wäre ich tot als diesen vermeidlichen Krieg erleben zu müssen. Es ist die grösste Strafe meines Lebens. Die Deutschen benahmen sich unbeschreiblich gross. Ich bin deutsch Alfred aber mit einem zerrissenen Herzen, darum sei nachsichtig

mit deiner alten getreuen

Annette

und pflege dich.

*

---

13 Richard von Kühlmann.
14 Richard von Kühlmanns Landsitz Raunerhof war in Ohlstadt.
15 Karl von Lichnowsky.
16 Gitta Heymel, geb. von Kühlmann, Ehefrau von Alfred. W. Heymel.
17 Ehefrau des Malers Hermann Kaulbach.

Sophienstrasse 7
Telefon 51280
ce 8 mars [1915]

Monsieur,

Le rédacteur des Weisse Blätter, Monsieur René Schickele
m'écrit pour m'engager à vous envoyer le No 3 de sa revue,
qui contient un discours, que j'ai prononcé à Dresde le 25
janvier. J'y joins un numéro du Zeitecho. Il faudra probable-
ment que je me rende en Suisse vers le 1er avril pour quelques
jours à cause de la »Revue Internationale«. Veuillez me dire
monsieur si, en poussant jusqu'à Genève, je pourrais vous y
rencontrer?
    Je crois que nous avons des amis communs à Rome n'est-ce
pas?
    Recevez je vous prie Monsieur l'expression de mas plus
haute considération.
    Annette Kolb

La rédaction du Zeit-Echo a permis que les »Briefe an einen
Toten« soient reproduites dans la Revue Internationale. Monsieur Rainer Maria Rilke qui est ici, me donne votre adresse

[Monsieur,
    Der Redakteur der Weissen Blätter,[18] Herr René Schickele
schreibt mir, um mich zu veranlassen, Ihnen die Nr 3 seiner

---

18 *Die weißen Blätter* waren neben Franz Pfemferts *Die Aktion* die
    wichtigste Zeitschrift des Expressionismus. Unter René Schicke-
    les Leitung erhielten sie eine dezidiert pazifistische Ausrichtung.

Zeitschrift zu schicken, die eine Rede enthält, welche ich am 25. Januar in Dresden gehalten habe.[19] Ich lege eine Nummer des Zeitecho[20] hinzu. Ich werde mich vermutlich gegen den 1. April wegen der »Revue Internationale«[21] in die Schweiz begeben müssen. Würden Sie mir bitte sagen, Monsieur, ob ich, wenn ich bis nach Genf vorstosse, Sie dort treffen könnte?

Ich glaube, wir haben gemeinsame Freunde in Rom,[22] oder nicht?

Seien Sie, Monsieur, meiner vorzüglichsten Hochachtung versichert.

Annette Kolb

Die Redaktion des Zeit-Echo hat erlaubt, dass die »Briefe an einen Toten« in der Revue Internationale abgedruckt werden. Herr Rainer Maria Rilke, der hier ist, gibt mir Ihre Adresse]

*

---

19 Annette Kolbs Rede *Die Internationale Rundschau und der Krieg.*

20 *Das Zeit-Echo* war eine Zeitschrift mit dem Untertitel *Ein Kriegs-Tagebuch der Künstler*, in der zunächst unterschiedlichste Positionen vertreten wurden, bis Ludwig Rubiner sie zu einem kriegskritischen Blatt machte.

21 Gemeint ist die vom Schweizer Philosophen Paul Häberlin geplante *Revue des Nations*, die völkerverbindend hätte wirken sollen, aber nicht zustande kam.

22 Annette Kolb meint den Diplomaten Camille Barrère und Monseigneur Louis Duchesne. Vgl. den Brief an Julius Zeitler vom 19. 11. 1906.

Zürich, Hotel Eden au Lac
Zürich, den 7.4.1915

Lieber Herr Hermann Hesse.

Es ist mir eine sehr grosse Freude gewesen, Sie kennen zu lernen und haben Sie herzlichen Dank, dass Sie meinen Überfall
so freundlich aufgenommen haben. Es ist ebenso wahr dass
ich Sie gleich erkannte, wie dass ich vollkommen unvorberei-
tet auf Sie war; bei den Künstlern wie bei den reichen Leuten
kommt es wohl am meisten nicht auf das an was sie ausgegeben haben, sondern was sie dabei zurückbehielten, und das
kann der Andere nie vorher wissen. Ich hoffe Sie erinnern
sich meiner wenn Sie nach München kommen und dass ich
Sophienstrasse 7 wohne. Von den wenigen, welche der heutigen Strömung widerstanden haben, erwartet man sich noch
so viel. Gruss der Nichte und den Kindern.

Ihre Annette Kolb

*

AN ROMAIN ROLLAND

Ce 8 avril [1915].
Zurich. Edenhotel

Cher Romain Rolland,

Je voudrais avant de passer la frontière saisir la dernière occasion de vous écrire librement, mais surtout vous remercier
encore une fois. Ne croyez pas, que tant de bonté et de dé-

41

licatesse aient pu m'échapper, et cette intention de consoler quand vous souffrez tant vous même. Je ne vous en ai rien dit! J'ai toujours la langue si obtuse sur le moment même, mais je sens bien les choses.

J'ai revu l'exprésident à Berne; ses vues ne se concordent hélas! que trop exactement avec les vôtres, et comme vous, il pense que pour l'instant, il n'y a rien à faire. Ne croyez-vous pas qu'au lieu de presser, il vaudrait mieux retarder maintenant le 1° Numéro de la Revue des Nations. Ici j'ai passé à la rédaction de la Zürcher Zeitung à la demande de ces messieurs; ils sont froissés que Häberlin et Reynol ne les aient pas initiés aux intentions de leur Revue. J'ai écrit une longue lettre à M. Häberlin à ce sujet. mais les journalistes sont des êtres étranges! si avides d'être pris pour des gens de bonne foi et pourtant en causant avec eux on est gagné par une telle incertitude qu'on finit par être aussi faux qu'eux. Ils étaient sincères pourtant en louant le Forum et les Weissen Blätter et la Schaubühne (que je vous enverrai dès mon retour.) Quant au Süddeutsche Monatshefte, je ne vous les enverrai certainement pas! C'est exactement le même niveau que le Matin, le même ton, je dirai la même g…le! J'y suis sommée du reste de signaler si je le puis, une seule de nos feuilles qui puisse être comparé au Matin. Je vais me faire un plaisir de signaler les Süddeutschen Monatshefte eux-mêmes. Quant au Mistral, vous voyez s'il est loin encore d'avoir du souffle! – Je vous remercie de m'avoir signalé Hermann Hesse à Berne! Pas vestige de »Literatendummheit« chez lui, au contraire une si belle intelligence, *beaucoup* de mécontentement … vous l'ai-merez. Malgré les Chinois, qui sont sa prédilection, il a fait un retour bien européen dans sa mélancolie et nous sommes tombés d'accord qu'il faudrait être *des jeunes* aujourd'hui. Nous autres, comment voulez-vous que nous secouions ja-mais les impressions d'aujourd'hui. Il n'y a que les enfants qui ne soient pas marqués. Je les regarde tous avec envie. Nous garderons les os transis de ce qui s'est passé. Comment voulez-vous que nous jouissions encore du printemps, je crois que nous paierons par des dépressions atroces nos dettes à tous ces morts. Mais ce sont là des considérations mêlées d'égoisme je veux bien! Allons, je m'en retourne dans le trou noir qu'est aujourd'hui tout pays belligérant. adieu. J'ai dit à Hesse quel grand musicien vous êtes. Depuis Mottl je n'ai plus entendu jouer comme vous jouez. Vous jouez en grand chef d'orchestre. Ah! l'air de Timande! und jour, vous me le donnerez. N'y a-t-il pas dans les dernières mesures comme un fléchissement, comme dans les dernières mesures de Don Juan? est-ce que je me trompe?

Il y a encore une chose qu'il faut que je vous dise, parce qu'elle me pèse sur la conscience. Depuis la guerre, mes sympathies pour la France sont parfois si fortes, qu'ensuite j'ai des remords. Et je me reprends quand je songe avec quelle dureté de cœur le monde entier envisage la défense que l'Allemagne est en train de soutenir comme une chose naturelle. Elle a détruit, mais on a voulu et l'on voudrait la détruire. En tous cas l'histoire marquera à nos nations guerroyantes qui portent la peine de leurs engagements une autre place qu'au valore italiano! – Mon Dieu je vous avouerai que jusqu'à Louvain, ce n'est pas du tout la violation du sol belge (étant donné l'effroyable situation de l'Allemagne) mais c'est l'ultimatum à la Serbie qui m'a révolutionnée, puisqu'il devait déchaîner la tempête. Tout ce qui a suivi à ce passe-droit là ne me paraissait plus que la conséquence inévitable de l'idiotie première. Et je ne puis m'empêcher de croire que c'est pour lui que l'Histoire sera plus sévère que pour *n'importe quoi*. Toute anti militariste que j'ai toujours été, il y a une chose pour laquelle j'ai été et je reste impérialiste. J'ai toujours *ragé* de voir la langue allemande, sa littérature, et l'envergure de la pensée allemande couvrir si peu d'espace sur la terre. C'est pour elles que j'ambitionnais toujours une domination plus proportionnée à sa valeur. Et je voudrais d'autant plus passionnément les voir envahir d'avantage, que de cette façon-là c'est entièrement le conquis qui triomphe. N'en êtes vous pas la preuve? Adieu. Si vous quittez Genève veuillez m'en prévenir, mais ne retournez pas encore en France. Il y a trop de forcenés encore! Songez pour vous-même au mal que Jaurès nous cause à tous par sa disparition. Au revoir.

Annette Kolb

Pourquoi étiez-vous étonné de la chrétienté de madame Sternheim? de la mienne aussi?

[Lieber Romain Rolland,

bevor ich die Grenze überschreite, möchte ich die letzte Gelegenheit ergreifen, Ihnen frei schreiben zu können, aber vor allem, Ihnen nochmals zu danken. Glauben Sie nicht, dass so viel Güte und Zartgefühl mir hätten entgehen können und diese Absicht zu trösten, während Sie selber leiden. Ich habe Ihnen nichts gesagt! Ich habe im Augenblick selber stets eine gelähmte Zunge aber ein gutes Gespür für die Dinge.

Ich habe in Bern den Expräsidenten[23] wiedergesehen; Seine Ansichten entsprechen leider! nur allzu genau den Ihren, und wie Sie denkt er, dass vorläufig nichts zu machen sei. Glauben Sie nicht, dass es, anstatt vorwärts zu machen, besser wäre, die 1. Nummer der Revue des Nations zu verzögern. Hier bin ich auf der Redaktion der Zürcher Zeitung vorbeigegangen, auf Bitte dieser Herren; Sie fühlen sich beleidigt, weil

---

23 Paul Häberlin war Präsident des Redaktionskomitees der *Revue des Nations*.

Häberlin und Reynol[24] sie nicht in die Absichten Ihrer Revue eingeweiht haben. Ich habe deswegen einen langen Brief an Herrn Häberlin geschrieben. aber die Journalisten sind seltsame Wesen! So begierig, für vertrauenswürdige Leute gehalten zu werden, und dennoch wird man, wenn man mit Ihnen redet, von einer derartigen Unsicherheit ergriffen, dass man zuletzt ebenso falsch ist wie sie. Sie waren dennoch aufrichtig in ihrem Lob für Das Forum und Die weissen Blätter und Die Schaubühne[25] (die ich Ihnen nach meiner Rückkehr schicken werde.) Die Süddeutschen Monatshefte jedoch werde ich Ihnen bestimmt nicht schicken! Das ist genau dasselbe Niveau wie Le Matin,[26] derselbe Ton, ich würde sogar sagen die gleiche F...se! Ich bin von ihnen im Übrigen aufgefordert worden, ein einziges unserer Blätter zu nennen, das mit dem Matin vergleichbar sei, falls ich das könne. Ich werde mir ein Vergnügen daraus machen, die Süddeutschen Monatshefte selber zu nennen. Was den Mistral anbelangt, schauen Sie, ob er noch weit davon entfernt ist, Schnauf zu haben! – Ich danke Ihnen, mich auf Hermann Hesse in Bern aufmerksam gemacht zu haben. Keine Spur von »Literatendummheit« bei ihm, im Gegenteil eine so schöne Intelligenz, *viel* Unzufriedenheit ... Sie werden ihn lieben. Trotz der Chinesen, für die er eine Vorliebe hat, ist er auf gut europäische Weise in seine Melancholie zurückgekehrt und wir einigten uns, dass man heute *jung* sein müsste. Wir andern, wie wollen Sie, dass wir jemals die Eindrücke von heute abschütteln. Nur die Kinder sind nicht geprägt. Ich betrachte sie alle mit Eifersucht. Wir werden, von allem, das geschehen ist, erstarrte Knochen

---

24 Gemeint ist der Schweizer Schriftsteller und Gelehrte Gonzague de Reynold.
25 Drei fortschrittliche und kriegskritische Zeitschriften.
26 Französisches Propagandablatt.

bewahren. Wie wollen Sie, dass wir uns noch am Frühling freuen, ich glaube dass wir mit furchtbaren Depressionen all diesen Toten unsere Schulden bezahlen werden. Aber ich gebe zu, dass dies mit Egoismus vermischte Überlegungen sind! Nun denn, ich kehre zurück in das schwarze Loch, das heute jedes kriegführende Land ist. adieu. Ich habe Hesse gesagt, was für ein großartiger Musiker Sie sind. Seit Mottl[27] habe ich niemanden mehr spielen hören wie Sie. Sie spielen wie ein großer Konzertmeister. Ah! Die Melodie von Timande![28] eines Tages werden Sie sie mir geben. Hat es nicht in den letzten Takten ein Sinken, wie in den letzten Takten von Don Juan? täusche ich mich?

Es gibt noch etwas, das ich Ihnen sagen muss, weil es mir auf dem Gewissen lastet. Seit dem Krieg sind meine Sympathien für Frankreich zuweilen so stark, dass ich danach Gewissensbisse habe. Und ich fasse mich wieder, wenn ich bedenke, mit welcher Herzenshärte die ganze Welt die Verteidigung betrachtet, die Deutschland zur Zeit wie eine vollkommen natürliche Sache betreibt. Es hat zerstört, aber man wollte und möchte immer noch seine Zerstörung. Auf jeden Fall wird die Geschichte unseren kriegführenden Nationen, die die Last ihres Einsatzes tragen, einen anderen Platz zuweisen als dem valore italiano![29] – Mein Gott, ich werde Ihnen auch gestehen, dass mich bis Löwen überhaupt nicht die Verletzung belgischen Bodens (angesichts der schrecklichen

---

27 Der Dirigent Felix Mottl.
28 Romain Rolland hatte Francesco Provenzales Oper *Lo schiavo di sua moglie* in Rom entdeckt und die Partitur 1895 veröffentlicht. Offenbar hat er Annette Kolb daraus *L'Air de Timante* auf dem Flügel vorgespielt.
29 Unklare Anspielung. Eventuell meint Annette Kolb die italienische militaristische und patriotische Zeitschrift gleichen Namens.

Lage Deutschlands) sondern das Ultimatum Serbien gegenüber empört hat, denn es musste den Sturm auslösen. Alles, was auf diesen Freibrief folgte, erschien mir nichts anderes zu sein als die Konsequenz der ersten Idiotie. Und ich kann nicht anders, als zu glauben, dass seinetwegen die Geschichte viel strenger sein wird als wegen *irgendetwas*. Obschon ich immer ganz antimilitaristisch gewesen bin, gibt es eine Sache, für die ich Imperialistin war und geblieben bin. Es hat mich immer *wütend* gemacht zu sehen, wie wenig Raum die deutsche Sprache, ihre Literatur und die Bedeutung des deutschen Denkens auf der Erde einnehmen. Für sie habe ich stets einen ihrem Wert angemesseneren Wirkungsbereich angestrebt. Und ich würde sie leidenschaftlich gerne mehr erobern sehen, zumal auf diese Weise es auschließlich der Eroberte ist, der triumphiert. Sind Sie nicht der Beweis hierfür? Adieu. Wenn Sie Genf verlassen, benachrichtigen Sie mich bitte, aber kehren Sie noch nicht nach Frankreich zurück. Es gibt noch zu viele Verrückte! Bedenken Sie selbst das Leid, das Jaurès[30] uns durch seinen Tod bereitet. Auf Wiedersehen.

Annette Kolb

Warum waren Sie über die Christlichkeit Madame Sternheims[31] erstaunt? über meine auch?]

*

---

30 Der sozialistische Politiker und Kriegsgegner Jean Jaurès war am 31. Juli 1914 in einem Café in Paris von einem nationalistischen Attentäter ermordet worden.
31 Die Schriftstellerin Thea Sternheim.

AN RENÉ SCHICKELE

[Dezember 1915/Januar 1916]

Lieber Schickele,

Was das placement der Briefe[32] in den W. B.[33] angeht, so füge ich mich da natürlich Ihrem Dafürhalten – eine Zeitschrift ist etwas ganz anderes wie ein Buch; der Boden muss da auch genauer cementirt sein es ist dort kein Seitensprung erlaubt. Für das *Buch*[34] hätte ich die Anmerkungen gern zurück. Glauben Sie mir nichts hat der Leser (ich spreche aus Erfahrung) lieber sie sind unpassend in einer Glosse. Den Bismarck écart [Ausrutscher] könnte man dafür noch offenlassen. Wenn Sie *sehr* dagegen sind, lasse ich ihn auch im Buche weg. Aber Scheler[35] und Mann[36] kriegen jeder ihre Ohrfeige im Buche; ich kann die Anmerkung verbessern, aber ich bin ja ein Frauenzimmer, mir gefällt (für das Buch) diese ein wenig paradoxe Undeutlichkeit. Denn sie ist auch wieder sehr wahr. Ich habe im Kriege keinen einzigen Gedanken aufzuweisen, der nicht ein préalabler [vorheriger] aufrecht gebliebener d'avant la guerre [von vor dem Kriege] wäre! Für das Buch vindicire ich [bestehe ich auf] die Anmerkung. Sie wissen, Sie sehen, ich lasse ja im Ganzen *immer* mit mir reden. Ich hoffe den Vergleich mit den Raupen haben Sie nicht geopfert. Es sind Worte wie

---

32 Die Rede ist von *Briefe an einen Toten*, die 1915/16 in René Schickeles Zeitschrift *Die weißen Blätter* erschienen.

33 *Die weißen Blätter*.

34 Die *Briefe an einen Toten* erschienen 1916 im Erich Reiss Verlag als Buch mit dem Titel *Briefe einer Deutsch-Französin*.

35 Max Scheler, deutscher Philosoph und Soziologe.

36 Thomas Mann.

hartes Geld: glauben Sie man wird mir herausgeben? Je les attends [Ich warte auf sie]. – Sogar mit Ungeduld. Wissen Sie dass ich fast ein halbes Jahr an diesen 3 elendigen Briefen verwendet habe?[37] Die zwei nächsten eignen sich nicht mehr für eine Zeitschrift, auch finde ich, dass ich in den W.B. jetzt auch ausgesprochen habe. Sie haben vollkommen recht. Nun wegen Wolff![38] Mir liegt so sehr an dem Buch, dass die Honorarfrage (sagen Sie ihm das nicht!) keine Rolle für mich spielt. Ich will ordentlich, mit entsprechender Reclame (der Sache wegen!!) herausgebracht werden. Diese Reclame wird Fischer[39] nicht zu machen wagen, vielleicht durch seinen Stab der viel mächtiger ist wie er, gar nicht machen *können*. Das Buch *muss* aber 1. mit einem Schallrohr auftreten, Es handelt sich nicht um Nuancen oder Freiheit dies Mal. 2. muss das Buch schnell erscheinen. Das ist meine Bedingung. Wenn ich das nicht *kontractlich* [vertraglich] habe, je renonce [verzichte ich]. Hier lebt ein Herr Pulver[40], der seit einem Jahr sein Buch im Drucke hat. Ich will, falls es *nicht* innerhalb von ein paar Wochen nach Vollendung desselben (3 oder 4) erscheint – also um Ostern spätestens, eine hohe Summe kontractlich ausbedungen haben. Anders zwingen wir Meyer[41] nie auch kenne ich seine Gesinnung nicht was die meine angeht. J'ai des bonnes raisons [Ich habe gute Gründe]. Und meinen Titel! Des éclats halber! O glauben Sie mir. Ich habe

_____

37 Die drei letzten *Briefe an einen Toten* erschienen 1916 im Februar-heft der *Weißen Blätter*.
38 Gemeint ist Kurt Wolff, in dessen Verlag Annette Kolb hoffte, ihr Buch veröffentlichen zu können.
39 Samuel Fischer, deutscher Verleger, Gründer des S. Fischer Verlags in Berlin.
40 Max Pulver, Schweizer Schriftsteller.
41 Georg Heinrich Meyer, Direktor des Kurt Wolff Verlages.

nicht eine Stimme, sondern eine *Klinge*. Rolland[42] hat mir eben so reizend geschrieben. Und ich weiss er wird alles für dieses unser Buch tun, wenn ich hier der standhafte Zinnsoldat bleibe. Also Schickele: Ich will eine grosse Summe wenn das Buch nicht innerhalb des von Ihnen zu bestimmenden Termins [über der Zeile: Ostern!] da ist (u. es eilt! es eilt!!) Das sind meine Forderungen. Was ich sonst fordern soll, bitte bestimmen ganz und gar nur Sie. Ce qui est convenable [Was passt]. Reclame und Rapidität sind meine Bedingungen. Das Buch muss einschlagen Ueberall! Lieber Schickele, es ist unser *Beider* Werk. Ohne Sie und Ihren Mut es zu veröffentlichen hätte ich es nie schreiben können. Sie sind dessen einziger Rückhalt gewesen. Helfen Sie mir weiter lieber Schickele. Wie mag es jetzt mit Schwabach[43] sein? Wie sehr hoffe ich Sie setzen durch was Sie erstreben! Wollen Sie meinen Schirm nicht zu Helen Schott bringen? Wann erscheint das Januarheft? Ich werde Ende Februar mit dem Buche fertig sein.

Herzlichst Ihre Annette Kolb

*

---

42 Romain Rolland. Sein Buch *Au-dessus de la mêlée* (1915) weist ihn als Geistesverwandten Annette Kolbs aus, deren Ansichten er aber nicht immer teilte.

43 Erik Ernst Schwabach, der Gründer der Zeitschrift *Die weißen Blätter*, leistete Kriegsdienst.

AN RENÉ SCHICKELE

München, 2.2.1916

Lieber Schickele –

Wie kommt es, dass Blei[44] hierher an junge Leute, die ich gar nicht kenne, schreibt, sie möchten mich doch von meinem »colportage«titel[45] abbringen und Rolland[46] sei auch dagegen! Tout a ses bonnes [alles hat sein Gutes] – auch das Lügen. Das mir – nachdem ich im August Rolland gegenüber meine Bedenken äusserte, und das ich Hindernisse befürchtete, worauf er geradezu *heftig* wurde und ausrief: »Alors votre éditeur est un imbécile et vous devez tenir bon.« [Also ist Ihr Verleger ein Trottel und Sie müssen standhaft bleiben.] Und dann Blei – ich bin so empört dass ich mich nicht der Aufregung unterziehen mag ihm zu schreiben, umso mehr als ich augenblicklich viel Bedrückendes habe. Rolland ist allerdings nicht der einzige, sondern auch von deutschen Politikern wurde mir zu diesem Titel geraten. Dies nur zu Ihnen, damit Sie endlich alles über meine Halsstarrigkeit wissen. Lieber Schickele, lassen wir Blei aus dem Spiel. Er ist ein Literat pur et simple [schlicht und einfach], und wird das, was uns beiden ausserdem liegt, *niemals* verstehen. Dies hat auch Frau Sternheim[47] so richtig erfasst. Sie hält zu uns. Sie sieht auch die Opportunität des unschönen Titels ein, den sie dann angreifen mögen. Den ich aber genau so vindicire [für mich

---

44 Franz Blei.
45 *Briefe an einen Toten.*
46 Romain Rolland.
47 Thea Sternheim.

in Anspruch nehme] wie meinen Dresdner Vortrag[48] über den auch Alles die Hände zusammenschlug. Blei doch auch – au fond [im Grunde] – und Herr Flake![49] Sie haben es ihm gut und nobel herausgegeben. Lieber Schickele zu Ihnen »fasst man ein Herz« – das ist das Wort, das ist Ihre specielle Note für den anderen – ich will schon über die Dinge mit Ihnen argumentiren. Wir verstehen uns über alle Meinungsverschiedenheiten zu gut. Aber gewähren Sie mir in diesem Punkt – ich bin kein Kind, es ist keine obstination [Hartnäckigkeit], die mich obstiniren lässt. Mettez que j'ai raison. [Sagen Sie, dass ich recht habe.]

Der Censur gebührt übrigens ein Lob, dass sie mich so gewähren lässt, dass sie meiner *Gesinnung* gerecht wird. Nicht eine Sylbe strich sie mir. Müller will die Aufsätze citiren, ich hoffe, es geht ein Geschrei los. Haben *Sie* mir Reventlow[50] gestrichen? Soll ich das Heft an Rolland schicken oder bekommt er es?

Haben Sie Reventlow gestrichen?

Ich höre Sie kommen dieser Tage. Ist es wahr? Dann essen Sie aber bei mir.

Habsburgerplatz 3 Tel 33590

Nicht wahr?

Ist es wahr dass Sie kommen?

---

48 Annette Kolb hatte am 25. Januar 1915 in Dresden einen Vortrag gehalten, in dem sie die deutsche Presse wegen ihres Chauvinismus kritisierte, worauf es zu einem Tumult kam und sie den Saal fluchtartig verlassen musste.

49 Otto Flake, deutscher Schriftsteller und Jugendfreund René Schickeles.

50 Anspielung auf eine offenbar gestrichene Bemerkung zu Ernst Graf zu Reventlow.

Ich würde mich so freuen.
Ihr Annettchen

recht viel Honorar bitte!

*

AN BERTA ZUCKERKANDL

Bern. Pension Herter
21.3.18

Liebe Freundin,

Haben Sie vielen Dank für Ihren freundlichen Brief, für *beide*
Briefe, die ich noch nicht beantwortet habe, weil ich immer
hörte und auch hoffte, dass Sie bald kommen würden, 21
    keine Aussicht. Von Ihrem schönen Weihnachtsaufsatz
war leider nur eine/die 2. Hälfte/im Couvert! Meine Liebe
die Zeiten sind nicht besser geworden – ich selbst um vieles
trauriger. Werfel[51] wird Ihnen meine Grüsse ausgerichtet haben. Ich liebe ihn sehr. Grüssen Sie Blei[52] wir hoffen hier, dass
er kommen wird, sagen Sie es ihm und wir hoffen auf Ihr
Kommen mit der Armen. Nein die Arme bin ich. Es umarmt
Sie Ihre getreue
    Annette

Wie geht es Ihrer Gesundheit? Auf Wiedersehen!

*

---

51 Franz Werfel, österreichischer Schriftsteller.
52 Franz Blei.

30.7.[1918?]

Denken Sie statt F's kam eine Depeche gestern Abend; der Arzt schickt sie nach St. Moritz. Ich selber bleibe nur noch wenige Tage hier und fahre dann nach Sils[53] bis zum Herbst. Wenn Ihnen die Höhe gut tut würde Ihnen St. Moritz sicher auch nicht schaden, und dort ist am wenigsten Grippe. Nach St. Moritz will ich, wenn ich irgendwie nach Sils kann und Musik dort ist, lieber nicht, vorher nach Scheidegg[54] natürlich wäre mir zu teuer und ganz allein dort mich von der Jungfrau[55] anöden lassen mag ich nicht. Schön ist nur das Engadin, weil es eben schon fast Italien ist. wo sehen wir uns denn jetzt? wie lange bleiben Sie in Wengen! Ach kommen Sie doch auch ins Engadin hinauf! Herzlichst

    Ihre Annette Kolb

Schreiben Sie mir bitte ja Ihre Pläne! wir müssen doch in Fühlung bleiben. Gruss an Jeanne

*

---

53 Sils Maria im Engadin.
54 Kleine Scheidegg im Berner Oberland.
55 Markanter Berg in den Berner Alpen.

AN HERMANN HESSE

[1919]

Lieber Hermann Hesse,

Haben Sie tausend Dank für *Alles*. Ich bin sehr gerührt von Ihren so gütigen Worten und die schönen anderen Dinge, die Sie beilegten. Ich habe Ihnen die Neuauflage[56] der »Wege und Umwege« zu Füssen legen lassen vom Verlag. Ich weiss nicht ob sie sie schon kennen. Wenn ja, so schenken sie sie halt her. Ach wie gerne käme ich nach Montagnola.[57] Aber erst *muss* meine Arbeit endlich weiter sein.[58] Ein 2. Mal werde ich ja keine Schriftstellerin mehr! Gott behüt's. Lieber noch Courtisane. Ach Hesse was für Zeiten. sie werden immer hässlicher. Herzlichst Ihre
    Annette

*

AN ROMAIN ROLLAND

[Bern,] Ce 26 février [1919]

Cher Romain Rolland

que de fois mes pensées ont été vers vous tous ces mois-ci. je vous souhaitais ici lors du Congrès, dont j'ai suivi toutes

---

56 Die erste Auflage war 1914 im Verlag der weißen Bücher, Leipzig, erschienen, die Neuauflage 1919 im Hyperion Verlag, München.

57 Hermann Hesse zog im Frühjahr 1919 in die Casa Camuzzi nach Montagnola im Tessin.

58 Annette Kolb schrieb an ihrem Buch *Zarastro. Westliche Tage*, das 1920 im S. Fischer Verlag herauskam.

les séances. L'atmosphère qu'on y retrouvait enfin! – et l'on se serait cru aux premiers jours de la chrétienté. C'étaient les mêmes figures redivivus. Eisner et Haase sont venus me voir une fois. Ma chambre (sur la cour) était si petite que nous étions assis sur le lit. Cher Romain Rolland, les paroles que vous m'avez dites lors de notre dernière entrevue n'ont pas été perdues. Mes yeux sont plus ouverts depuis. Hélas! quant aux Montgelas, *impossible* de s'entendre avec eux. *Abberration complète*. Que s'est-il passé en lui? Dieu vous garde, cher Romain Rolland. Je voudrais rentrer en Allemagne, mais, mais … Il y a la faute des autres certainement. Mais cette mort d'Eisner! – quel symptôme. Il y a une seule chose consolante, c'est qu'à Munich les maisons de presse ont vraiment été toutes occupées, elles, qui le diffamèrent, et chaque passant est obligé de saluer son effigie dressée au lieu du meurtre. C'est aujourd'hui qu'on l'entrerre. Restez où vous êtes! Le temps n'est pas encore où les poètes conduisent le monde, eux, qui sont seuls capables de le faire. Eisner était poète et artiste, aimant la musique. tout à fait hébraïque, pas du tout juif! – Adieu cher Romain Rolland, mes hommages à Madame votre mère.

Votre dévouée
Annette Kolb

La pauvre m^me Sternheim est malade et voudrait venir en Suisse et ne le peut.

[Lieber Romain Rolland,

wie oft waren meine Gedanken all diese Monate bei Ihnen. Ich wünschte Sie mir hierher während des Kongresses,[59] dessen Sitzungen ich alle besucht habe. Die Stimmung, die man hier endlich wiederfand! – und man wähnte sich in den ersten Tagen des Christentums. Es waren dieselben Gestalten wieder zum Leben erwacht. Eisner und Haase[60] haben mich einmal besucht. Mein Zimmer (auf den Hof) war so klein, dass wir auf dem Bett saßen. Lieber Romain Rolland, die Worte, die Sie mir bei unserer letzten Begegnung sagten, sind nicht verloren gegangen. Meine Augen sind seither offener. Ach! was die Montgelas[61] anbelangt, ist es *unmöglich*, sich mit ihnen zu verständigen. *Völlige Verwirrung.* Was ist in ihm vorgegangen? Gott schütze Sie, lieber Romain Rolland. Ich würde gerne nach Deutschland zurückkehren, aber, aber ... Sicherlich tragen auch die andern Schuld. Aber dieser Tod Eisners![62] – welches Symptom. Tröstlich ist allein, dass in München alle Zeitungsredaktionen tatsächlich besetzt worden sind, sie, die ihn diffamierten, und jeder Passant ist verpflichtet, sein Bildnis, das am Ort des Mordes aufgestellt worden ist, zu grüßen. Heute wird er beerdigt. Bleiben Sie, wo Sie sind! Noch ist die Zeit nicht gekommen, da die Dich-

---

59 Der internationale Sozialistenkongress, der vom 3. bis
   10. Februar 1919 im Volkshaus in Bern stattfand.
60 Kurt Eisner und Hugo Haase, Politiker der USPD.
61 Maximilan Graf von Montgelas, bayrischer Infanteriegeneral,
   der 1915 wegen seiner Nachsicht mit der französischen Zivil-
   bevölkerung angegriffen wurde und sich deshalb in die Schweiz
   zurückzog.
62 Kurt Eisner war am 21. Februar 1919 von dem rechtsnationalis-
   tischen und antisemitischen Studenten Anton Graf von Arco auf
   Valley ermordet worden.

ter die Welt regieren, sie, die allein dazu in der Lage sind. Eisner war Dichter und Künstler und liebte die Musik. Ganz Hebräer, überhaupt nicht Jude![63] – Adieu, lieber Romain Rolland, meine Empfehlung an Ihre Frau Mama.

Ihre ergebene

Annette Kolb

Die arme Frau Sternheim[64] ist krank und möchte in die Schweiz kommen und kann es nicht.]

*

AN HERMANN HESSE

Loon

27. I. [1920]

Adresse ab morgen

71 Dolderstrasse Zürich

Lieber Hermann Hesse,

Ich bin gerade in Kehrsatz[65] und habe Ihren »Klein und Wagner«[66] gelesen. Ich finde es *wunderbar*. Von einer Tiefe und

---

63 Kurt Eisner war Jude. Annette Kolbs Bemerkung richtet sich gegen die antisemitische Reduzierung Kurt Eisners auf einen karikaturhaften Typus, den »Juden«, und betont stattdessen seine Herkunft aus dem auserwählten Volk Gottes, dem ihr ganzer Respekt galt.

64 Thea Sternheim.

65 Gemeinde in der Nähe von Bern, Wohnort von Helene und Friedrich Emil Welti.

66 Hesses Novelle *Klein und Wagner* erschien 1920 im Erzählband *Klingsors letzter Sommer* bei S. Fischer in Berlin.

Grossartigkeit die mich sehr gepackt hat. Wie schade, dass wir uns verfehlten! Jetzt wird es Sommer bis ich wieder durch dies Land flitze – sind Sie denn hier? bleiben Sie in Montagnola? lieber bester Hesse Sie gehören zu den Menschen, die man recht vermisst, wenn man gar so lange ohne sie zu sehen bleiben muss. Ich liess Ihnen mein Buch zugehen.[67] Haben sie es gekriegt: sonst schreibe ich Fischer[68] allsofort. Ich selbst konnte es Ihnen ja nicht aus Deutschland schicken. Bis 31. mittags bin ich in Zürich Dolderstr. 71 bei Frau v. Martini.[69] Vielleicht schicken Sie mir ein Kärtli. Herzlich und stets Ihre

Annette Kolb

67 *Zarastro. Westliche Tage*, Berlin: S. Fischer 1919.
68 S. Fischer Verlag.
69 Ada von Martini, die Schwester von Emma Gugelmann, Frau von Max von Martini.

Die glücklichen Jahre 1923 – 1933

4. Annette Kolb mit René Schickele und Thomas Mann

1921 kaufte René Schickele in Badenweiler ein Grundstück und ließ sich von dem damals bekannten Architekten Paul Schmitthenner ein Haus mit Blick auf die Vogesen[1] bauen. Hier, an der Grenze zwischen Deutschland und Frankreich, wollte er nach den Wirren des Weltkriegs wieder Wurzeln schlagen. Was lag näher, als dass sich die »Deutsch-Französin« Annette Kolb ebenfalls an diesem Ort niederließ? Und

1 *Blick auf die Vogesen* ist der Titel des zweiten Bandes von René Schickeles Romantrilogie *Das Erbe am Rhein*.

tatsächlich schaffte sie es 1922 mit Hilfe eines staatlichen Kredits und dem Verkauf eines Gemäldes, die Mittel aufzubringen, um das Nachbargrundstück zu erwerben und sich von Schmitthenner ein kleines, aber feines Häuschen errichten zu lassen, das für zehn Jahre ihr Refugium sein sollte. Zwar war die Liegenschaft wirklich klein und eng, doch Annette Kolb empfand das nicht so: »Nie aber sage ich: mein Häuschen, sondern nenne es mein Haus, weil man so frei darin herumgeht, als wäre es gross.«[2]

Annette Kolb ließ sich nicht allein deshalb in Badenweiler nieder, weil sie die Nähe René Schickeles suchte. Ihr sagte die südbadische Gemeinde auch sonst sehr zu: »Das Entscheidende an diesem Ort ist seine geographische Lage sowie sein Klima. Eine halbe Stunde von der Schweiz, näher noch an Frankreich, mit einem Himmel, der an Italien erinnert, liegt er ein wenig wie die Insel Nirgendwo im Schoße des Raumes [...].«[3] Die Insel »Nirgendwo« ist auch unter dem Namen »Utopia« bekannt, was »Nicht-Ort« bedeutet. Irgendwie war das Ganze zu schön, um wahr zu sein: Zwischen den Heimatländern der Eltern in himmlischer Landschaft[4] umgeben von Freunden in einem idyllischen Nest zu sitzen, war das nicht das perfekte Glück? War Badenweiler nicht das Paradies?

Die zehn Jahre, die Annette Kolb von 1923 bis 1933 in Badenweiler verbrachte, waren tatsächlich die glücklichsten ihres Lebens. Zwar war sie nach damaligen Begriffen nicht mehr die Jüngste und gesundheitliche Probleme machten ihr zu schaffen, doch das hinderte sie nicht daran, von den güns-

---

2 Annette Kolb, *Memento*, Frankfurt am Main: S. Fischer 1960, S. 6.
3 Annette Kolb, *Badenweiler*, in: *Beschwerdebuch*, Berlin: Rowohlt 1932, S. 134 f.
4 *Himmlische Landschaft* heißt der Badenweiler hymnisch besingende Prosaband René Schickeles aus dem Jahr 1933.

tigen Umständen beflügelt eine für sie bisher ungeahnte literarische Produktivität zu entfalten. Nicht weniger als sechs Bücher schrieb Annette Kolb in diesem Jahrzehnt, *Spitzbögen*, *Wera Njedin*, *Daphne Herbst*, *Versuch über Briand*, *Kleine Fanfare* und das *Beschwerdebuch*, eine gewaltige Leistung für eine Autorin, die sich nach eigenem Bekunden beim Schreiben »schrecklich geplagt«[5] hat. Bedenkt man, dass sie überdies noch eine erstaunliche Menge von Erzählungen, Essays, Rezensionen und Feuilletonartikeln aller Art veröffentlichte, dann darf man mit Fug und Recht von für die Schriftstellerin glücklichen Jahren sprechen. Hatte sie vor dem Ersten Weltkrieg noch kaum Publikationsmöglichkeiten, druckten zur Zeit der Weimarer Republik die angesehensten literarischen Zeitschriften, *Die Weltbühne*, *Die Neue Rundschau*, *Das Tage-Buch* und *Die literarische Welt* Beiträge von ihr ab. Annette Kolb hatte Erfolg, sie verdiente Geld und konnte sich zuweilen ein klein wenig Luxus gönnen. Ihre größte Anschaffung war ein Auto, das sie sich 1932 leistete. Lange konnte sie sich aber nicht über den Kauf freuen.

Von allem Anfang an lag ein Schatten über der »Insel Nirgendwo«. Die Ironie des Schicksals wollte es, dass 1923 mit Alfred Kefer ein Nationalsozialist Bürgermeister von Badenweiler wurde und dieses Amt bis 1931 innehatte. Bürgermeister werden gewählt, und deshalb widerspiegelt die Wahl Kefers die Gesinnung einer Mehrheit der Einwohner Badenweilers zu jener Zeit. Diese Gesinnung bekamen René Schickele und Annette Kolb, die aus ihrer Zweisprachigkeit und ihren Sympathien für Frankreich keinen Hehl machten, immer wieder zu spüren. Annette Kolb entzog sich der toxischen politischen Atmosphäre Badenweilers durch viele kleine

---

5 Annette Kolb, *Befohlenes Selbstporträt für Quartaner*, in: *Beschwerdebuch*, ebd., S. 136.

und größere Fluchten. 1924 machte sie eine ausgedehnte Italienreise, zu der sie auch René Schickele zu überreden versuchte. Mehrmals besuchte sie ihre Schwester Germaine in Irland, wo diese seit ihrer Verheiratung lebte. Oft fuhr sie nach Berlin, lieber nach Paris, immer wieder nach München und regelmäßig nach Basel. Sie traf sich mit ihren Verlegern, den Redakteuren der Blätter, für die sie schrieb, mit Kolleginnen und Kollegen, und natürlich pflegte sie ihre Freundschaften. Je bedrohlicher die Lage in Deutschland wurde, desto enger schloss Annette Kolb sich an ihre Freundinnen und Freunde an. Es war daher schlimm für sie, dass Schickeles angesichts der sich abzeichnenden Machtergreifung durch die Nationalsozialisten Ende 1932 beschlossen, nach Südfrankreich zu ziehen. René Schickele war französischer Staatsbürger und konnte problemlos Wohnsitz in Frankreich nehmen. Annette Kolb war dies trotz ihrer französischen Wurzeln verwehrt. Sie war Deutsche und musste in Badenweiler bleiben.

1932 kam Annette Kolbs *Beschwerdebuch* heraus, das den für Leute mit der entsprechenden Gesinnung provozierenden Satz enthält: »Wenn mir jemand sagt: ›Ich bin kein Nazi, aber …‹, dann weiß ich schon, daß er einer ist.«[6] Dass sie ihre Abscheu vor dem Nationalsozialismus und seinen täglich zahlreicher werdenden Anhängern nicht verbarg, machte ihre Situation gefährlich. In ihrem Haus am Waldrand hoch über dem idyllischen Kurort fühlte sie sich als Gefangene: »Ich sehe nirgends eine Hoffnung. Es geht Alles mit einer fürchterlichen Rapidität. Die Stäbe der Falle werden zementiert […].«[7] Der Steinadler musste fliehen, ehe es zu spät war.

---

6 Annette Kolb, *Notizblock*, in: *Beschwerdebuch*, ebd., S. 118.
7 Annette Kolb an René Schickele, 10.2.[1933].

AN RENÉ SCHICKELE

Badenweiler
9.3.23

Nimm Abschied von der Urschel dein
Sie hat geholt ein Brötlein fein
und eine dicke Cigarette
hat noch verwahret die Annette
und ein paar dünne hat sie auch
Verscharret wie's bei ihr der Brauch
Sei es um elf, sei es noch später
lass es nicht sein nur ein Pentäter
Lass den Kafee nicht einsam trauern
Heiss bleibt er hinter Kupfermauern.

*

AN RENÉ SCHICKELE

B'weiler
[12.]11.23

Lieber René

vous trouvez peut être que c'est une folie mais j'ai passé
une nuit si pitoyable (en partie dans une localité glaciale,
qui n'était pas la mienne) que ce matin je me suis décidée à
démenager au 3ᵉ [Sie halten dies vielleicht für verrückt aber
ich habe eine so erbärmliche Nacht verbracht (teils an einem
eiskalten Ort, der nicht der meine war), dass ich diesen Mor-

gen beschlossen habe, in den 3ten umzuziehen] wo Carols wohnten und wo ich Bad etc. *neben* mir habe. Ich werde um das ganz bestimmt hoffe ich schneller gesund. J'ai dit a J. que j'y resterai au moins 15 jours [Ich habe J.[8] gesagt, dass ich mindestens 15 Tage hier bleiben werde] hoffentlich kommt er mir auch entgegen. Ich ziehe gleich hinauf. Kann leider nicht bis zu Euch. aber zum Tee hätte ich heute ein kleines Schweinerippchen. und ich habe ein kleines Wohnzimmer zum essen und zum arbeiten. Auch für Cigaretten wird gesorgt Comme je dois prendre beaucoup de bains, l'augmentation ne sera pas si grande. Je serais bien contente si vouliez einweihen mon nouveau logement pour lui porter un peu bonheur. Il parait que dans le Kurpark il y bcp de dégâts. Inutile de dire que si vous veniez dîner je serais charmée, et nous pourrions diner en haut [Da ich viele Bäder nehmen muss, wird die Erhöhung nicht so groß sein. Ich wäre sehr erfreut, wenn Sie mein neues Logis einweihen würden, um ihm etwas Glück zu bringen. Es scheint, dass es im Kurpark viel Abfall gibt. Ich brauche Ihnen nicht zu sagen, dass ich entzückt wäre, wenn Sie zum Essen kämen und wir oben essen könnten] – zu zweit oder zu dritt. Ich hole es dann schon bei euch nach. Ein schönes Buch

Ihre A Was schreibt Collin?[9]

*

---

8 Louis Joner, der Sohn von Bertha Joner, der Besitzerin des Hotels Römerbad in Badenweiler.
9 Paul Colin, belgischer Journalist und Intellektueller.

AN GERHARD HAUPTMANN

Lohn – Kehrsatz bei Bern
22.I.24

Verehrter Herr Gerhart Hauptmann

Verzeihen Sie vielmals, wenn ich Ihnen mit einer grossen Bitte
lästig fallen sollte. Der Arzt schickt mich nach Italien und
Santa Margherita[10] wäre am anziehendsten für mich, falls ich
da unterkäme. Ist es sehr, ist es zu unbescheiden wenn ich Sie
bitte mir eine Zeile schreiben zu lassen? nach *Nizza. Villa
Eaux Bonnes, Avenue Gloria. p.a. Madame Goffard.*
   Dort mache ich ein paar Tage Station. Fürchten Sie nicht,
dass ich mir der Kostbarkeit Ihrer Zeit und Einsamkeit nicht
bewusst sein werde. Aber die Freude Sie wiederzusehen und
vielleicht mit Ihrer Frau Gemahlin zu musiciren wäre doch zu
gross, um sie Ihnen zu verbergen. In Verehrung
   Ihre Annette Kolb

Ich müsste wohl in ein Hotel, und ein gutes bin zu erholungs-
bedürftig und kaput für eine Pension. Ich bliebe nicht lange
aber doch wohl 2 Wochen. Ich muss leider die Flagge »lieber
teuer und kurz« ziehen als »lang und billig.«

*

---

10 Hafenstadt an der ligurischen Küste.

AN RENÉ SCHICKELE

~~Hotel du Louvre~~
Hotel des Légations
rue Marbeuf
[Paris] ce 21 [septembre 1924]

Cher René

je ne suis malheureusement pas dans cet hotel, qui est bondé
mais dans un petit hotel antipathique. Je compte repartir demain soir pour Bâle, si je peux obtenir un visa à la délegation
suisse, sinon il faut que je fasse le détour par Strasbourg. Je
ne sais pas si je pourrai pour quelques jours demeurer chez
moi à cause du jeune homme. Enfin on verra sur place. Mon
courier est toujours encore envoyé à Munich. Je préfèrais ne
pas dater mon mot à Frl Treu *d'ici*, et vous serais obligée de
le lui faire parvenir. j'ai rencontré Mme Sternheim avant mon
départ qui vous prie de lui envoyer Hans im Schnackenloch
et les Neuen Kerle. Sa fille est chez Hardung allmächtige Bühnenleiterin la brouille avec U. est définitive. Il parait que le
théatre à Cologne est excellent. Mme Sternh. s'y rend le 1- octobre elle vous prie donc de lui envoyer avant le 1- octobre
les 2 ms à l'adresse suivante: *Waldhof, Post Reichenberg*. Bei
Dresden. Elle déménage. Ils ont vendu ce bien et s'installent à
Uttwil définitivement Toujours chanceux. c'est à dire veinard
Si le jeune homme au tapis pourait passer l'hiver chez moi, ce
serait bien désirable car je voudrais passer l'hiver à Vienne et
continuer d'abord pour Berlin, où Fischer a pris ma nouvelle
avec un certain enthousiasme. Je n'ai pas trouvé Kurt Wolff
mais Mayer qui voulait vous écrire. Il parait que pour obtenir
votre roman, Wolff serait prèt à vous offrir n'importe quelle
somme mais j'ai dit à Meyer qu'il était impossible d'écrire

un roman tout en faisant des articles à la peine et il a paru comprendre. Ich hoffe es geht Ihnen gut. Ich hätte Ihnen früher geschrieben, aber René ich kann nicht mehr dieselbe sein, ich fühlte es in der Ferne erst recht, wenn ich Ihnen nicht sage, was ich auf dem Herzen habe. L'amitié a ses droits, elle oblige, comme on disait autrefois de la noblesse. Certes elle doit pas être une chaine, mais on crie gare à une amie, comme celle que j'ai été pour vous, avant de changer du tout au tout son attitude envers elle sans un mot d'explication, surtout à un moment où elle se trouvait dans l'affliction et pressée d'ennuis de toutes sortes, où elle avait perdu des amis qu'elle vous avait sacrifiés. C'est à ce moment là qu'elle a vu toute intimité et toute confiance rompues, et elle s'est vue lâchée au moment où on l'insultait à plaisir dans l'endroit où elle avait été persuadée de se fixer. Nein, dieser Sommer hätte sich nicht zwischen uns aufwerfen dürfen. Nie und nimmer. Der erste in B. war der meiner Krankheit, den zweiten haben Sie mir geboten. On est trop loin du paradis promis. Si le voyage en Italie a eu des côtés désagréables, il n'était pas généreux de m'en faire porter tout le poids, comme si je ne vous avais jamais valu que des misères! En plus d'une occasion j'ai eu des grands déboires René, et je ne vous les ai pas même mentionnés, car l'amitié me semblait une chose si sacrée, qu'elle valait bien son prix. A René vous me deviez quelque indulgence en me voyant si suffoquée devant votre attitudes et procédés. Vous me la deviez, si tant est que vous aviez véritablement jene so oft versicherte und beteuerte Freundschaft. et ce n'est pas à ma »furie mélancholique« que vous auriez dû vous prendre, mais bien aux raisons que vous m'aviez données de me sentir si exaspérée. J'aurais tout compris mais c'était manquer à l'amitié jusqu'à l'outrage que de m'offrir silencieusement un été pareil, en le niant. Quelle confiance en votre cœur capable de pareils revirements! Autrefois vous étiez prompt à reconnaitre des torts plus légers que ceux que vous avez eus envers moi cette année c'est donc que vous m'aimiez mieux autrefois. C'est donc que cette amitié n'était pas cette chose unique et intangible. sans crier gare, notre passerelle privée n'était parcourue que par nos servantes. Pendant tout un été, ce chemin et cette porte auraient pu se couvrir de ronces, il n'y avait plus de chemin qui allait de vous à moi, si bien qu'à la fin il n'y avait plus de moi à vous, et la chose atroce c'est que vous prétendiez que »rien n'était changé«. Il y a des bornes René à ce que l'on peut donner à supporter à l'amitié même la plus compréhensive la plus endurante. Voilà ce que je dois vous dire, voilà l'amertume que je dois déverser sur vous, wenn ich sie verwinden soll, voilà ce que vous devez entendre de moi, si vous m'aimez! Je vous en demande aujourd'hui la preuve. Ma tristesse, mon découragement ont été poussés trop loin. C'est une année qui a été riche en chagrins et bien pauvre en joies. Celle de mon travail terminé était presque la seule. Paris est une débacle, j'ai attrapé une ischias, qui passe et à tout bout de champ reprend et j'ai une Mme Schwörer als Schreckblid vor mir. Ich liege in meinem Hotelzimmer. Wäre ich nur schon fort ... Il parait qu'il y a eu de très beaux articles sur votre Benkal traduit et qu'il a eu beaucoup de succès. Dumoins voilà ce que le jeune Dumaine m'a dit hier. Souvenirs autour de vous cher René, j'espère à bientôt.

Annette

Vollmoeller schreibt mir aus Basel et je caresse un peu l'espoir qu'il me ramènera en auto, si je vais plus mal

[Lieber René

ich bin leider nicht in diesem Hotel, das überfüllt ist, sondern in einem kleinen unsympathischen Hotel. Ich rechne damit, morgen Abend nach Basel zurückzukehren, wenn ich von der Schweizer Botschaft ein Visum bekommen kann, wenn nicht muss ich den Umweg via Straßburg machen. Ich weiß nicht, ob ich für einige Tage bei mir wohnen kann, wegen dem jungen Mann.[11] Zuletzt werden wir vor Ort sehen. Meine Post wird immer noch nach München geschickt. Ich würde es vorziehen, mein Wort an Frl. Treu[12] nicht *von hier* zu datieren, und ich wäre Ihnen dankbar, wenn Sie es ihr zukommen ließen. Ich habe vor meiner Abreise Frau Sternheim[13] getroffen, die Sie bittet, ihr Hans im Schnakenloch und Die neuen Kerle[14] zu schicken. Ihre Tochter[15] ist bei Hardung[16] allmächtige Bühnenleiterin. Der Streit mit U. ist definitiv. Es scheint, dass das Theater in Köln ausgezeichnet ist. Frau Sternh. geht am 1. Oktober dorthin. Sie bittet Sie daher, ihr vor dem 1. Oktober die beiden Ms[17] an folgende Adresse zu senden: *Waldhof*, *Post Reichenberg*. Bei *Dresden*. Sie zieht um. Sie haben dieses Gut verkauft und werden sich endgültig in Uttwil niederlassen. Immer glücklich, will heißen Glückspilze. Wenn der junge Mann mit dem Teppich den Winter bei mir verbringen könnte, wäre das sehr wünschenswert, denn ich möchte den Winter in Wien verbringen und vorher nach Berlin fahren,

---

11 Annette Kolb hatte einen Untermieter in ihrem Haus in Badenweiler.
12 Eine Bekannte von Annette Kolb in Badenweiler.
13 Thea Sternheim.
14 Zwei Theaterstücke von René Schickele.
15 Mopsa Sternheim, die Tochter von Carl und Thea Sternheim.
16 Der Kölner Intendant Gustav Hartung.
17 Manuskripte, d. h. die beiden Theaterstücke.

wo Fischer meine Novelle[18] mit einem gewissen Enthusiasmus aufgenommen hat. Kurt Wolff habe ich nicht gefunden,
aber Mayer,[19] der Ihnen schreiben wollte. Es sieht so aus, dass
Wolff bereit wäre, Ihnen egal welche Summe anzubieten, um
Ihren Roman[20] zu bekommen, aber ich habe Meyer gesagt,
es sei unmöglich, einen Roman zu schreiben ganz wie man
mühevoll Artikel verfertigt, und er schien zu verstehen. Ich
hoffe, es geht Ihnen gut. Ich hätte Ihnen früher geschrieben,
aber René, ich kann nicht mehr dieselbe sein, ich fühlte es
in der Ferne erst recht, wenn ich Ihnen nicht sage, was ich
auf dem Herzen habe. Die Freundschaft hat ihre Rechte, sie
verpflichtet, wie man früher vom Adel sagte. Sicher soll sie
keine Kette sein, aber man warnt eine Freundin, wie ich sie
für Sie gewesen bin, rechtzeitig, bevor man ohne ein Wort der
Erklärung seine Haltung ihr gegenüber ändert, und das in
einem Moment, als sie bekümmert war und von Unannehmlichkeiten aller Art bedrängt wurde, als sie Freunde verloren
hatte, die sie Ihnen geopfert hatte. In diesem Moment hat sie
alle Nähe und alles Vertrauen zerbrochen gesehen, und sie
hat sich fallengelassen gesehen in dem Moment, als man sie
an dem Ort, wo man sie überredet hatte sich niederzulassen,
nach Belieben beleidigte.[21] Nein, dieser Sommer hätte sich
nicht zwischen uns aufwerfen dürfen. Nie und nimmer. Der
erste in B.[22] war der meiner Krankheit, den zweiten haben Sie
mir geboten. Man ist zu weit vom versprochenen Paradies

---

18 Das Buch *Spitzbögen* erschien 1925 bei S. Fischer.
19 Georg Heinrich Meyer.
20 Der Roman *Ein Erbe am Rhein* kam 1925 in zwei Bänden im
   Kurt Wolff Verlag heraus.
21 Sowohl Annette Kolb als auch René Schickele sahen sich 1924
   politischen Anfeindungen ausgesetzt, nachdem Badenweiler einen
   Nationalsozialisten zum Bürgermeister gemacht hatte.
22 Badenweiler.

entfernt. Wenn die Italienreise[23] unangenehme Seiten gehabt hat, war es nicht großzügig, mich das ganze Gewicht tragen zu lassen, wie wenn ich Ihnen immer nur Ärger eingebracht hätte! Bei mehr als einer Gelegenheit hatte ich großen Ärger, René, und ich habe ihn Ihnen gegenüber noch nicht einmal erwähnt, denn die Freundschaft schien mir eine so heilige Sache, dass sie ihren Preis wert war. Ah, René, Sie schulden mir etwas Nachsicht, wenn Sie mich von Ihrem Verhalten und Ihrem Vergehen erstickt sehen. Sie schulden es mir, wenn Sie denn jene so oft versicherte und beteuerte Freundschaft je wirklich empfanden. Und es ist nicht mein »melancholischer Eifer«, an den Sie sich hätten halten sollen, sondern vielmehr an die Gründe, die Sie mir gegeben haben, mich so verzweifelt zu fühlen. Ich hätte alles verstanden, aber es zu bestreiten und mir damit stillschweigend einen solchen Sommer zu bescheren, bedeutet einen äußersten Mangel an Freundschaft. Welches Vertrauen in Ihr Herz, das zu solchem Sinneswandel fähig ist! Früher waren Sie stets bereit, geringeres Unrecht zuzugeben als das, das Sie mir dieses Jahr getan haben, also liebten Sie mich früher mehr. Diese Freundschaft war also nicht diese einzigartige und unantastbare Sache. Ohne Vorwarnung wurde unsere private Brücke nur noch von unseren Dienstmädchen benutzt. Während eines ganzen Sommers hätten dieser Weg und diese Tür mit Dornenhecken zuwuchern können, es gab keinen Weg mehr von Ihnen zu mir, so dass es schließlich auch keinen mehr von mir zu Ihnen gab, und das Schreckliche an der Sache ist, dass Sie vorgeben, es »habe sich nichts geändert«. Es gibt Grenzen, René, für das,

---

23 Annette Kolb unternahm 1924 eine Italienreise und erwartete, dass René Schickele sie begleite. Auch von unterwegs schrieb sie ihm deswegen immer wieder. Er ließ sich indes nicht für die Reise gewinnen, was Annette Kolb ihm sehr übel nahm.

was man selbst der verständnisvollsten und dauerhaftesten Freundschaft zumuten kann. Dies ist es, was ich Ihnen sagen muss, dies ist die Bitterkeit, die ich über Sie ausgießen muss, wenn ich sie verwinden soll, dies ist es, was Sie von mir hören müssen, wenn Sie mich lieben! Diesen Beweis verlange ich heute von Ihnen. Meine Traurigkeit, meine Entmutigung sind zu weit getrieben worden. Dies ist ein Jahr, das reich an Kummer und sehr arm an Freuden gewesen ist. Die über den Abschluss meiner Arbeit war fast die einzige. Paris ist ein Reinfall, ich habe eine Ischiasentzündung bekommen, die vorbeigeht und dann doch wiederkommt, und ich habe eine Frau Schwörer[24] als Schreckbild vor mir. Ich liege in meinem Hotelzimmer. Wäre ich nur schon fort ... Anscheinend hat es sehr schöne Artikel über Ihren übersetzten Benkal[25] gegeben und er hat großen Erfolg. Dies ist zumindest, was der junge Dumaine[26] mir gestern gesagt hat. Erinnerungen um Sie herum, lieber René, ich hoffe bis bald.

Annette

Vollmoeller[27] schreibt mir aus Basel und ich hege ein wenig die Hoffnung, dass er mich im Auto mitnehmen wird, sollte es mir schlechter gehen]

*

24 Hilde Schwörer, die Frau des Badearztes Dr. Josef Schwörer in Badenweiler.
25 René Schickeles Roman *Benkal der Eroberer* erschien 1924 auf Französisch.
26 Wahrscheinlich Jean Chilhaud-Dumaine, mit dem und dessen Bruder Jacques Annette Kolb befreundet war.
27 Karl Gustav Vollmoeller, deutscher Dramatiker, Drehbuchautor, Kosmopolit und Unternehmer.

Bern
30.IX.24

Lieber René

Ich bin eben in dieser von Ihnen geliebten Stadt eingetroffen, und fahre gegen Abend nach Kersatz,[28] morgen früh zu Müller wegen meines Passes, am Freitag Abend via Langenthal wieder nach Basel und am Samstag, falls es schön ist, vielleicht mit Vollmöller[29] per Auto nach Badenweiler zurück. Ich sitze im Freien auf der Terrasse des Casinos gezwickt von Ischias, und wohin man kommt, hört man nur das. Der Mann der Leonie Hirt,[30] in Basel, wo wir vor Jahr und Tag die schöne Soirée hatten, liegt seit 8 Wochen wie Frau Schwörer[31] da. Das würde mir so passen. Mein Teppichjüngling[32] erwartet meine Rückkehr um mir mein Haus zu räumen auf eine Woche, und nun lieber René lassen Sie uns eine Friedenswoche damit einläuten. Fort mit den Riegeln von Herz und Gartenpforte, bevor sie einrostet. Schreiben Sie mir eine Zeile nach Kersatz bei Bern p.a. Frau Welti.[33] Dort bin ich aber nur bis Freitag, fahre Freitag Nachmittag fort. Hoffentlich auch mit meinem Schweizer visa. Harry[34] ist den Zeitungen nach wieder in Genf. Je veux lui écrire. Et vous aussi envoyez

---

28 Kehrsatz bei Bern.
29 Karl Gustav Vollmoeller.
30 Der Violinist Fritz Hirt.
31 Hilde Schwörer.
32 Annette Kolbs Untermieter.
33 Helene Welti, die Frau des Rechtshistorikers Friedrich Emil Welti.
34 Harry Graf Kessler, deutscher Diplomat und Schriftsteller.

moi un mot cher René [Ich will ihm schreiben. Und Sie auch, schicken Sie mir ein Wort, lieber René]. Falls ich etwas besorgen könnte schreiben Sie es mir gleich.

Herzlichst

Ihre A

*

Berlin
22.XI.[24]

Lieber René,

ich bin immer noch hier, habe eine Grippe erwischt, die mein *sämtliches* Fischer Honorar in Rauch aufgehen ließ. Heute zum 1. Mal fieberfrei sause ich mit dem Nachtzug nach München bleibe dort nur ein paar Tage, möchte am Donnerstag oder Freitag spätestens nach Frankfurt dort eine Woche bei Schnitzler 68 Westendstrasse.[35] Ich bin einfach zu kühl angezogen, das ist es, und in Frankfurt möchte ich mir schnell einen Wintermantel zusammenstopseln lassen. Dienstag ist meine Vorlesung bei Caspari.[36] Es deckt gerade das Fahrgeld dort hin, denn ich muss einen Schlafwagen nehmen. Sonst habe ich keine Schmerzen! Vor Ullstein[37] warne ich Sie besser

---

35 Lilly von Schnitzler, Frankfurter Freundin Annette Kolbs. In ihrem Privathaus, eigentlich Westendstraße 41, war sie Gastgeberin eines Salons.
36 Galerie Caspari in München, wo regelmäßig Autoren aus ihren Manuskripten vorlasen.
37 Ullstein Verlag, Berlin.

Rowohlt.[38] Oder lassen Sie sich nicht so balbieren wie ich mich. Ich hatte einen sehr netten Abend mit Reinhardt[39] Man lechzt nach Stücken. Aimée war ein fiasco, obwohl Thimig[40] reizend spielte.[41] Bizer[42] rief mich vorhin an. Er schwankt und zögert wegen seiner Operation. Die Sache ist nicht so einfach. bei Nostizens[43] in der Mark sah ich den kleinen Unruh,[44] der *entzückende* Landschaften gemalt hat. Er ist immer dasselbe rührende perce-neige [Schneeglöckchen] in Anbetung vor dem Bruder. Hugo Simon[45] hat mir herrliche Blumen geschickt, aber er wird sie vielleicht bereuen. Ich traf ihn bei S. Fischer wieder. Er wollte mich unbedingt auf sein Landgut mitnehmen. Einen Artikel für Theodor Wolff[46] habe ich auch in meinem Bett geschrieben. Was werden die Badenweiler erst dazu sagen. Gut Nacht!! aber Gott helfe mir ich kann auch nicht anders. Der Schreck fährt mir immer erst nachträglich in die Glieder: Die Geschichte an sich war ja köstlich. Es ist die mit H. Simon. Was ist mit meinen Rosen lieber René, hat man die gepflanzt, ich meine die rings um das Haus, nicht nur die Schlingrosen. Es hat keinen Zweck mir nach München zu

---

38 Rowohlt Verlag, Berlin.
39 Der Regisseur Max Reinhardt.
40 Die Schauspielerin Helene Thimig, spätere Ehefrau von Max Reinhardt.
41 Max Reinhardt führte Regie bei der Aufführung von Paul Géraldys Stück *Aimer* in der »Komödie« in Berlin, Helene Thimig spielte die Hauptrolle.
42 Der Künstler Emil Bizer war ein Freund und Nachbar Annette Kolbs und René Schickeles in Badenweiler.
43 Alfred und Helene von Nostitz, Schriftstellerin und Salonnière.
44 Der Maler Kurt von Unruh hatte zwei ältere Brüder, Fritz und Franz Friedrich.
45 Der Bankier und Mäzen Hugo Simon.
46 Der Chefredakteur des *Berliner Tageblatts*.

schreiben. Ich habe gar keine Lust mich länger als notwendig dort aufzuhalten. Es war bis auf die Krankheit und das fehlende Geld und mein hinauspfeffern desselben sehr nett hier. Aber gesundheitlich geht es mir nicht gerade brilliant. Ich werde euch viel erzählen Jetzt heisst es an die Arbeit gehen. Heut ist mir nicht danach. Geben Sie mir Nachricht zu Frau von Schnitzler und seien Sie herzlich gegrüsst

Annette

bitte diese Zeilen an Lannatsch[47]

*

AN THOMAS MANN

Badenweiler Baden
10.I.25

Ach lieber Thomas Mann, verehrter Thomas Mann,

warum ist Ihr Roman nicht noch tausend Seiten länger![48] Nun bin ich zu Ende damit und er fehlt mir an allen Ecken. Settembrini schweigt, der Holländer ist tot ich weiss nicht was aus Castorp geworden ist. Sie müssen ihn wieder zum Leben bringen. Ihr Buch ist *herrlich*! dreimal herrlich. reich an Unausgesprochenheiten bei so viel ausgesprochenem. Aber so lange ich ihn las, war ich selbst in einem Zauberberg, ganz benommen, ganz abgezogen. Ein herrlicher Sonnenuntergang Tag für Tag glorifizierte mein Häuschen, ich sass oder lag und las. Nun ist das an Romanen arme Deutschland mit einem

---

47 Ehefrau Anna Schickele, genannt Lannatsch.
48 Thomas Mann, *Der Zauberberg*, Berlin: S. Fischer 1924.

Ruck sehr reich. Als ein solcher Meister haben Sie sich noch nie gezeigt. Sie sind ein grosser Wohltäter mit einem Schlag. Oft hatte ich schon eine Wut auf Sie, z.B. wegen Pfitzner.[49] Was haben Sie denn mit Pfitzner gemein dass Sie ihn mögen können. Lieber Thomas Mann ich kann Ihnen nicht sagen welches Geschenk Sie da nicht nur Deutschland, der Literatur überhaupt überreichten. Ich möchte alle beneiden, die das Buch noch nicht gelesen haben. Nur Eines versteh ich nicht: Warum, da alle Hoffnung ihm schwand blieb der Zauberberg dennoch ein Zauberberg für Castorp? Warum wäre er auf immer in Davos geblieben, auch als Mme. Chauchat die Entzückende, oder vielmehr Berückende endgültig ausschied. Was war es? Das verstehe ich nicht ganz, weil ich eben doch dumm bin, obwohl ich es in Ihrem Garten diesen Sommer bestritt. Was hielt ihn eigentlich? ich fühle es so dumpf, dass ich es wissen möchte. O es ist prachtvoll. Und den Hofrat muss die Welt noch einmal sprechen hören. Er darf nicht so verstummen. Welch ein Herz zeigen Sie! es ist mit diesem Buch als hätten Sie Ihr eigenes Herz entdeckt, als sei Ihr Herz in vollste Entfaltung geraten, ich rede nicht einmal vom Geist, der auf jeder Seite erstrahlt. Aber lassen Sie mich Ihnen Glück wünschen lieber Thomas Mann, Glück zu einer so stolzen Leistung, die Sie ganz und gar zum Stolz unseres Landes macht. Wie geht es Ihnen? Umarmen Sie Katia[50] Was haben Sie vor? Kommen Sie nicht des Weges? Stets Ihre

   Annette Kolb

Wo sind Sie überhaupt? – ich bin wieder in meiner Waldklause, war in Berlin, verfehlte Euch leider. Schickele's Vater

---

49 Hans Pfitzner, deutscher Dirigent und Komponist.
50 Katia Mann, geb. Pringsheim, Thomas Manns Frau.

starb, er ist in Strassburg. Ihm und seiner Frau steht das Buch noch bevor. Lange, lange wird es leben. Generationen und Generation werden sich daran bereichern es ist in seiner Unbegrenztheit bestes allerbestes Deutsch. Sich als Meister so grosser Unbegrenztheit zu zeigen, welche Leistung, quel art! [Was für eine Kunst!] Mais je m'arrête [Aber ich höre auf] es wären viele Bücher lang zu sagen über dieses Ihr Buch. Wie gerne ich Sie sähe. Stunden und Stunden lang hätte ich zu reden. Wie froh sind Sie da, dass ich weit weg bin. Ein dreifaches Hoch lieber Thomas Mann.

*

AN RENÉ SCHICKELE

5 Square du Trocadéro
Sonntag

rue Scheffer Paris XVI
8. III [1925]

Lieber René,

Der Brief an Gustav[51] ging sofort nach meiner Ankunft ab, das Buch von Giraudoux[52] bekam ich aber nicht, auch hier heute nicht wegen Sonntag. Die Giegerin in Mühlh.[53] war sehr mässig. jedenfalls gänzlich uninteressant. Christiane Hofmanns-

---

51 Gustav Schickele, der Bruder von René Schickele.
52 Gemeint ist vermutlich das neuste Werk von Jean Giraudoux, *Hélène et Touglas ou Les joies de Paris.*
53 Müllheim (Baden).

thal[54] war auf der Bahn. Sie ist entzückt vom Hotel Foyot[55] Rilke weicht auch nicht davon weg. Chr. zahlt 15 M.[56] für ein reizendes Zimmer mit C. de toilette [chambre de toilette], die schöneren sagt sie, kosten 20. Warum fahrt ihr von Mühlh. nicht direct hierher, sagt emol [einmal], und sie selbst erst auf dem Rückweg nach Strassburg? es wäre le plus indiqué [das Angemessenste]. Hier liegen die Dinge so: ich kann nur bis 20. bei Steph[57] bleiben, sie lebt vom Erlös ihrer bijouterie in einem sehr hübschen appartement meublé, (ein ganzer Häuserkomplex der mit Küche und service von einer direction gestellt wird, sehr praktisch, aber eben sie muss es bald möglichst verlassen, denn gerade das appartement ist sehr teuer. Sie schlägt aber vor, de donner votre diner ici; on compte par tête tant et tant chaque repas. Je coute 30 frs par jour la pension sans chambre, et naturellement je les prends sur moi. L'appartement non, car il est tel quel, qu'on y soit, ou non, salons et tout ce qui s'en suit. Steph. défend expressément que je vous parle d'elle [Ihr Diner hier zu geben; man rechnet pro Kopf so und so viel jede Mahlzeit. Ich koste 30 Francs pro Tag für die Pension ohne Zimmer, und natürlich übernehme ich das. Das Appartement nicht, denn das ist fix, ob man dort ist oder nicht, Salons und alles, was daraus folgt. Steph. verbietet ausdrücklich, dass ich Ihnen von ihr erzähle]. Also sie hat ein ganzes Buch fertig und möchte es Ihnen lesen, bevor sie es in Druck gibt. Sie sieht miserabel aus, et ne voit pour ainsi dire personne [und sieht, um es so zu sagen, niemanden] nur ein paar Literaten wie Edmond Jaloux[58] et Berton,[59] we-

---

54 Tochter Hugo von Hofmannsthals.
55 Hotel in Paris, das bei Schriftstellern sehr beliebt war.
56 Mark.
57 Stephanie Farinola.
58 Edmond Jaloux, französischer Schriftsteller.
59 Möglicherweise der Arzt und Theaterautor René Berton.

gen ihres volumes [Bandes]. Am 20. kommt jemand zu ihr, dann schliesst sie ab, das Kind geht zu Folco[60] et elle va faire des économies toute seule [und sie wird ganz alleine haushalten]. Elle a pleuré en me revoyant, tellement ce qu'elle a subi depuis une année l'a boulversée. rien que de le récapituler [Sie hat geweint, als sie mich wiedersah, so sehr hat sie durcheinander gebracht, was sie seit einem Jahr erduldet hat. Ständig musste sie erneut erzählen.] Folco veut faire annuller le mariage, son père a perdu les trois quarts de sa fortune, Bob liegt mit delirium tremens in einem Sanatorium, Folco se ballade avec une femme [Folco möchte die Heirat für nichtig erklären lassen, sein Vater hat Dreiviertel seines Vermögens verloren, Bob liegt mit delirium tremens in einem Sanatorium, Folco geht mit einer Frau spazieren]. Nous allons voir Henri IV de Pirandello en matinée aujourd'hui – il est 1h de l'après midi [Wir werden uns heute Pirandellos Heinrich IV als Matinée anschauen – es ist ein Uhr nachmittags]. Gestern abend kam ich an. Sie sehen es konnte sich noch nicht viel ereignen. Sternheim[61] soll auf seine Art ein Pendant zu Unruh[62] abgeben. *So* schlimm wird es wohl nicht sein, aber er erregt auch Anstoss. Dieser Brief Jacobsohns;[63] also der Kerrpassus[64] mit der Edschmidbemerkung[65] bleibt weg. Tant pis [Sei's drum] Was ich am 20. tue ahne ich noch nicht Geben Sie doch bald Nachricht. Muralts rieten mir ab *ja* nichts in Mullhausen[66] zu kaufen es sei die teuerste Stadt in ganz

---

60 Marchese Folco Gentile Farinola.
61 Carl Sternheim, deutscher Schriftsteller.
62 Fritz von Unruh, deutscher Schriftsteller des Expressionissmus.
63 Siegfried Jacobsohn, Herausgeber der *Weltbühne*.
64 Alfred Kerr, deutscher Schriftsteller und Theaterkritiker.
65 Kasimir Edschmid, Pseudonym für Eduard Schmid, deutscher Schriftsteller.
66 Mulhouse im Elsass.

Frankreich Also schreibt's bald und alle Götter über eurem Dach!

Annette

ich hoffe *sehr* Sie kommen bald.

*

AN RENÉ SCHICKELE

Sonntag
11. Okt. 25.

Cher René,

je regrette de ne plus vous avoir vu avant votre départ. J'aurais voulu vous reparler de votre roman. J'ai relu les épreuves avec la même Spannung, comme si je ne les connaissais pas, moi qui relis rarement deux fois [ich bedaure, Sie vor Ihrer Abreise nicht nochmals gesehen zu haben. Ich hätte gerne wieder mit Ihnen über Ihren Roman[67] gesprochen. Ich habe die Druckfahnen mit der gleichen Spannung wiedergelesen, wie wenn ich sie nicht kennte, ich, die ich selten zweimal wiederlese]. Die Art wie sich zum Schluss des Kapitels die Anziehungen zu einer Gruppe zusammenschliessen ist sublim. Es zeigen sich jedesmal neue Schönheiten. René Sie haben gar kein Recht auch nur ein Viertelstündchen was oder wem anderem zu widmen, wie diesem Buch. Mich packte eine wahre Angst als ich das Inserat in der Europäischen Revue las, und

---

67 *Das Erbe am Rhein.* Der erste Band der Trilogie *Ein Erbe am Rhein*, der später unter dem Titel *Maria Capponi* veröffentlicht wurde.

ich wünschte alles zum Teufel was Sie in Ihrem Lauf abhält: On dirait tout d'un coup que le diable voudrait s'en mêler [Man meint mit einem Mal, dass der Teufel sich einmischen würde], denn allem finsteren ist dieses Buch entgegen, es gefällt den Teufeln gar nicht; sie werden, wenn's sein muss, auch helle Gesichterchen oder gleichgültige und harmlose aufsetzen um es aufzuhalten. Nie war eine kritischere Zeit in Ihrem Leben. Übrigens hatte die Puttkamer[68] so recht mit ihrer Bemerkung: manchmal halte man im Lesen dieses Buches inne, und wisse garnicht warum ein Satz so schön sei. Diese Bemerkung war sehr frappant in ihrer justesse [Berechtigung]. Ich lese gerade Barrès, du Sang etc.[69] ... mais ces feuilles pourpres et somptueuses ne sont jamais soulevées par un vent frais, c'est ce qui un jour les fera moisir. On ne le lira pas toujours [aber diese purpurnen und prächtigen Blätter werden nie von einem frischen Wind aufgewirbelt, weshalb sie eines Tages verschimmeln werden. Man wird ihn nicht immer lesen].

Gestern hatte ich sogar 2 Sitzungen unten ein mal im Wagen heraufgefahren, das 2 Mal musste mich R.[70] buchstäblich heraufschleifen, weil ich nicht wieder fahren mochte Aber heute esse ich bei Schwörer,[71] als Unterbrechung – auch werde ich schon wieder trainirter sein. Lannatsch kam gestern Abend in einer ganz reizenden Blouse zu mir. Wir hatten Huhn und crème au marasquin und Süssen,[72] sage doch

---

68 Die Schriftstellerin Anne-Marie von Puttkamer.
69 Maurice Barrès, französischer Schriftsteller und Politiker. Sein Reisebuch *Du sang, de la volupté, de la mort* erschien 1894.
70 Der Künstler Rudolf Grossmann porträtierte Annette Kolb für sein Mappenwerk *Fünfzig Köpfe der Zeit*.
71 Dr. Josef Schwörer.
72 So nennt man im Markgräflerland den Sauser oder Federweißen.

Hänschen,[73] es sei ein regelrechtes »Diné« gewesen und bei seiner Rückkehr lade ich ihn auch ein. Schau doch, dass du le fleuve d'Amour (heisst es glaube ich) von Mauriac (glaube ich)[74] mitbringst, oder sonst was zum läsen für die Frau Nachbarin, die ja immer alles so schnell zurückgibt. Und sie hat recht, sie hat immer recht, sie ist nur auf dem Wege ihres Herrn Nachbarn gestellt, damit er ihr immer folge.

Ach René, komm doch bald zurück das Bild wird sonst *garnichts* R. möchte immer deine Meinung. Ich kann ihm meine nicht gestehen.

Rainer[75] ist eben angekommen *berauscht* von Paris.

Wann kimmscht?

die Paula Metternich sein wieder da,

o komm!

Ursule

Grüss die deinen

*

---

73 Hans Schickele, der jüngere Sohn Renés.

74 Gemeint ist der 1923 erschienene Roman *Le Fleuve de feu* von François Mauriac.

75 Rainer Schickele, der ältere Sohn Renés.

Badenweiler Baden
17.[5.]27

Liebster Hermann Hesse

Heute erst lese ich im B. T.[76] die wundervolle Kostprobe aus Ihrem nächsten Roman.[77] Wo, wann erscheint der? Ich bin in heller Begeisterung mit ihr zu Schickeles gelaufen. Und wir haben uns gedacht: was wäre der Hesse für ein Nachbar!! Aber Sie haben wohl keine Lust? Aber wir leben, am grossen Wald und Berg angelehnt so herrlich vom Orte *abgelegen*, schauen Sie sich ihn doch einmal an. Es ist ja nicht weit. Und die Wahrheit: 1. neben mir wäre ein Terrain frei ein kleines Häusel wie meines zu bauen. 2. neben dem freien Terrain steht seit gestern ein verkäufliches Junggesellenhäusel oder für 2 Personen mit herrlichem Atelier und neu aber billig. Der Maler kam hier nicht recht fort, und musste daher nach Berlin weil er einzig von seinem Portraitpinsel lebte. Überlegen Sie sich's nicht zu lange, sonst ist alles weggeschnappt vielleicht – und wir möchten als Nachbarn nur Sie. Man kann hier so einsam leben als man nur will. Schauen Sie sich's an. Kommen Sie lieber Hesse. Wir segnen jeden Tag die Fügung, die uns hierher verschlug. Herzliche Grüsse auch von Schickeles
  Annette Kolb

*

---

76 *Badisches Tagblatt.*
77 Im Mai 1927 erschien ein Vorabdruck des *Tractat vom Steppenwolf.*

15 Kaulbachstr.
München
21.XII [27]

Lieber René

Wie sich Alles jagt kaum ist man auf Reisen! es scheint mir schon lange her, dass Beideek mir im Zug nach Müllheim sagte dass er zwei Blicke auf die Vogesen[78] kaufte, einen für sich den zweiten für seine Cousine in Amerika und dass ich einen dritten als Mittelpunkt in der Freiburger Buchhandlung prangen sah. Ich danke dir sehr wegen Korrodi[79] ich habe ihm geschrieben er selbst noch nicht. Es wäre ja zu schön! In München ist's wie in einem Dorf. Sofort weiss Alles dass man da ist. Übrigens musste ich lachen. Weder hast du Frida K.[80] dein Buch geschickt noch sie dir gedankt. Ich telefonirte aber an K. Wolff[81] um ein Rezensionsexemplar. Gleich darauf stöberte mich Hausenstein[82] auf, weil Joseph Roth mich dringend treffen müsse. Also ich treffe die beiden im Café, Nase hochrot von den 25 Kältegraden die gerade bliesen. Die Dringlichkeit war ein Gruss von Scheffer[83] aus Moscau, den Roth vor 1 Jahr, ich vor 2 Monaten gesehen habe. Und er

---

78 *Blick auf die Vogesen*, der zweite Band von René Schickeles Trilogie *Das Erbe am Rhein*.
79 Eduard Korrodi war Feuilletonchef der *Neuen Zürcher Zeitung*.
80 Frida von Kaulbach, dänische Geigerin.
81 Kurt Wolff.
82 Wilhelm Hausenstein.
83 Der Journalist Paul Scheffer war dank Annette Kolbs Vermittlung Korrespondent beim *Berliner Tageblatt* geworden und berichtete ab 1921 aus Moskau.

sprach mir viel vom Roman, empörter als ich über die Kürzungen der Voss[84]. Ich fand ihn sehr nett Den Titel findet er nicht gut. Dagegen »Blick auf die V.« viel besser wie »Maria Capponi«[85] dem er »Erbe am Rhein« vorzieht Ich fahre mit dem Brief nach dem Essen weiter (mit Kurt Wolff bei Walterspiel.[86]) Schreibe bei Rottenhöfer,[87] komme eben von der Residenz, wo ich endlich den Saal besichtigte, habe um 4 Rendez vous mit Helene Toujours en tapinois [immer heimlich] Spannung zwischen ihr und Fr. wieder sehr gross. Wegen der Töchter vermutlich. C'est une misère [Es ist ein Jammer]. Morgens klagt mir die alte Adele vor, die an den Kindern sehr hängt. Jeder Versuch zu vermitteln unmöglich. So ist – unnötigerweise – das Leben.

K. Wolff war sehr aufgeräumt, sie in schwarz sehr hübsch. Il semble de nouveau à flot [Er scheint wieder auf dem Damm zu sein]. Dass dein Buch gut geht, gibt er selber zu, er pries es höher als die Capponi Ich werde den Beiger[88] nicht vergessen. Ob ich Mia sehen kann scheint schon wieder problematisch doch ich schreibe ihr. Ihre Adresse über Weihnachten ist Wengen Hotel Victoria. Emma[89] fährt nicht mit, und statt der »Bremen« wird es die »Lützow« sein, mit der ich fahre. Sie hat nur 8000 Tonnen. Wie geht es euch? wie gefällt es dir

---

84 Die *Vossische Zeitung* aus Berlin.
85 Titel des ersten Bandes von René Schickeles Trilogie *Das Erbe am Rhein*.
86 Alfred Walterspiels *Restaurant Walterspiel* gehörte zu den besten Europas.
87 Confiserie an der Residenzstraße in München.
88 Maurice Beiger war ein Freund René Schickeles und Zahnarzt in München.
89 Emma Gugelmann, die Frau des Textilfabrikanten Paul Gugelmann, war eine Freundin Annette Kolbs. Sie wohnte in Muri bei Bern.

dort oben?[90] weißt du, dass ich anfange zu glauben, wir müssen mit unseren Schlafkammern irgend eine Änderungen treffen. Nirgends schlafen wir doch Beide so schlecht. Heinrich Mann kommt heute zurück. Wegen der Candidatur[91] kann ich nicht gut fragen ich würde ja anzüglich aussehen. Du darfst sicher sein, dass Thomas Mann irgend eine Mathilde Maier oder Erna Müller vor mir vorschlagen würde! Ich schreibe noch vor Weihnachten. Heute nur 1000 Grüsse auch an Lannatsch.[92] Wie geht's der Regnier[93] und Magdeleine?[94] Was erzählte sie von der Rinnecker. Sie sollte die Sache wieder arrangiren. Hausenstein[95] hat eine Wohnung aber schon wieder kein Geld. Er ist mit Lily[96] brouillirt [zerstritten]. und ich muss leider zugeben allem Ansehen nach mit Recht. Ich habe ganz vergessen der Lannatsch auszurichten dass Ada[97] Euch *Beide* als Logiergäste zu deinem Vortrag erhofft.

Schreib doch wie's geht wie dir Davos gefällt. Ich hoffe wir sehen uns Ende Januar in Berlin.

Deine alte

Annette

*

---

90 Davos.
91 Annette Kolb hoffte, in die Sektion für Dichtkunst der Preußischen Akademie der Künste aufgenommen zu werden, wozu es jedoch nicht kam.
92 Anna Schickele.
93 Milly Regnier, Nachbarin Annette Kolbs und René Schickeles in Badenweiler.
94 Magdeleine Messiah, die Frau des Architekten Gaston Messiah.
95 Wilhelm Hausenstein.
96 Lilly von Schnitzler.
97 Ada von Martini.

München 15 Kaulbachstrasse
28. XII. 27

[ohne Anrede]

Wie sehr danke ich Ihnen für Ihr entzückendes Buch![98] verzeihen Sie die Verspätung. Aber ich bin von Badenweiler weg,
für den Winter, meine Nachbarn[99] auch, ich war in London,
da hinkt die Post nur langsam nach, dazu einen Autounfall,
ein lahmes Knie und einen Brummkopf in Folge hinschlagens
an das Fensterholz. Alles keine schönen Dinge, aber man
denkt sich wie viel schlimmer es hätte sein können und ist
dankbar auch noch. Der Mensch ist ja bekanntlich gut. Um
Ostern werde ich Ihnen auch mit einer Gegengabe aufwarten
können: ein neuer Roman,[100] aber ich weiss ja nicht, ob Sie
mein Sach goutieren. Wie geht es Ihnen lieber Hesse. Eben
sprach Thomas Mann voll Enthusiasmus von Ihrem »Wehr-
wolf«. Ich wünsche Ihnen alles Gute und das Beste ist mir
gerade recht. Sie wissen es und es wäre schön wenn Sie uns
einmal besuchten im Sommer auf unserem Berg. Von Herzen
Ihre
  Annette Kolb

*

---

98 Annette Kolb bedankt sich entweder für den im Juni 1927
    erschienenen *Steppenwolf* oder für das ebenfalls 1927 bei
    S. Fischer erschienene Buch *Die Nürnberger Reise*.
99 René und Anna Schickele.
100 Annette Kolb, *Daphne Herbst*, Berlin: S. Fischer 1928.

[Berlin,] 7.II.28

Lieber René

ich bin ausser mir über deinen Brief. Wann – wo hast du mir je mit einem Ton von einem Briandbuch[101] etwas gesagt. Du weißt doch dass es nicht deine Gewohnheit ist von deinen literarischen Plänen mit mir zu sprechen. Ich weiss einzig von deinem Caillauxbuch seit Jahren.[102] Der Briandvorschlag kam nie *von mir* wie ich dir sogleich schrieb, durch *Express-briefe* dich auf dem laufenden haltend. Ich entschloss mich nur zaghaft, sagte noch joyeusement [vergnügt] zu Rowohlt: »Schickele wird mir helfen.« Wo ich so intact bin tust du als hätte ich dich contrecarrirt. wirfst mir verletzende Dinge nur so an den Kopf. Ich schrieb dir zwei Eilbriefe um deine Meinung. Statt des erhofften Beistandes kommt heute – 24 Stunden zu spät diese Antwort! Gestern war Rowohlt bei mir. Er bot mir 600 Mark auf 6 Monate und will 8 Auflagen drucken. Ich war seelig. Ich sah dabei nur die Möglichkeit mein Leben noch *weiter*zuführen und eine Rettung. In 4–6 Wochen habe ich nichts mehr. Der Zahnarzt und hiesige Aufenthalt sind

---

101 Annette Kolb arbeitete an einem Buch über Aristide Briand, was René Schickele ihr übelnahm, hatte er doch selbst vorgehabt, ein Buch über den französischen Staatsmann zu schreiben.

102 René Schickele beschäftigte sich mit dem Schicksal des französischen Politikers Joseph Caillaux, der wegen »Korrespondenz mit dem Feind«, d.h. seiner Friedensbemühungen während des Ersten Weltkriegs, 1920 zu drei Jahren Haft verurteilt worden war. Sowohl Schickele als auch Annette Kolb schätzten seine pazifistische Einstellung und seinen Einsatz für die deutsch-französische Verständigung.

Opfer die mein unseliger Zustand erfordert – frage Simons.[103]
Seit August wird die Baslerbank nicht beschickt. Von den Lu-
xusexemplaren verlautet recht wenig. Die Beteiligung scheint
zu gering. De quoi vivrai-je [wovon werde ich leben]? Meine
Abmachungen könnten noch dazu deine mir vollkommen
unbekannten Pläne nie durchkreuzen. Schriebe ich ein Buch
über Briand so würde das *ein* livre de femme [Frauenbuch]
höchstens ein Herold – zu dem deinen.

Jamais je ne fais des rosseries ce serait la première [Nie
spiele ich jemandem einen üblen Streich, dies wäre der erste].
Ich bin durch deinen Brief, dessen Ton wie Inhalt in einem
fürchterlichen Zustand und weiss in meiner Verzweiflung
nicht mehr was ich mit mir anfangen und von dir glauben
soll!

Annette

*

AN CARL JACOB BURCKHARDT

Badenweiler, Schwarzwald
ce 11 aout [1928]

Cher ami,

par ce froid je suppose que vous ne vous déciderez pas pour
la Forêt noire. Quel climat tout de même [Bei dieser Kälte,
vermute ich, werden Sie sich nicht für den Schwarzwald ent-
scheiden. Was für ein Klima allerdings]. Es ist niederdrückend.
Aber es war eine sehr grosse Freude Ihren Besuch zu haben
und es geht mir immer so, dass kaum sind Sie fort mir eine

---

103 Hugo und Trude Simon.

Menge topics [Themen] (an Stelle der besprochenen) (und die besser gewählt gewesen wären meinerseits) als souvenir d'escalier [im Nachhinein] einfallen. Ich wollte, ob ich nun noch lang leben soll oder nicht, der Faden risse nicht mehr ab zwischen meiner Hütte und dem Schoeneberg oder dem Ritterhof.[104] Man hat immer nur wenig Menschen, weil es nur wenige gibt. Die Productivität Ihres Geistes überrascht mich immer wieder, ja sie reisst mich hin; Ihre Fähigkeit gleich alle verschiedenen Seiten beim Schopfe zu packen, ob es sich um Menschen oder Dinge handelt. Ich frage mich, ob Sie sich da überhaupt nie, oder eventuell schrecklich langweilen können. Jedenfalls: ich möchte Sie nicht mehr aus dem Auge verlieren und den Contact nicht mehr unterbrochen sehen, oder wenigstens nicht mehr unterbrochen wissen. Es liegt ja gewiss ein Risiko in der Tatsache, die einem fast nie im Leben widerfährt, dass man über ein Alles mit einem Menschen reden kann. Der Stich ins Uferlose ist der gefährlichste den es gibt. Man ersäuft ja jämmerlich ohne Fahrzeug, und das Vehikel ist hier eben noch nicht gebaut. Die Rache, die sich aber dabei gegen einem selbst wendet, ist furchtbar. [Am Rand:] Wie denkt übrigens unsere so kluge Elisabeth.[105] il n'y a pas de pire repentir [es gibt keine schlimmere Reue]. Frau Busoni[106] wäre übrigens, hätte sie hier nicht Station gemacht, wohl mit dem Unglückszug gefahren dans lequel on visait le Chancelier [in dem man es auf den Kanzler angesehen hatte].[107] Dieser Mann, ob man in allen Ansichten mit ihm übereinstimmt

104 Der Schönenberg bei Pratteln war der Landsitz und der Ritterhof das Stadthaus Carl Jacob Burckhardts in Basel.
105 Die Frau von Carl Jacob Burckhardt.
106 Gerda Busoni, die Frau des Komponisten Ferruccio Busoni.
107 Der Sozialdemokrat Hermann Müller war im Sommer 1928 zum zweiten Mal Reichskanzler geworden.

oder nicht, hat etwas von einem Wunder. Aber welcher Ekel mag ihn anpacken während er seinen übermenschlichen Anstrengungen ohne Wank obliegt. Wir dürfen uns noch auf Attentate gefasst machen denn so lohnt sich das Glück einen solchen Mann zu haben in diesem Land. In einem 70 Millionen Volk sind halt mehr Teufel losgelassen als in einem weniger »grossen«, denn sie gehen vermutlich procentual, wie ja immer die Quantität auf Kosten der Qualität. Darum freue ich mich im Stillen über jede Bevölkerungsabnahme de ce côté du Rhin [auf dieser Seite des Rheins]. Herzlichst alles Gute Ihnen und Elisabeth

Annette

*

AN RENÉ SCHICKELE

[Paris, 28.4.1929]
[Unleserliches Wort]

Cher René

c'est difficile de t'écrire. J'ai télégraphié, mais tu n'as pas répondu, si tu venais ou non [es ist schwierig, dir zu schreiben. Ich habe telegraphiert, aber du hast nicht geantwortet, ob du kommst oder nicht]. Ich möchte nun spätestens doch Donnerstag fahren, oder allerspätestens Freitag, morgen will ich mit Frau Grumbach[108] auf die Anecdotenjagd ge-

---

108 Moumay Grumbach, die Frau des Politikers Salomon Grumbach, den Annette Kolb während des Ersten Weltkriegs in Bern kennenlernte.

hen. Gestern war bei Pange[109] ein Frühstück mit dem Guy de Pourtalès,[110] wobei man von deinem Kommen sprach. Aber ich sagte: so selbstverständlich ginge es bei dir nicht zu. Ich hoffe vor allem, dass es dir gut geht u. dein Heldentum keine neuen Proben zu bestehen hatte, das ist mir die Hauptsache, so enttäuscht ich bin, dass bis dato nur eine Depeche von dir kam. Am Telephon war es sehr schwer dich zu verstehen. Über mein wertes Befinden rede ich lieber nicht, es ist immer dasselbe. Gestern Abend waren wir in einem Sprechfilm, ich sag dir: so was Scheussliches habe ich mir nicht vorgestellt Eine solche Verrohung des Ohrs muss man erlebt haben: wie da die Musik klingt: es ist *Furchtbar*. Paris ist unbeschreiblich schön, die Bäume im Blutjungen Laub. Aber mir lasst das Buch jetzt keine ruhige Minute mehr Über das deine[111] habe ich viel nachgedacht und ich freu mich es nun mehr en bloc weiter zu lesen. Es ist so grandios in seiner ganzen Anlage, wie keins zuvor und die maestria [Meisterschaft] derart, dass man absolut den Eindruck des meisterlichen in der Erinnerung voll zurückbehält ja dieser Eindruck steigert sich da noch und da sind Seiten, die nicht vergehen werden, dabei habe ich das meiste vor mir. Bei einem bleibe ich, und gerade durch die Vollendetheit des ganzen ist die Störung doppelt empfindlich. Der *Übergang* nämlich zwischen einer A. Ruf, die von Silvio nichts wissen will u. schon wupp dich, ihm verfiel, der Blitz einfach ausgelassen und darum versteht man es nicht und es passt nicht in die überlebens grosse Psychologie, die du von ihr entworfen hast. Das ist der missing link

---

109 Jean de Pange war ein französischer Schriftsteller, dem die Aussöhnung zwischen Deutschland und Frankreich am Herzen lag.
110 Schweizer Schriftsteller.
111 *Der Wolf in der Hürde*, der dritte Band der Trilogie *Das Erbe am Rhein*.

wie beim Darwin, und ich sage es nicht, weil da Anlehnungen sind,[112] sondern tatsächlich eine Unverständlichkeit. Man glaubt ihr aus dem vollen, dass sie sich von Silvio abgestossen fühlte und darum kann man das andere nicht verstehen. Es macht einem confus. Wenigstens ich nicht. Aber andere wohl auch nicht – Ach warum haben wir hier keine Wohnung Das ist Leben. Das ist eine menschenunwürdige Art zu *speisen*. Man wird à défaite de vie [aus Lebensmangel] vom essen betrunken. Mary[113] sucht eine Wohnung für uns Alle. mir ist so angst um die Mark. Ich muss morgen wechseln, u. zwar schon mit Verlust! du hattest doch recht neulich mit deinem Plan das Geld in die Schweiz zu verlegen. Auf Kühlmann[114] werde ich nicht warten falls er bis Mittwoch nicht gekommen ist. Tout mon argent file [all mein Geld zerrinnt] und zur Arbeit komme ich doch nicht, wenn auch die Reise recht notwendig gewesen ist fürchte ich. Aber ich fürchte auch bis ich komme, fahren wir aneinander vorbei, so schwant es mir. Je porterai cette lettre à la gare St Lazare aujourd'hui Dimanche pourqu'elle vous parviendra [ich werde diesen Brief heute Sonntag an den Bahnhof St Lazare bringen, damit ihr ihn bekommen werdet] träfe ich euch in Basel am Freitag falls ihr nicht kommt? Es wäre für mich die alleräusserste limite auf *jeden* Fall. Ich werde Fritz hinbestellen um gleich am selben Tag nach Hause zu fahren Die Panik wegen Rowohlt[115] lässt mich nicht mehr los, aber tut mir das nicht an, dass wir uns

---

112 Die Figur der Aggie Ruf in René Schickeles Roman *Der Wolf in der Hürde* trägt Züge Annette Kolbs.

113 Mary Gräfin Dobržensky, die Freundin von Rilke und Karl Kraus, war auch mit Annette Kolb gut befreundet.

114 Richard von Kühlmann.

115 Im Zusammenhang mit ihrem Buch *Versuch über Briand*, das 1929 bei Rowohlt erschien.

verfehlen auch noch am Dienstag Nachmittag erwarten sie uns alle bei Pange. Ja Schnecken. Auf Thomas Mann ist man dort sehr geladen. Darüber mündlich. Nun gebt mir aber Bescheid Ich bin ganz verzweifelt

Auf Wiedersehen und alles herzliche

Annette

Die Kammer[?] steigt erst am 23. *Mai*. Meine Reise ist nicht unter einem *sehr* guten Stern. Ich tue was ich kann ihm zu pariren aber jetzt *muss* ich fort, am liebsten schon *Donnerstag*.

Schreibt doch endlich!

*

AN HERMANN HESSE

Hotel des Trois Rois, Bâle
21. V. [1930]

Lieber Hesse

Ich sah hier Vollmoeller[116] und hörte von ihm, dass Sie hier waren. So verfehle ich Sie immer! – Ich komme von einer meiner Irr und Wirrfahrten heim, immer etwas wie mit einem moralischen Holzfuss. Ach Hesse ich freue mich Ihren Narziss[117] zu lesen und es hat mir so unaussprechlich wohlgetan dass Sie meinen Briand[118] mögen, denn ich habe mich ja so damit geschunden. Hesse wenn Sie ein Wort dafür fanden ich wäre Ihnen so dankbar, denn Sie glauben nicht, wie schwer

---

116 Karl Gustav Vollmoeller.
117 Hermann Hesse, *Narziß und Goldmund*, Berlin: S. Fischer 1930.
118 *Versuch über Briand.*

ich mir tue. Dafür wird gesorgt. Ein Wörtli im Tagebuch oder sonstwo ganz bei Gelächenheit [Gelegenheit] wäre ein Golfstrom durch meine arme Seele. Ich hoffe es geht Ihnen gut und Sie haben immer meine treuen und allerbesten Wünsche, Grüsse an Frau Dolbin.[119] Stets Ihre

Annette Kolb

*

AN CARL JACOB BURCKHARDT

Bâle, Hotel des Trois Rois
le 10 Aout [1930]

Cher ami

non seulement la veillée avancée (!!) ne m'a pas fait de mal, mais le contraire. Je m'excuse seulement d'avoir bien malgré moi interrompu notre soirée. Je ne suis excusable que parce que je me trouve dans les affres d'un dernier chapitre tandis que le livre est déjà sous presse. Oui c'est en effet une lettre d'excuses. Je m'excuse d'avance de vous envoyer l'article sur Duchesne mais il est vrai que Hofmannsthal l'aimait encore en 1926. Vous y trouverez maintes défectuosités, c'est qu'il date d'il y a 20 ans [die fortgeschrittene Nachtwache bekam mir nicht nur nicht schlecht, sondern im Gegenteil. Ich entschuldige mich nur dafür, ganz gegen meine Absicht unseren Abend unterbrochen zu haben. Ich bin nur deshalb zu entschuldigen, weil ich mich in den Qualen eines letzten Kapitels befinde, während das Buch schon gedruckt wird. Ja, dies ist

---

119 Ninon Dolbin, Hermann Hesses damalige Geliebte und spätere dritte Ehefrau.

eigentlich ein Entschuldigungsbrief. Ich entschuldige mich im Voraus dafür, Ihnen den Artikel über Duchesne[120] zu schicken, aber es ist wahr, dass ihn Hofmannnsthal noch 1926 geliebt hat. Sie werden jede Menge Lücken darin finden, was daher rührt, dass er 20 Jahre alt ist], ich war somit damals um dreissig Jahre jünger, denn man ist als Schriftsteller stets um zehn Jahre seinem Alter als Privatperson zurück. Haben Sie das nicht bemerkt. Ich traf Duchesne in einem Augenblick wo ich gegenüber der completten Ventillosigkeit des Lebens die complette Kapitulation das anständigste fand, und die Begegnung mit ihm bildet den interessantesten Vorfall in meinem Leben; dank ihm habe ich mir die Procente intellektueller Heiterkeit errungen, die man zum wirtschaften braucht. Ich wollte Sie auch bitten: *bringen Sie doch Schröder*[121] *mit*. Aber am besten zum Mittagessen, weil ich vorerst Nachmittags noch arbeiten muss. Wenn Sie Abends vorher oder auch in der Früh *N 354* telefonieren ist es früh genug. Ist dann Schröder fort, so komme ich dafür 2 Tage auf den Schönenberg falls Sie mich wollen und es nicht zu lästig fällt wenn ich mich bald nach 9 zurückziehe. Meine Krankheit ist ja die uninteressanteste, ungefährlichste, aber auch langweiligste der Welt Alle Wünsche für Elisabeth. Herzlichst Ihre

    Annette Kolb

j'ajoute la Nouvelle Revue Française d'aout. Elle contient quelques lignes sur Hofmannsthal meilleures que presque tout ce que j'ai lu sur lui ces derniers temps. Je vais être à Badenweiler jusqu'au 27 aout sauf samedi prochain où je

---

120 Annette Kolbs Artikel *Besuch bei Duchesne*. Louis Duchesne war ein französischer Kirchenhistoriker.
121 Rudolf Alexander Schröder, deutscher Schriftsteller und Übersetzer.

dois retourner chez Gigon[122] [ich füge die Nouvelle Revue Française vom August hinzu. Sie enthält einige Zeilen über Hofmannsthal, die mir besser scheinen als fast alles, was ich über ihn in letzter Zeit gelesen habe. Ich werde bis zum 27 August in Badenweiler sein, außer nächsten Samstag, wo ich zu Gigon zurückkehren muss].

*

AN ERIKA MANN

Badenweiler, Baden
5.3.31

Hören Sie liebe Erika, Schickele hat Recht was Sie betrifft. Gestern Abend sprachen wir von Ihnen, ich hatte Ihren Münchner Fasching hinüber gebracht, dabei kam er auf die »kleine Mama« zurück und behauptete wieder, das sei eine richtig componierte Sache auf ein sehr schwieriges Thema, Sie haben einen grossen Verehrer in ihm. Und heute morgen kommt mir Ihre wunderhübsche Besprechung aus den N.N.[123] zu. Ich habe sie wirklich bewundert und es hat mich aufrichtig gefreut. Das ist so selten; die allermeisten, auch wenn sie des Lobes voll sind, öden ja kotzen einem nur an. Aber jede Zeile der Ihren ist so federnd und reizend bewegt. Ich danke Ihnen herzlich und Sie sollten sich ernsthaft ans schreiben machen, das heisst, vorher sehen wir uns hoffentlich, auf Ihrem Weg nach Ajaccio! Ich habe indes einen sehr schönen Abend im Hause Ihrer Eltern verbracht, und stand wieder einmal ganz unter dem Charme. Nee die Hühner

---

122 Alfred Gigon, Arzt am Claraspital in Basel.
123 *Münchner Neueste Nachrichten.*

sind verjährt Erica, ich weiss garnicht mehr was ich rupfen wollte. Darüber ist längst die Sonne aufgegangen, aber hier liegt ein abscheulicher Schnee ich hasse dieses Element von Grund und Boden auf. Wann fahren Sie eigentlich nach Ajaccio meine Liebe, wann ungefähr und wie geht es in Berlin mit Ihren Plänen? Alles Gute wünscht Ihnen von Herzen und es umarmt Sie Ihre

Annette Kolb

Grüsse an Klaus,[124] Ihre Besprechung hat mir übrigens Hausenstein[125] geschickt!

*

AN KURT TUCHOLSKY

Badenweiler, Schwarzwald
8.8.31

Lieber Tucholsky

Ich konnte dir nicht gleich antworten, denn ich lag wieder im Kampf mit einem meiner blöden und ebenso aufgeregten Artikel (von denen ich doch nicht lassen kann). Nun komme ich zu dir. Ich habe vor Jahren über Edschmid[126] in der Prager Presse geschrieben man könne ihm garnicht scharf genug die Wahrheit sagen, doch dürfe man ihm nicht das Handwerk legen weil er Talent hat und weil wir wahrhaftigen Gottes andere Hasen zu jagen haben als wie Edschmid, der gesinnungs-

---

124 Klaus Mann.
125 Wilhelm Hausenstein.
126 Kasimir Edschmid.

mässig in unserem Lager steht. Inzwischen hat er es schwer gehabt und hat mit Anstand durchgehalten. Ich habe ihn drei oder 4 Male in meinem Leben (flüchtig fast immer) gesehen, dachte jedesmal: warum gerade der? – und du machst dir keinen Begriff wie sein Ton nach dem des Herrn Toreviranus gesittet und würdig anmutete, so dass ich dachte: »Jetzt muss ich doch meine Lanze holen und eine für ihn brechen.« Soll ich dir sagen, dass mein letztes Gespräch mit Jacobsohn[127] ihn zu einem der Temata hatte und dass Jacobsohn mir sagte: »Sie haben recht. Er soll nicht mehr angegriffen werden.« Sag du auch, dass ich recht habe! Schau was lauft heute Alles herum was werden wir noch Alles erleben, was kommt vielleicht schon morgen? Edschmid hat glaube ich schrecklich unter dem Bombardement gelitten dem er ausgesetzt war, ist nach Afrika, nach Südamerika, hat sich die Welt angesehen und viel dabei gelernt. Jetzt sollte man ihm nichts mehr erschweren. es war genug. Dies ist mein Standpunkt. Ich kann nicht anders! und wie gesagt, bedenke was für Hasen wir heute zu jagen haben.

10.8. Gott sei Dank: Volksentscheid[128] blamirt! Freuen wir uns gemeinsam, hadern wir nicht. Sind wir nicht Jagdgesellen? Aber wenn du in diesen ernsten Zeiten nicht endlich deine schwergeplagten Volksgenossen mit einem neuen Wendriner[129] bald aufrichtest, bist du nicht mehr mein Tucholsky.

*

---

127 Siegfried Jacobsohn.
128 Gescheiterter Volksentscheid zur Auflösung des preußischen Landtages am 9. August 1931 der Gruppe Stahlhelm, die von der NSDAP und KPD unterstützt wurde.
129 »Herr Wendriner« war die von Kurt Tucholsky in der *Weltbühne* verwendete literarische Figur eines typischen Berliner Spießers seiner Zeit.

Badenweiler, Schwarzwald
8.9.31

Lieber Dr. Rychner

gestern wollte ich Ihnen nach Zürich schreiben und Ihnen danken, da sagte mir Burckhardt[130] Sie seien schon in Köln. Und wie gefällt es Ihnen dort. Leben Sie sich leicht ein? Die letzte Nummer der Revue war wieder so glänzend, es wäre doch ein Jammer, wenn sie einginge. Sie haben übrigens meiner bescheidenen Besprechung ein place d'honneur [Ehrenplatz] zugebilligt, die sie kaum beanspruchen darf. Ich war vor zwei Monaten in Köln es ist eine schöne Stadt, ich frage mich doch, wie man sich dort einlebt. Aber wo möchte man heute gern leben? Manchmal läuft doch der ganze heutige Zustand auf ein nicht gerne sterben hinaus. Aber gern leben? Aus heller Verzweiflung möchte ich noch einen komischen Roman schreiben. Seien Sie mit vielen guten Wünschen herzlich gegrüsst von Ihrer
Annette Kolb

*

---

130 Carl Jacob Burckhardt.

AN MAX RYCHNER

Badenweiler, Schwarzwald
23.9.31

Lieber Dr. Rychner

Ich habe mich sehr gefreut, dass ich Ihnen zu einem lachenden Einzug verhelfen durfte. Übrigens ist an meiner Kölner Fahrt nicht eine Sylbe erfunden. Ich lache so gern, und finde so selten Anlass, dass meine Lachmuskeln garnicht mehr elastisch sind, ja mir ist, als ginge etwas fremdes in meinem Gesicht vor, wenn sie in Motion geraten. Nein mit der Frankfurter Zeitung bin ich garnicht verheiratet. Ich bin und bleibe ein *sehr* unverheiratetes Wesen. Wenn Sie wirklich gern etwas möchten, schicke ich es gerne einmal. Aber passt meine Visage der K.Z.?[131] das weiss ich halt nicht. Mittlerweile habe ich mich jetzt oft als »Uhustar«[132] verdungen, der Zeit gehorchend. Suhrkamp[133] will ihn angeblich heben. Nun wir wollen ja sehen wie hoch er fliegt; komme eben von der Schweiz, wo die Leute nicht wissen, wie glücklich sie sind; ihre Sorgen möchte ich haben. Herzlichst alles Gute. Ihre
    Annette Kolb

*

---

131 *Kölner Zeitung.*
132 Annette Kolb schrieb regelmässig Beiträge für das Monatsmagazin *Uhu.*
133 Peter Suhrkamp war damals freier Mitarbeiter des *Uhu* und beim *Berliner Tageblatt.*

AN GERHART HAUPTMANN

Badenweiler Baden, 23.XI.31

Teurer und verehrter Meister

Darf ich persönlich wenn auch leider nur bildlich bei Ihnen antreten Ihnen für einen Preis zu danken, für welchen Sie die Güte hatten mir Ihre, gewiss die entscheidende Stimme zu geben, und der Ihren verehrten Namen trägt.[134] Fern oder nah stets Ihre Getreueste
  Annette Kolb

*

AN KURT TUCHOLSKY

Badenweiler
4.3.32

Lieber Tucho,

Was soll man da sagen? man kann sich nur selber wiederholen: Die Farbe der Abgeklärtheit, mit welcher heute so viele ihr Gewissen bestreichen, ist in Wahrheit die der Verschmiertheit. Bleibt nur die Trauer in einer solchen Zeit zu leben, denn zu wirken gibt es nichts. Und ein Soldat in unserer Zeit wäre also kein Mörder? nächstens wird einem der Process gemacht, wenn man aus den Evangelien alle Sentenzen gegen das totschlagen citiert. I mag a nimmer! – Nicht dass ich immer in

---

134 Annette Kolb bekam 1931 den Gerhart-Hauptmann-Literaturpreis verliehen.

allen Punkten Eurer Meinung bin; ich möchte nicht weniger offen sein als Ihr. Aber an dem Mut, dem franc parler [dem freien Wort] der Weltbühne, ihrer politischen Orientierung in der Hauptfrage: unsere Beziehungen zu Frankreich hélas! richtet sich mein betrübter Sinn allwöchentlich auf vollends wenn es grace à vous [dank Ihnen] was zu lachen gibt!! Nein es ist kein Scherz lebenslänglich nirgends ganz daheim zu sein. Dass unser einer dabei Deutschland mit dem grösseren Ehrgeiz liebt wer erkennt uns das zu? Wenn ich auch in Gottes Namen Hindenburg[135] meine Stimme geben werde, (o wie gerne gäbe ich sie Braun!![136]) verbleibe trotzdem mein Tucho und lass gelegentlich hören wie's dir geht.

[ohne Unterschrift]

*

AN RENÉ SCHICKELE

Freitag
[Paris, 28.4.1932]

Lieber René

ich bin so erschlagen von den Wahlen,[137] habe dich in meiner Trostlosigkeit wie einen Leuchtturm gesucht und wusste nicht einmal wo du standest. Das ist das erste Mal seit so viel Jahren. Alle meine Illusionen sind hin, vor dem Wort fran-

---

135 Paul von Hindenburg, Reichspräsident der Weimarer Republik.
136 Otto Braun, sozialdemokratischer Politiker der Weimarer Republik.
137 Gemeint sind die Landtagswahlen im April 1932, bei denen die NSDAP massiv an Stimmen zulegte.

coallemand, für das ich nur gelebt habe wird mir übel, ich kann es nicht mehr hören, dieser letzte Stoss ist nicht mehr zu verwinden und du mein einziger Landsmann und bester Freund wo bist du für mich. Mein ganzer Pariser Aufenthalt ist mir von A bis Z so vergällt gewesen, als müsste auf irgend eine Art sich immer erweisen, dass ich kein Glück dort habe. Aber so glücklos noch niemals. Und was ist denn noch zu hoffen, was ist dies Deutschland für ein Land geworden ... Wilhelm II war ja unser goldenes Zeitalter. Ich habe mich mit Sieburg[138] eclatant zerworfen, sah ihn nur 5 Minuten. *Das ist eine Nummer!* Überhaupt seit wir uns trennten am 18. März habe ich so viel erlebt. ersticke daran. Sagen konnte ich es keinem. Ich komme mir auch hier vor wie ein Gespenst. Peut-être que c'est le mot de l'enigme du reste [Vielleicht ist das das Wort für das Rätsel des Restes]. habe Auftrieb zu nichts, sah kein einziges Teater. Am Sonntag fahre ich heim, bin 7.58 abends in Basel. Je t'en prie René, par amitié – ce mot a-t-il perdu son sens pour toi, n'en a-t-il plus? – sois à la gare. Viens seul si tu peux me chercher. J'ai droit à une heure consolante et de détente [Ich bitte dich, René, aus Freundschaft – hat dieses Wort für dich seine Bedeutung verloren, hat es keine mehr? – sei am Bahnhof. Komm mich allein abholen, wenn du kannst. Ich habe ein Anrecht auf eine Stunde des Trostes und der Entspannung]. Du glaubst nicht von was für Seiten mir alles zukam, dass du von Badenweiler wegziehen willst. Ich begreife es ja vollkommen, aber bedenke den Stoss es auf solche Weise mitgeteilt zu erhalten. Von mir will ich dabei nicht reden. Ich seh kein Gehen und kein Bleiben mehr. Je crois que je remettrai mon voyage en Irlande. Je ne vois pas y aller maintenant [Ich glaube, ich werde meine Reise nach Irland verschieben. Ich kann mir im Moment nicht vorstel-

---

138 Friedrich Sieburg, deutscher Schriftsteller.

len, dorthin zu gehen] Ich muss mich erst von dieser gräulichen Reise erholen; Richard[139] ist hier. er lacht mich aus, dass mich die Wahlen so demontieren, er sagt es wird sich nichts ändern. Aber mir genügt's. Caillaux[140] kommt wieder dran il parait [scheint es]. Mach doch dein Buch über ihn! Man darf ja nicht nachlassen. Du wirst noch bessere Zeiten erleben und helfen können sie herbeizuführen. Ich nicht; obwohl von einem meiner Leiden, und zwar dem grässlichsten wie es scheint, befreit. Ich möchte mich mehr darüber freuen können. Ich gehe so stramm. Was für ein Zustand das gewesen ist bei meinem letzten Pariser Aufenthalt.[141] René sei in Basel 7.58 lass uns eine gute Stunde haben Sonntag

Deine A

Die Sache mit der Vorlesung war denkbar blöd und superflu [überflüssig]. Die gute Gidon[142] meint es so rührend, aber … nun ja es hätte noch schlimmer ausfallen können, aber erzwingen lässt sich eben nichts. Julien Green[143] traf ich bei Poupet.[144] Tous de la confrérie. Gide[145] est leur pape [Alle von der Bruderschaft. Gide ist ihr Papst]. Der grosse Gewährsmann Barrères[146] ist jetzt Förster![147] Lieber René sei an der Bahn 7.58! deine A

---

139 Richard von Kühlmann.

140 Joseph Caillaux, französischer Politiker.

141 Annette Kolb litt an einer Ischiasentzündung.

142 Blanche Gidon, Übersetzerin.

143 Der amerikanisch-französische Schriftsteller Julien Green.

144 Georges Poupet, französischer Literaturkritiker und Lektor.

145 André Gide, französischer Schriftsteller.

146 Camille Barrère.

147 Der deutsche Pädagoge, Philosoph und Pazifist Friedrich Wilhelm Foerster lebte ab 1926 in Frankreich und war ein entschiedener Gegner des Nationalsozialismus.

ein widerliches Interview in den Nouvelles Littéraires weil ich wie Franz Josef[148] bin, dem nichts erspart blieb. Ich las es nicht zu Ende

*

AN THEODORA VON DER MÜHLL

9.IX.32

Liebe Dori

Also ich habe heute meine Prüfung[149] bestanden und noch dazu gut, denn der Herr Commissar gratulierte dem »alten Sportsmann« ungewissen Alters. Wir sind den Blauen[150] heruntergefahren.

Liebe Dori ist es nicht ein Pech, dass wir Richard[151] verfehlten in Ohlstadt. Hätten wir doch telefonirt. Er scheint seine Daten gar nicht einzuhalten denn er schrieb mir, dass er am 24. führe. Ich hätte so gern gehabt Sie hätten seine wunderschöne kleine Besitzung gesehen.

Dori ihn gehen wir aber nicht an wegen meines 30. Wiegenfestes,[152] und auch Simolin[153] nicht, der mir doch schon einen Flügel geschenkt hat Plutôt des gens qui me sont plus éloignés, plutôt les Welti à Kehrsatz et plutôt Bothmer à Zurich, et ni les Martini ni Gugelmann, plutôt les Drucker à

---

148 Kaiser Franz Josef I. von Österreich.
149 Die Autofahrprüfung.
150 Berg bei Badenweiler.
151 Richard von Kühlmann.
152 Annette Kolb verheimlichte ihr wahres Alter.
153 Rudolf von Simolin-Bathory, deutscher Kunstsammler und Unternehmer.

Montreux, s'ils vivent-encore. Mes amis proches, *pas*. Cela me génerait. Je vous trouve plus que touchante d'y penser. Schneeli et Sandoz, cela me serait égal si on les dupait. Avec ma General rougeur je n'ai plus rien à perdre. Viendrez-vous un de ces soirs? Je suis de nouveau seule et chez moi

De cœur à vous

Annette

Will you return the enclosed when you write. love to Hans.

[Eher Leute, die mir ferner sind, eher Weltis[154] in Kehrsatz und eher Bothmer[155] in Zürich, und weder die Martinis[156] noch Gugelmann[157], eher Druckers in Montreux, wenn sie noch leben. Meine engen Freunde, *nicht*. Das wäre mir peinlich. Ich finde Sie mehr als rührend, daran zu denken. Schneeli[158] und Sandoz,[159] das wäre mir egal, wenn man sie düpierte. Mit meiner allgemeinen Röte habe ich nichts mehr zu verlieren. Kommen Sie an einem Abend vorbei? Ich bin wieder allein und bei mir

von Herzen Ihre

Annette

Bitte schicken Sie Beiliegendes zurück, wenn Sie schreiben. Herzliche Grüsse an Hans.[160]]

*

---

154 Helene und Friedrich Emil Welti.
155 Martin Bodmer, Schweizer Kunstsammler und Mäzen.
156 Ada und Max von Martini.
157 Emma Gugelmann.
158 Gustav Schneeli, Schweizer Kunstsammler und Künstler.
159 Maurice Sandoz, Schweizer Schriftsteller.
160 Hans Von der Mühll, Theodora Von der Mühlls Ehemann.

16.IX.[32]

Liebste Dori

Sie schicken mir einen Brief von Bernoulli.[161] Ich glaubte Ihnen von Richard Kühlmann einen geschickt zu haben. Werde ich denn *täglich* zerstreuter? Es ist so unbeschreiblich rührend wie Sie sich für meine prosperity [Wohlstand] einsetzen, so dass es mir die Worte verschlägt. Ich war gleich auf dem Rathaus. Meine andere Hypothek ist noch in der Schwebe, so könnte ich sie noch sistieren und statt dessen Ihre so viel günstigere ergreifen liebe Dori ich komme dieser Tage mit dem Dokument. Ich bekomme es am Montag. Ja der Sohn Stanislawsky[162] ist ein charme, wenn Sie erst den Vater sähen, so ein rayonnement [Glanz] von Güte and magnificence [Großzügigkeit] gibt es nicht wieder hinieden. Igor der Sohn hat eine Enkelin Tolstois zur Frau, sie werden in Paris leben, so gibt's ein Wiedersehen. Die Frau ist auch sehr nett aber der Sohn ist, wie Sie so gut sagen. Sie müssen nochmal mit ihm zusammenkommen hier, sie bleiben bis Anfang Oktober oder Ende Sept. Mein Essen war ja so schlecht und nicht einmal genügend Wein, das geht mir noch nach. Ach nein Dori, nix pressirt, das stünde mir noch schöner an, und Dori auf *Credit* wird mir ein kleiner Opel angeboten, o Dori ich werd ihn kaufen und wenn ich damit in den Schuldenturm hinein chauffire. Gott helfe mir ich kann nicht anders. Ich fühle

---

161 Christoph Bernoulli, Schweizer Innenarchitekt und Kunsthändler.
162 Igor Stanislawski, Sohn von Konstantin Stanislawski, dem russischen Regisseur und Theaterreformer.

mich ganz als gefallenes Mädchen mit einem verfrühten Kind aber ich habe ja Zeit es zu legitimiren, ich bekomme es nicht von der Fabrik. Es umarmt Sie in Liebe
  Ihr Sportsmann.

Und tausend wiederholten Dank für Ihre Güte. Grüsse an Hans und den Charles. Wann erscheint Maria Theresia[163]

*

AN BERTA ZUCKERKANDL

Badenweiler. Römerhof
18.9.[32]

aber bitte Villa Vera adressiren, denn der Römerhof schliesst

Liebste und Beste

Hier bin ich via Zürich habe viel von Ihnen erzählen müssen. Schickele's Liebe für Sie flammte nur so empor! wenn er von Ihnen redet Femme dangereuse [Gefährliche Frau]. Sie haben jetzt endlich ein Dach gottlob, Lannatsch[164] ist noch angegriffen von der langen Sucherei und wirklich, je besser man sie kennt je mehr lernt man sie schätzen u. versteht sein grosses Attachement [Verbundenheit] für sie. Von Werfel und von Alma musste ich auch erzählen. Wie steht's mit Kolu?[165] oder Vorträgen? Wenn man ihm die Reise zahlt kommt René sicher aber so ganz ohne Deckung könnt er halt auch net.

---

163 Carl Jacob Burckhardt, *Maria Theresia*, Leipzig: Coleman 1932.
164 Anna Schickele.
165 Vermutlich sind Kolumnen gemeint.

Ich bin gestern in der Dichterklasse und als Häringsalat her
gefahren. den 22. bin ich auf 10 Tage in der Schweiz, puis je
reviens ici meillir mon courrier [dann komme ich zurück um
meine Post zu holen]. Hoffe von Ihnen etwas vorzufinden, o
geliebter Stephansturm Musik meines Herzens; und wie gerne
gedenke ich meines Aufenthaltes bei Ihnen! Er verfloss nur so
rasch und der Tag am Semmering. War er nicht herrlich! Und
Werfels[166] lecture, man war wirklich in der Höh! Die blaue
Blouse bereue ich noch immer nicht. Ach lassen wir uns das
Costüm doch lieber nicht entgehen, was meinen Sie? – Sagen
Sie Werfel wenn Vortrag bömmisches erst im Winter sein soll
ist es uns auch recht. Wir sind nicht auf Daten erpicht, nur
auf tschechische Kronen. Es umarmt Sie innigst

Annette

*

AN RENÉ SCHICKELE

[Berlin,] 23. XI. 1932

Lieber René

Ich war heute bei Bermann[167] und im Verlag. Es soll in den
nächsten Tagen – Fischer ist etwas leidend – die entrevue
décisive [das entscheidende Gespräch] stattfinden. Mein Eindruck ist: wie beim Margueritezupfen zwischen ein wenig
oder garnicht. Deine beiden Bücher[168] liegen überall auf, ich

---

166 Franz Werfel, österreichischer Dichter.
167 Gottfried Bermann Fischer, deutscher Verleger, Schwiegersohn
      von Samuel Fischer.
168 Von René Schickele erschienen 1932 bei S. Fischer *Himmlische
      Landschaft* und bei Rowohlt *Die Grenze*.

habe das eine gleich mitbekommen, der Eindruck ist wirklich entzückend, morgen hole ich mir das andere bei Rowohlt.

26. XI.

Nicht zu machen, dass man täglich schreibt. Vielleicht geht es von jetzt ab. Ich musste für das Tagebuch[169] schnell was schreiben. Also pour commencer [um anzufangen]. Kuhny[170] konnte natürlich nicht bei seiner Schwester wohnen, nur essen, ist hier in der Pension à 2 M., ich zahle 4 und benutze ihn als Chauffeur, denn Taxi sind doch sehr teuer. Ich war bei Frau Carlebach von der Illustrirten.[171] Aber mein Roman eigene sich dafür nicht, dagegen solltest du doch einen schreiben mit recht viel Spannung beschwört sie dich. Ullsteins seien etwas fachés [böse] mit dir. Adresse Hubertusstrasse 31. Grunewald Frau Dr. Carlebach[172]

Wir sind hier *eine* Hochburg von Schriftstellern Ich hatte vorgestern Meiergraefes,[173] Roth[174] mit seiner reizenden Freundin,[175] Landauer,[176] Rose[177] und Breidbach[178] zum Tee. Mit letzterem ass ich heute und sagte ihm was ich gegen sein

---

169 Die Berliner Zeitschrift *Das Tage-Buch*.

170 Kuhny war ein Chauffeur aus Badenweiler.

171 Die *Berliner Illustrirte Zeitung*.

172 Vermutlich die Frau des Anwalts Alfred Carlebach.

173 Anne-Marie und Julius Meier-Graefe, deutscher Kunsthistoriker.

174 Joseph Roth, österreichischer Romancier.

175 Andrea Manga Bell, Lebensgefährtin von Joseph Roth.

176 Walter Landauer, Lektor im Gustav Kiepenheuer Verlag in Berlin.

177 Rose Hilferding, die Frau des Politikers und Publizisten Rudolf Hilferding.

178 Joseph Breitbach, deutscher Schriftsteller, der sich für die deutsch-französische Verständigung engagierte.

Buch hätte. Er fährt morgen nach Paris menschlich hat er ja sehr viel für sich streut Weinflaschen herum bei Buchhändlern etc. il me fait penser à Grabbe [er lässt mich an Grabbe[179] denken]. Morgen Mittag das Sonntagessen bei Fischer – gestern Abend traf ich auf dem Kurfürstendamm Heinrich Mann, der jetzt dort wohnt wir setzten uns eine Weile zusammen Je me demande si c'est certainement un écrivain dans le sens français [Ich frage mich, ober er auch wirklich ein Schriftsteller im französischen Sinne ist] Gestern bei Harry[180] mit Heinrich Simon[181] es war sehr nett. Harry mit Geldsorgen. ein neues Bild. Geldsorgen: das ist die Parole überall, Frau Grossmann[182] Verkäuferin in einem Laden, tu n'entends que ça [du hörst nichts als das]. Mit Breidbach würdest du dich gut vertragen schon seiner Wildheit wegen. Mir hat er natürlich auch eine Bouteille dedicirt [eine Flasche zugeeignet]. Ich will Ju[183] dedicieren. Breidbach fährt heute nach Paris etwas geschockt von Krakauers[184] Verriss seines Buches in der heutigen F. Z.[185]

Sonntag.

Ich ahne düsteres mit Fischer! – er sagte mir nach dem Essen es sei »nicht zu machen« u. s. w. Dienstag will Bermann mich anrufen. Was tun wenn das versagt?! – ich werde sicher

---

179 Der Dramatiker Christian D. Grabbe hatte ein beträchtliches Alkoholproblem.
180 Harry Graf Kessler.
181 Heinrich Simon war Journalist und Verleger der *Frankfurter Zeitung*.
182 Maria Grossmann, die Frau des Künstlers Rudolf Grossmann, der Annette Kolbs Buch *Spitzbögen* illustriert hat.
183 Julius Meier-Graefe.
184 Siegfried Kracauer, deutscher Soziologe, Filmtheoretiker, Philosoph und Journalist.
185 *Frankfurter Zeitung*.

noch bis 6. Dez. bleiben, aber kaum länger. Simons[186] sehe ich morgen Abend. Meiergraefes waren bei Fischers,[187] aber diese dritte Frau finde ich einfach ganz *unmöglich* verdaue sie wer kann, begreife das, wer mag![188] Bermann war sehr reservirt. Mittlerweile habe ich ein Auto ... Den Roman mögen sie ja schon, aber ich merke noch keine Bereitwilligkeit ihn mir zu ermöglichen.[189] richtige Prasselfische haben sie keine auf der Pfanne ausser Hausmann.[190] Wassermann[191] scheint garnicht mehr zu ziehen. Von der Himmlischen Landschaft[192] sprach er entzückt, für mich ist das schönste von allem »das ewige Elsass« äusserlich ist das bei Fischer wirklich wunderhübsch, könnte nicht glücklicher sein, die beiden schönen Bücher werden einander sehr in die Hände arbeiten glaube ich bestimmt, Rowohlt wollte mir den 1. Einband als den geglücktern einreden, ich habe ihm aber damit heimgeleuchtet die kl. Photo[193] macht sich sehr gut statt dessen mit dem Inhalt tut einem die Wahl weh; sie sind beide ausgezeichnet. Der Politik gegenüber ist ein verwundertes Interesse, *aufregen* tut man sich nicht mehr, man nimmt die augenblickliche Conjunctur als ein mal passager [vorübergehendes Übel] in Kauf. Kestenberg[194] ist schon abgesägt, alles was links steht à la porte [vor

---

186 Trude und Hugo Simon.
187 Brigitte (»Tutti«) und Gottfried Bermann Fischer.
188 Annette Kolb war mit Julius Meier-Graefes zweiter Frau Helene gut befreundet.
189 Der Roman *Die Schaukel* erschien 1934 schließlich doch bei S. Fischer.
190 Manfred Hausmann, deutscher Schriftsteller.
191 Jakob Wassermann, deutscher Schriftsteller.
192 Das neuste Buch von René Schickele, *Himmlische Landschaft*.
193 Auf dem Schutzumschlag von René Schickeles Essayband *Die Grenze* ist eine kleine Fotografie des Autors vor dem Grenzschild auf der Rheinbrücke in Kehl abgebildet.
194 Leo Kestenberg, deutscher Pianist und Bildungspolitiker.

die Tür gesetzt] ab 1. Januar Meiergraefe wusste nicht, dass
Ihr nicht mehr in St. Cyr seid, bestand darauf, Ihr seid noch
dort. René ich habe das Gefühl, dass ich nichts kriege, Dieu
donne que je me trompe [Gott gebe, dass ich mich täusche].
Lass bald von dir hören. Herzliche Grüsse Euch Allen
Annette

Vergiss nicht Frau Carlebach!! Breidbach hielt mir seinerseits
vor mein Artikel in der Fr.Z. damals betreffs Auto sei doch
eine bedauerliche Schnorrerei gewesen. Hierzu Meiergraefe:
Ja, falls ich es zu keinem Auto gebracht hätte. Hier entschie-
der der Erfolg. Ich war in der Weltbühne. Es geht Ossietzky[195]
leidlich. Berlin hat heuer irgendwie kein Gesicht. Ist es weil
ich es zum 1. Mal von Westen aus[196] sehe? oder weil mir die
Angst den Blick verschleiert?

*

AN GERHART HAUPTMANN

Z. Zt. München 17 Giselastrasse
12. XII. 32

Hochverehrter lieber Gerhard Hauptmann

Ich wollte Ihnen meine Wünsche aussprechen, nachdem der
erste grosse Anprall und Ansturm Ihrer Gratulanten[197] sich

---

195 Carl von Ossietzky war der Herausgeber der *Weltbühne*.
196 Annette Kolb logierte in Charlottenburg in der Hotel-Pension
    Savigny am Stadtbahnhof Savignyplatz.
197 Wahrscheinlich sind die Wünsche auf den 70. Geburtstag des
    Dichters am 15. November 1932 bezogen. Es kann sich aber
    auch um die Gratulation zum Goethepreis der Stadt Frank-

beruhigt hatte, aber das wird noch lange andauern wie es scheint. Brauche ich Ihnen zu sagen wie innig die Segenswünsche sind, die ich für sie hege und wie sehr ich Sie liebe und verehre! Seien Sie von Herzen gegrüsst von Ihrer treuesten

Annette Kolb

*

AN RENÉ SCHICKELE

[Badenweiler,] 10. II. [1933]

Lieber René!

Deinen lieben Brief fand ich bei meiner Rückkehr von Köln vor. Ich fahre heute auf einige Stunden nach Basel und werde morgen hören, ob die jüdische Familie auf 3 Wochen mein Haus mietet (bis zum Wahltag) oder nicht. Dann führe ich fort, weiss noch nicht wohin. Es sieht alles derart trostlos aus, dass es unsagbar ist. Ich sehe nirgends eine Hoffnung. Es geht Alles mit einer fürchterlichen Rapidität. Die Stäbe der Falle werden zementirt, keine Masche in dem Netz unverstärkt gelassen. Was Verzweiflung ist, weiss man erst jetzt: Die Wahlen, selbst wenn sie nicht allzuschlecht ausfallen, werden ja keinen Unterschied machen. Zu viele Teufel sind bemüssigt, losgelassen und am Werk. Mich traf die Nachricht en pleine grippe [mitten in einer Grippe] und ich

---

furt im Jahre 1932 handeln, außerdem erhielt Hauptmann im gleichen Jahr die Ehrendoktorwürde der Columbia-Universität, New York.

weiss nicht mehr, wie ich es hier oben aushalten soll. Car c'est à perdre la tête [Denn es ist zum Kopf verlieren]. Jeden Tag zieht sich das Netz enger zu. In Köln waren sie verhältnismässig optimistisch, sahen nicht die lange Dauer, auf welche man sich blitzartig einrichtet, in Frankfurt dagegen machte man sich so wenig Illusionen wie in Berlin. Einen Abend mit Reiffenberg,[198] der sich übrigens grossartig hält. Er befürchtet die Rückkehr des Kronprinzen. Das sind Sorgen! Als ob es heute noch ein geringeres Übel gäbe. So oder so bliebe H.[199] allmächtig. Ja die haben's verstanden, und für die anderen ist es zu spät zu lernen, wie sie's hätten machen sollen. Ja, die Geister haben sich geschieden, aber es hilft uns nicht mehr. Hier hisste man vor Grethes gleich die Nazifahne, Graf[200] liess sie sofort wieder entfernen. Man merkt hier noch nichts. Die Wut, René, ist einerseits furchtbar, in Bayern haben sie in der Regierung vor 3 Tagen von H's Anwesenheit überhaupt keine Notiz genommen. Aber Uneinigkeit ist ja auch dort. Nürnberg, Franken etc.: Die Situation verändert sich nur insofern jeden Tag, als sie sich immer verdüstert. du weißt, wie ich zum Optimismus von Natur aus neige. Aber das berühmte Wunder allein könnte uns helfen, und wir haben ja gesehen, dass sie nicht geschehen. Pauvre Allemagne [Armes Deutschland]. Man muss es trotzdem sagen, aber René: seitdem ich – *ein Mal und nicht wieder* – diese gemeine, diese niederträchtige Stimme hörte, diesen Ton eines Domestiken, schäme ich mich für jeden viertelsgebildeten Deutschen, der ihr Gefolgschaft leistet. Und es

---

198 Benno Reifenberg war Leiter der Politikredaktion der *Frankfurter Zeitung*.
199 Hitler.
200 Richard Graf, der Bürgermeister von Badenweiler.

gibt Gebildete genug. Ich sage es jedem, wie die Schmach heute erst besiegelt ist, es hat nie eine andere gegeben. Und du hättest die Reserviertheit Erna Pinners[201] sehen sollen, sie sagte genug über die Ed's.[202] – Und jeder Gebildete ist da unverzeihlich. Verzeihlich sind nur die Kinder und Narren und der Plebs. Ich bekomme von meiner Mischpoke, falls sie Montag einzieht, 300 M. für 20 Tage und es klingt ganz gut, aber ich muss für Heizung, Licht und ausserdem logis meines Mädchens auswärts aufkommen. So werden mir nur 200 bleiben, und ein Kind ist auch dabei! – Ob ich zu Emma[203] oder nach Colpach[204] fahre, weiss ich noch nicht – am 25. möchten Schneller[205] und Bizer[206] in meinem Wagen nach St. Rémy, ich liesse sie dort und führe so lang nach Sanary, 6 – 7 Tage. Ju[207] ladet mich nach St. Cyr, aber ich könnte nicht bei ihm wohnen wegen Helene.[208] Gibt es ein mögliches Hotel und Musse zur Arbeit? Ich hätte auch Kuhny,[209] in den wir uns teilen, d. h. Schneller beitragen will, Bizer hat nichts. Schreibe mir doch gleich Hotel Trois Rois. Dort würde ich die Post holen. Von dort aus führe ich doch jedenfalls los, sei's zu Emma, sei's zu Mayrisch. Schleicher hat es auch nicht

---

201 Die Künstlerin Erna Pinner.

202 Der Schriftsteller Kasimir Edschmid war der Partner Erna Pinners.

203 Emma Gugelmann.

204 Wohnort ihrer Freundin Aline Mayrisch in Luxemburg.

205 Der Schriftsteller Franz Schneller.

206 Der Künstler Emil Bizer, ein Freund und Nachbar Annette Kolbs in Badenweiler.

207 Julius Meier-Graefe.

208 Meier-Graefes frühere Ehefrau, mit der Annette Kolb befreundet war.

209 Chauffeur in Badenweiler.

anders gemacht wie Otto Braun.[210] Vor dem alten Kroko-
dil[211] stehen sie Alle stramm.

In der F. Z.[212] war man ganz entzückt über deine letzten
2 Beiträge (Rolland und Henri IV), gestern kamen Gub-
lers.[213] Sie kamen zu Tisch, aber es war nichts zum auftischen
da, dank einem Missverständnis, weil ich noch Nachricht erwartet hatte. So bekamen Sie nur Kafee. Gubler ist schon von
der Zeitung weg, fährt April nach Stockholm. In Köln sah
ich Rychner,[214] und die bildhübsche Frau von E. R. Curtius[215]
kam ins Hotel, so fuhren wir nach Bonn, Curtius ist ein sehr
charmanter Mensch. Es war seit 30. Januar[216] die einzige hel-
lere Stunde, ich ging dann mit Rychner ins Kino.

Dieser Herr Droop sprach mich neulich im Speisewagen
von Köln an. Er sagt, er kenne dich. Ich liess ihn an meinen
Tisch setzen. Es ist wie in den Mobilmachungstagen, Leute
einer Gesinnung sprechen miteinand, ob sie sich kennen
oder nicht. Er sagte, er kenne dich. Und er sei in der Badischen Landeszeitung. Durch die neueste Haltung der Fr. Z.
fühlen sich die kleinen Blätter sehr gestärkt. Ich machte es
in Frankfurt sehr geltend bei Reiffenberg und Simon.[217] Le
déshonneur de l'Allemagne, voilà la dévise et ce que signifie

---

210 Die Politiker Kurt von Schleicher und Otto Braun hatten Pläne,
    Hitlers Machtübernahme zu verhindern, doch scheiterten
    diese nicht zuletzt deshalb, weil der Reichspräsident Paul von
    Hindenburg sich nie für diese hätte gewinnen lassen.
211 Paul von Hindenburg.
212 *Frankfurter Zeitung.*
213 Der Schweizer Friedrich Traugott Gubler, Feuilletonchef der
    Frankfurter Zeitung, und seine Frau.
214 Max Rychner.
215 Ernst Robert Curtius, deutscher Romanist, heiratete 1930 die
    Studentin Ilse Gsottschneider.
216 Hitlers Machtübernahme.
217 Heinrich Simon.

H. [Die Schande Deutschlands, das ist die Devise und was H.[218] bedeutet] Swarenzski[219] und alle übrigens, empfinden es so, wer immer diesen Proleten hörte, sieht die *unendliche* Demütigung! In Köln sah ich jenen Schröder,[220] der immer unsere Sachen so lobt: ein netter, abgebauter, junger Mensch. Ich schreibe an Lannatsch.[221] Am *Dienstag* bin ich in Basel. Willst du mir ein Wort dort finden lassen, morgen schreibe ich Lannatsch und weiss, ob ich mein Haus vermiete, 4 Juden hoch – es sind Freunde der Günzburger; es sollen aber anständige Leute sein. Am 5. ziehen sie wieder ab. Das Beste, was wir hoffen dürften, wäre eine *Revolte*, aber es fehlen die Möglichkeiten. Rose[222] schreibt ganz niedergebrochen. Es sei für ihre Leute schlimmer und gefährlicher als in den Krieg zu ziehen, den Wahlkampf zu führen, sie wütete auf Hugo! – der auf eine Inflation spekuliere – Alles scheint ebenso heiss gegessen werden zu wollen als es gekocht wird. Hoffen wir wider alles Hoffen. Der Ossietzky[223] soll wieder eingesperrt werden, wird verlangt. Ich habe was in der letzten Nr.,[224] wird wohl die letzte sein, die erscheinen darf.

Herzlichst

A.

*

---

218 Hitler.
219 Georg Swarzenski, Direktor des Städelschen Kunstinstituts und Generaldirektor der Städtischen Museen in Frankfurt bis 1938.
220 Eduard Schröder, deutscher Journalist.
221 Anna Schickele.
222 Rose Hilferding, die zweite Ehefrau des Politikers Rudolf Hilferding, entstammte einer jüdischen Familie.
223 Carl von Ossietzky.
224 Die letzte Ausgabe der *Weltbühne.*

Im Exil 1933 – 1945

5. Annette Kolb in New York

Am 21. Februar 1933 setzte sich Annette Kolb in Badenweiler in ein Taxi und ließ sich »in aller Hergottsfrühe«[1] nach Basel chauffieren. Ein ihr wohlgesonnener Schriftstellerkollege, Manfred Hausmann, hatte ihr wenige Tage zuvor einen Brief geschrieben und sie zur Vorsicht gemahnt. Dieser Brief war es, der Annette Kolb endgültig die Gefahr erkennen ließ, in der sie schwebte. Kurz entschlossen packte sie das Allernotwendigste, »schrieb Briefe, sah nach der Uhr, zu oft. Wer sagte, dass man noch unbeanstandet die kleine Zone passierte, dass nicht schon neue Order ausgegeben war?«[2] Ihre Furcht war nicht unbegründet. Am Tag darauf wurde die sogenannte »kleine Zone«, die den Bewohnern der Region am Oberrhein den Grenzübertritt erleichterte, aufgehoben. Annette Kolb gelangte indes noch ohne Schwierigkeiten über die Grenze. In Basel angekommen, wich die Erleichterung über die gelungene Flucht bald einmal der Angst um die Zukunft: »Wohin mich nun wenden? Und was nun? Meine Basler Freunde – dies konnte nicht fehlen – würden sich sehr wundern, dass ich ohne sichtlichen Grund, wie aus einem brennenden Haus, über Hals und Kopf aus Deutschland davonlief.«[3]

Die Basler Freunde hatten dann aber durchaus Verständnis für Annette Kolbs überstürzte Flucht und sicherten ihr ihre Unterstützung zu, die sie von nun an bitter nötig hatte. Dreiundsechzigjährig trat sie wieder das unstete Wanderleben an, das sie während ihres ersten Schweizer Exils schon einmal geführt hatte, nur waren damals ihre Kräfte noch ganz andere gewesen. Sie ließ sich jedoch nicht unterkriegen, zumal sie auf ihre Freunde zählen konnte. Die nächsten zwei Jahre

---

1 Annette Kolb, *Memento*, Frankfurt am Main: S. Fischer 1960, S. 13.
2 Ebd.
3 Ebd., S. 14.

verbrachte sie auf Reisen, immer unterwegs zu Menschen, die ihr nahestanden. Als erstes fuhr sie im März 1933 nach Sanary-sur-Mer zu René und Anna (Lannatsch) Schickele. Bereits einen Monat später war sie wieder in Basel und fand bei Theodora Von der Mühll eine offene Tür. Ende Mai reiste sie nach Irland zu ihrer Schwester Germaine. So ging das weiter. Zwischendurch machte sie bei Aline Mayrisch de Saint Hubert auf Schloss Colpach in Luxemburg Station, fuhr nach Paris und war dann wieder in der Schweiz zu Gast, sei es bei Weltis in Kehrsatz, bei Gugelmanns in Muri, bei Burckhardts in Genf oder bei Manns in Küsnacht. Zur Ruhe kam sie erst Ende 1934, als sie in Paris an der rue Casimir Périer eine Wohnung beziehen konnte, die bis 1941 ihr Zuhause wurde. Das lag auch daran, dass Annette Kolb damals tatsächlich und nicht nur dem Gefühl nach in Frankreich ihre zweite Heimat fand, wurde sie doch 1936 französische Staatsbürgerin. Noch im hohen Alter erinnerte sie sich an diesen Glücksmoment in ihrem Leben: »Zufällig kam an diesem Tage Giraudoux zu mir. Und ich sagte ihm: ›Gratulieren Sie mir‹. Und er sagte: ›Ich gratuliere uns!‹. Und ich war entzückt von dieser politesse française.«[4]

Die Jahre ihres Pariser Exils waren fruchtbar. 1934 erschien in Deutschland bei S. Fischer ihr letzter Roman *Die Schaukel*, in dem sie ihre unbeschwerte Jugend im München der Belle Epoque lebendig werden ließ. 1936 fand in Wien die deutschsprachige Uraufführung von Jean Giraudoux' Stück *La guerre de Troie n'aura pas lieu* in der Übersetzung von Annette Kolb und Berta Zuckerkandl statt. 1937 kam als ihr erstes Buch in einem Exilverlag die Mozart-Biographie heraus,

---

4 Annette Kolb, *Ein Selbstporträt*, in: Hannes Reinhardt (Hrsg.), *Das Selbstporträt*, Hamburg: Christian Wegner Verlag 1967, S. 184.

im selben Jahr *Festspieltage in Salzburg* und 1940 *Glückliche Reise*. Im Jahr zuvor war Annette Kolb auf den Internationalen PEN-Kongress in New York eingeladen worden und hatte daraufhin ihre Erlebnisse in diesem Buch festgehalten. Trotz aller Geldnöte, in denen sie sich ständig befand, konnte sie sich über ihren Erfolg als Schriftstellerin nicht beklagen. Annette Kolb war siebzig Jahre alt, doch erhob sie ihre Stimme, wie wenn sie erst jetzt die Worte gefunden hätte, die sie sagen wollte. Aber dann geschahen innerhalb weniger Monate zwei Dinge, die sie im Innersten erschütterten: Am 31. Januar 1940 starb René Schickele und am 10. Mai überfiel die deutsche Wehrmacht Frankreich.

Wieder musste Annette Kolb fliehen. Sie fand Zuflucht in der Schweiz, wo sie bis zu Beginn des Jahres 1941 blieb, bis sich ihr dank des unermüdlichen Einsatzes Hermann Kestens und anderer Freunde die Möglichkeit bot, in die USA zu emigrieren. Ende März flog sie von Lissabon nach New York, der letzten Station ihres Exils. Annette Kolb war froh, entkommen zu sein, doch in Amerika fühlte sie sich trotz ihrer guten Englischkenntnisse, die ihr vieles erleichterten, verloren und fremd. Sie schrieb dort ihre Schubert-Biographie fertig und versuchte, auf Englisch verfasste Artikel in amerikanischen Zeitungen und Zeitschriften unterzubringen, mit mäßigem Erfolg. Ein Trost waren die vielen Freundinnen und Freunde, die es wie sie in die Neue Welt verschlagen hatte, allen voran Hermann Kesten und seine Frau Toni sowie Erika und Klaus Mann. Aber auch die Werfels, Werner Richter und Carl Zuckmayer kümmerten sich um sie. Kummer blieb ihr indes nicht erspart. Ihr alter Förderer und Freund Franz Blei hatte sich zwar ebenfalls in die USA retten können, doch verstarb er völlig verarmt und am Ende seiner Kräfte 1942 in New York.

Das Elend des Exils währte zum Glück nicht ewig. Als am

6. Juni 1944 die Alliierten in der Normandie landeten, schöpfte auch Annette Kolb neuen Mut. Ein Jahr später war der Krieg vorbei und nichts hielt sie mehr in Amerika. Am 25. Oktober 1945 bestieg sie in New York ein Flugzeug, das sie nach Europa brachte. Wieder breitete der Steinadler seine Flügel aus: »Ja, so flog ich [...] mit einem Sonnenuntergang vor Augen, den nach kaum erbleichtem Himmel bald neu entflammt ein Sonnenaufgang göttlich schön überflutete, über den Atlantischen Ozean.«[5]

---

5 Annette Kolb, *Memento*, Frankfurt am Main: S. Fischer 1960, S. 57.

AN CARL JACOB BURCKHARDT

Hôtel des Familles
Genève, le 11 mars [1933]
6 h' du matin [Sechs Uhr morgens]

Cher ami

Ich fand gestern nicht mehr den Auftrieb und fahre erst in
einer Stunde für 14 Tage nach
  Sanary s/mer
  Var
  Poste Restante

C'était un grand réconfort de me retrouver avec vous trois et
de prendre contact avec le point de vue du quel vous voyez
les évènements, dont je me laisse accabler [es war ein großer Trost, mich mit Ihnen drei zu treffen und mich vertraut
zu machen mit dem Standpunkt, von dem aus Sie die Ereignisse sehen, die mich bedrücken] und diese eruptive, diese
abstossende ewig rückständig bleibende Menschheit und
das, was *sie* Politik nennt. (Wozu Politik sagte Romain Rolland.) Was sie treibt ist allerdings immer jeder wahren Politik
entgegen. Mais je dois m'excuser d'être devenue parfaite-
ment ennuyeuse, il me tarde d'être aussi loin que possible
de ce pays de la terreur. Il est presque inexplicable de voir la
Bavière après de si *grands mots* s'effondre devant un commis-
saire comme un château de cartes, mais c'est que le »désar-
mement« semble au complet de ce côté là et vraiment wie
ein Warnungszeichen. Vous voyez des députés tout simple-
ment enlevés. Et que de Matteoti disparaitront! Quelle erreur

de croire de pareilles choses ne se vengeront pas. L'Allemagne est trop près de la Russie. Nous sombrerons peut-être sous les contre-coups de ce qui se fait aujourd'hui, et de ce qu'on laisse faire, par lâcheté ou par impuissance, qui pourrait en juger aujourd'hui. [Aber ich muss mich dafür entschuldigen, völlig langweilig geworden zu sein, ich kann es kaum erwarten, so weit weg wie möglich von diesem Land des Schreckens zu sein. Es ist fast unerklärlich, nach so großen Worten Bayern gegenüber einem Reichskommisar[6] wie ein Kartenhaus zusammenfallen zu sehen, aber es sieht so aus, wie wenn die »Entwaffnung« von dieser Seite komplett wäre und wahrlich wie ein Warnungszeichen. Sie sehen, wie Abgeordnete schlicht und ergreifend weggeräumt werden. Und nur die Matteoti[7] werden verschwinden! Welcher Irrtum zu glauben, dass solche Dinge sich nicht rächen werden. Deutschland ist zu nah an Russland. Wir werden vielleicht zu Boden gehen unter den Gegenschlägen gegen das, was heute geschieht, und was man geschehen lässt, aus Feigheit oder Ohnmacht, wer könnte das heute beurteilen.] Was heute vor sich geht ist so kulturfeindlich wie der Bolschewismus, so geisttötend wie er, so inhuman wie er, und eine Allianz mit Italien – wir können doch keinen Augenblick bezweifeln, dass sie schon besteht, ist das *schmutzigste* was die Geschichte kennt. Oui allez à D. Je vous le dis avec bien de la mélancholie, car cela vous

---

6 Gemeint ist der Reichskommissar Franz Ritter von Epp, der auf Anordnung Hitlers am 9. März 1933 die bayerische Regierung absetzte.

7 Die Ermordung des sozialistischen Politikers Giacomo Matteotti am 10. Juni 1924 durch Faschisten führte zur sogenannten Matteotti-Krise. Mussolini übernahm in einer Rede im Parlament die Verantwortung für Matteottis Tod, wurde aber nicht belangt, da dies ohnehin aussichtslos gewesen wäre. In der Folge war er der unangefochtene Diktator Italiens.

éloignera encore, mais si un homme est destiné aujourd'hui à exercer une action manifeste et grande et bienfaisante, c'est vous. Je ne connais personne d'un déploiement d'aptitudes aussi riche. Vous aurez 36 ans, c'est à dire 46, et quelle sera votre expérience du monde et des hommes! Il faudra alors ne vivre *que* pour votre production. Vous voyez que pour elle aussi vous avez une plateforme déjà und das Ohr der Welt. Envoyez moi donc vos articles de la Kölnische. La chère Elisabeth veut bien m'adresser une Maria-Theresia, on pourrait les ajouter, je vous dirai mon impression. Mais de toute façon, si vous partez, j'espère vous voir avant, car ce serait bien long! … Affectueusement [Ja gehen Sie nach D.[8] Ich sage es Ihnen mit ziemlich viel Melancholie, denn das wird Sie noch weiter in die Ferne rücken, aber wenn heute ein Mann dazu bestimmt ist, eine offensichtliche und große und Gutes bewirkende Handlung zu vollziehen, sind Sie das. Ich kenne niemanden, der so reiche Begabungen vorzuweisen hätte. Sie werden 36 sein, das heißt 46, und was wird Ihre Welt- und Menschenkenntnis sein! Sie werden daher *nur* noch für Ihr Werk leben dürfen. Sie sehen, dass Sie auch für dieses schon eine Plattform und das Ohr der Welt haben. Schicken Sie mir doch Ihre Artikel für die Kölnische. Die liebe Elisabeth möge mir eine Maria-Theresia schicken, man könnte sie dazu legen, ich werde Ihnen meinen Eindruck mitteilen. Aber auf jeden Fall, wenn Sie gehen, hoffe ich, Sie vorher zu sehen, denn das würde sehr lang sein! … Herzlich]

tendresses à Elisabeth [Zärtlichkeiten für Elisabeth]
au revoir [auf Wiedersehen]
Annette

---

8 Carl Jacob Burckhardt war von 1937 bis 1939 Hoher Kommissar des Völkerbunds für die Freie Stadt Danzig.

Il faut faire accorder le Pléyel. [Man muss den Pléyel stimmen lassen.]

[Unleserlicher Nachtrag]

*

AN ELISABETH UND CARL JACOB BURCKHARDT

Pension La Bastide
Sanary s / mer
13. III 33
Var

Liebe Burckhardts,

Ich habe eine grosse Bitte. Wann Dori[9] zurück sein wird, weiss ich nicht, und man sagt mir, dass die Sache eilt. Die Regierung plant ein Flüchtlingsgesetz: Wer fort ging, dem wird aller Besitz beschlagnahmt. Es handelt sich darum, ihn schnell (fingirt) zu verkaufen. Aber ich selbst allein kann nicht an Ihren Anwalt herantreten, der schon meine Hypothek einschrieb. Es ist ein Dr Burckhardt in Basel Barfüsslergasse, der der Rechtsbeistand Ihrer kürzlich verstorbenen Tante war. Er müsste die Tatsache, dass Sie der Eigentümer meines Hauses und der ganzen Einrichtung geworden sind für eine X beliebige Summe, sagen wir 12 000 Mark [bestätigen]. Dann *könnte* ich einen Umzug veranstalten lassen und das Haus nicht beschlagnahmt werden. Der Anwalt müsste es wie die Hypothek beim Grundrecht in Badenweiler eintragen lassen, sonst wird es natürlich nicht anerkannt. Sie und ich machen für den Fall meines Todes privatissime einen Akkord

---

9 Theodora Von der Mühll.

dass der Verkauf fingirt gewesen ist. Anbei das Papier für Dr Burckhardt in Basel. Er möge halt Alles möglichst bald einleiten und erledigen. Und mögen Sie mich dafür nicht verwünschen, aber die »Herren« arbeiten in einem Tempo, vor dem das Panier des Hasen erstarrt. Verzeiht! Verwünscht mich nicht, unsere Freunde sitzen zumeist schon in »Schutzhaft«. Der Gedanke an sie lässt keinen Frohsinn aufkommen der angesichts dieser Gegend aufkommt

Herzlichst Annette

*

Genf 12. III 33

Ich bestätige hiermit dass ich mein Haus mit der Einrichtung in Badenweiler Baden an Professor Dr Burckhardt zum Preise von 15 000 Mark verkauft habe

Annette Kolb

[Zweites Blatt:]

La vente de ma maison à Monsieur Charles Burckhardt est fictive [Der Verkauf meines Hauses an Herrn Carl Burckhardt ist fiktiv]

Annette Kolb

Genève 12 mars 1933

*

29 Malzgasse Basel
25.IV.[1933]

Lieber Thomas Mann

Eigentlich bin ich ja in Bern, hebe aber meinen »Nomadenfuss« morgen von hier und sehe von Basel aus, was ich aus
meinem Häuschen mir schicken lassen kann. Oft und oft gehen meine Gedanken zu Ihnen. Sie haben den Lohn für Ihre
schöne Haltung weg. Deutschland ist heute eine Wüste und
wir die es wirklich liebten sind heimatlos geworden. Aber so
schwer dies ist, verglichen mit unseren Gesinnungsgenossen,
welche die verpästete Luft einatmen müssen, ist unser Loos
beneidenswert! Wien kämpft heute wie seinerzeit gegen die
Türken. Es kämpft wenigstens. Dabei hat diese Hitlerei eine
enorme Anziehungskraft für alle Barbaren in der Welt und
sämtliche Domestiken Sie glauben nicht wie sie in Schaffhausen progressiert. Und für diese ist er ja auch der entsprechende
Heros. Aber unsereinen reibt doch dieser Mangel an Ehrgefühl der Deutschen (so vieler Millionen) die Seele wund. Und
je toller sie's treiben, je mehr scheint ja ihre Macht sich zu
festigen, zwar glauben gewichtige Leute sie würden sich nicht
halten ich wollte ich könnte es hoffen! Wie geht [es] Ihnen.
Wie geht es Katia.[10] Lasst uns treu zusammenhalten. Wie geht
es Ihrem Joseph.[11] Vielleicht wird er nur umso beschwingter
inmitten der Trauer! ich denke es mir. Ich las Ihren Wagner

---

10 Katia Mann.

11 Thomas Mann, *Joseph und seine Brüder.* Der erste von vier
    Bänden, *Die Geschichten Jaakobs*, erschien im Oktober 1933 bei
    S. Fischer.

nochmal Wort für Wort.[12] (Wie Richard Strauss sich nicht schämt! Aber Sie haben ihm nicht die Ehre eines Hackenkreuzwagners gelassen, das schneidet ihnen ins Fleisch, was eine Ehrenpflicht war haben Sie hiermit erfüllt. Lassen Sie mich ein Wort haben was Sie vorhaben, wie es Ihnen geht. Allerherzlichste Grüsse an Katia. Stets Ihre

Annette

bis 4. Basel. Dannach Irland über Paris. Haben Sie Fischers und Bermanns[13] gesehen?

*

AN THEODORA VON DER MÜHLL

United States Lines
On Board S.S.25.V.33
Washington
heisst das Schiff

Liebe Dori

morgen früh bin ich schon in Irland,[14] denn ich lande nicht in England und noch sind wir in Frankreich vor Anker. Ich

---

12 *Leiden und Größe Richard Wagners*, Essay. Thomas Mann wurde öffentlich von Richard Strauss und anderen in einem Artikel der *Münchner Neuesten Nachrichten* wegen Verunglimpfung Wagners angegriffen.
13 Samuel und Hedwig Fischer, Gottfried und Brigitte Bermann Fischer.
14 Annette Kolb war unterwegs zu ihrer Schwester.

zerbreche mir etwas den Kopf wegen Schiess.[15] quelle est son degrès de pauvreté [was ist sein Armutsniveau]. Könnte er nach London fahren falls notwendig und ich würde ihn eventuell dort treffen? ich sah Hilferding[16] in Paris, die Berichte sind einfach trostlos, Keyserling[17] (don't say it to anybody) [sag es niemandem] hat dem Harry Kessler[18] berichtet und wir sassen gestern (ausser Keyserl.) zusammen bei Pierre Viénot.[19] Diese Juliane Stolberg,[20] die sie jetzt in München in die Flucht trieben und diese Emma Machenauer,[21] die sie fassten, ist ihre Freundin, ist das reizendste stillste Wesen, das Sie sich denken können, Beide haben nie eine Zeile geschrieben, sind pazifistisch gesonnen, voila tout [das ist alles]. Et cette P^cesse La Paz qui est une sainte et a cœur [Und diese Prinzessin La Paz,[22] die eine Heilige ist und Herz hat]. Und man wird krank wenn man von gewissen Behandlungen von Seiten der S.A. Leute in den Gefängnissen hört. Die niedrigsten Instinkte sind jetzt entfesselt. Man ist keinen Tag vor ihnen sicher. Genug. Oesterreich von dem Beispiel abgeschreckt nimmt den Kampf gegen die Türken auf et sera le dernier rempart de la

---

15 Der junge Basler Künstler Hans Rudolf Schiess hatte sich bereiterklärt, eine Scheinehe mit Annette Kolb einzugehen, um ihr so zur Schweizer Staatsbürgerschaft zu verhelfen.

16 Rudolf Hilferding.

17 Hermann Graf Keyserling, deutscher Philosoph und Schriftsteller.

18 Harry Graf Kessler.

19 Der Politiker Pierre Viénot setzte sich für die deutsch-französische Verständigung ein und war der Schwiegersohn von Annette Kolbs Freundin Aline Mayrisch.

20 Juliana Prinzessin zu Stolberg-Werningerode war Mitglied der IFFF (Internationale Frauenliga für Frieden und Freiheit).

21 Emma Machenauer war die Sekretärin der Münchner Ortsgruppe der IFFF. Sie wurde im Mai 1933 verhaftet.

22 María de la Paz, Prinzessin von Bayern.

civilisation allemande *si* on lui vient en aide [und wird das letzte Bollwerk der deutschen Zivilisation sein, wenn man ihm zu Hilfe kommt] Nur sehr wenige glauben an den baldigen Sturz des III Reiches. Es ist der Sieg des Kleinkrämers und seiner Kommilitonen. Liebe Dori nicht wahr sie nehmen den *Schlüssel* meines *Autos zu sich und meinen Führerschein?* Sie gütiger Engel Sie. Verwünschen Sie mich noch nicht? Denken Sie mit einem Male begegnet man die reizendsten Deutschen früher genirte man sich über sich, jetzt scheint aber die geistigste Sorte auf die Wanderschaft [zu gehen]. Sie sehen so geistige Gesichter, Sie horchen hin und hören deutsch sprechen. Viele Juden, aber auch sehr viele, welche die Luft nicht mehr atmen können. Wenn nur Juliane Stolberg die die fine fleur [die zarte Blume] der Bildung ist sich rettet; und ich bin um Helene MeierGraefe[23] besorgt die zu ihren intimes gehört. Ach ich unfreiwillige Prophetin! vor 20 Jahren nach einer tournée de chateaux [Schlösssertournée] schrieb ich schon und in der Daphne Herbst[24] wieder wies ich darauf hin, dass wo die herrschende oder doch tonangebende Classe nicht auf ihre Bildung bedachter ist sie bald den Herrn vom Diener nicht mehr unterscheiden wird Und nun erzählte mir vorgestern Annie Rauch (eine Cousine von Richard K.[25]) dass die elegantesten Damen zur Zeit um die Ehre sich reissen dem Verfasser von »Mein Kampf« vorgestellt zu werden. Freilich sind es dieselben die einen Bonsels[26] nicht von einem Hofmannsthal[27] unterscheiden könnten. Ach Dori wie schön ist

---

23 Helene Meier-Graefe.
24 *Daphne Herbst* ist der Titel des zweiten Romans von Annette Kolb.
25 Richard von Kühlmann.
26 Waldemar Bonsels, deutscher Schriftsteller, Verfasser der *Biene Maja.*
27 Hugo von Hofmannsthal.

es auf einem Schiff, diese Stille auf einem grossen Schiff inmitten seines Hin und Hers. Wie gern bliebe ich darauf einen Monat lang. Grüssen Sie Hans.[28] Seien Sie umarmt von Ihrer
Annette

Hilferding meint das Enteignungsgesetz wird sicher kommen ich schreibe aber der Steuerbehörde, dass ich bald heimkommen werde.

*

AN RENÉ SCHICKELE

[Irland,] 20.12.[1933]

Lieber René,

lass mich dir erst sagen, wie prachtvoll ich dein Buch[29] finde. Es ist mit dir etwas so völlig neues in die Literatur gekommen als ob du nicht nur ein Dichter und Schriftsteller, auch der erste Maler unter den Schriftstellern wärst. Dieser Spaziergang mit der hinkenden Sybille, dieses Ende mit dem Vogel im verblühenden Baum, diese Beschreibung des Touloner Hafens, die Gestalten in ihrer Verwobenheit, ihrer Unlöslichkeit von ihrem Rahmen, das Alles gibt bei aller Helle eine Tragik grösser wie die, welche mit finsteren Farben hingestellt wird. In ihrer Unausgesprochenheit ist sie tausendmal gegenwärtiger und unentrinnbarer. Bei allem Gelächter, das aus dem Buche hervorbricht, empfinde ich es als dein erstes trauriges Buch. Vielleicht liegt es an den Augen, mit welchen

---

28 Hans Von der Mühll.
29 René Schickele, *Die Witwe Bosca*, Berlin: S. Fischer 1933.

ich dich heute lese. Aber schöner, herrlicher könnte es nicht sein. Wenn die Welt nicht in Barbarei versinkt, wird dieses Buch ein Markstein bleiben. Man wird sich viel den Kopf zerbrechen darüber. Ich sehne mich, es mündlich dir zu sagen. Ich las es im Sturm auf dem Meer, es war so zu sagen die Planke, an die ich mich festhielt in meiner Cabin. Als ich das Schiff (ein ehemaliges Kriegsschiff!) betrat, sah ich auf einer Bank die Witwe Bosca liegen. Erst glaubte ich, es sei die meine. Ich fand den Besitzer nicht heraus. Denn wir wurden Alle krank, aber wir waren zwei, die auf dieser schrecklichen Fahrt einen Anker hatten. Man könnte Stunden und Stunden über dieses Buch reden. Es ist an sich ein Geheimnis, und nicht so ohne weiteres ist es heute in der Welt. Manchmal wunderst du dich vielleicht selbst. Die Welt, in die man hineingerissen wird, ist eben *die Welt*, daher die Gewalt, ja die Schrecken dieses Werkes. Dieser Witwe!! Wir reden darüber, wir müssen *lang* darüber reden. Wann? Wann? O René, es ist ja Alles so verzweifelt! Eben deinen Brief. So wird auch meine Naturalisation[30] mir nicht helfen. Ich habe folgendes an den Verband geschrieben: »Seit fast 2 Jahren habe ich die schriftstellerische Laufbahn aufgegeben u. nichts mehr geschrieben. In Folge eines Kopfleidens habe ich mich wieder der pianistischen Tätigkeit zugewandt, für die ich ursprünglich ausgebildet wurde. So kann ich dem Verband nicht mehr beitreten.« Damit wollte ich *Zeit* gewinnen. Bermann[31] meinen Roman[32] als eine alte Sache, die er wieder ausgräbt, hinmalen lassen. Indes schreibt mir der Londoner Rundfunk, da ich in Irland residire, was er nicht gewusst habe, käme mein Probespiel in

---

30 Annette Kolb hatte sich um die französische Staatsbürgerschaft beworben, die sie aber erst 1936 erhielt.
31 Gottfried Bermann Fischer.
32 *Die Schaukel.*

London nicht in Frage (!). Ich schreibe ihm jetzt, dies sei ein Irrtum – aber das glaubt er vielleicht nicht. So sind auch hier die Beziehungen geworden. Ich weiss mir nicht Rat. Wenn mein Roman fertig ist, will ich zu Bermann. Dann kann ich immer noch nachträglich beitreten. Ich wollte den Moment hinausschieben, da augenblicklich weder von mir etwas verkauft noch geschrieben wird. Auch soll mein Name nicht genannt werden, vor meiner Naturalisation. Hernach werde ich erst recht in den Nesseln sitzen, das sehe ich jetzt schon. Alles ist so »Witwe Bosca« wie nur möglich. Am 1. Februar soll das Jägerhemd in Fetzen gehen. Auf meiner Planke halte ich mich an diesem Strohhalm fest. Tyrrel,[33] der englische Botschafter, glaubt an einen Zusammenbruch. Es sind ihrer ganz wenige, die es dennoch ganz fest glauben. Das Jahr ist nicht um. Aber das Geld ist Alle. Und rings umher Trümmer und Opfer, die sich am Boden winden. Ich fahre morgen in aller Frühe nach Le Havre, schreib mir nach Paris, mein lieber René, verbringt das Fest in besserer Stimmung als wie ich. Gestern Abend spielte ich im Rundfunk. Es war ganz gut. Germaine[34] hat 7 Personen zu Weihnachten im Haus, aber kein Geld. Man kann nicht mit ansehen, wie sie sich schuftet, wie ihre Kräfte missbraucht werden, wie sie sich selber missbraucht. Une seule domestique [nur eine Hausangestellte]. Sophie[35] kommt mit Mann u. Schwägerin. Wegen meines Lumbago[36] brauche ich Feuer in meinem Zimmer. Da gebietet die nackte Diskretion, sich zu verziehen. Auch dürfte ich mein Buch nicht länger unterbrechen. Das wohl nie erscheinen darf?

L'état de mon frère à Paris comme bouquet de cette fin

---

33 William Tyrrell, englischer Diplomat, Botschafter in Paris.
34 Annette Kolbs Schwester Germaine Stockley.
35 Sophie Mallin, Annette Kolbs Nichte.
36 Hexenschuss.

d'année. T'ai-je dit que Ranke est reparti. [Der Zustand meines Bruders[37] in Paris als Schlussbukett dieses Jahresendes. Habe ich dir gesagt, dass Ranke[38] wieder abgereist ist.] Es hätte dich gefreut zu hören, wie er über den Fall Thomas Mann etc. versus Breitscheid[39] dachte! Rose[40] fährt über Weihnacht nach Zürich. Ich verbring Weihnachten mutterseelenallein im Hotel. René, ich kann dir nicht einmal das Geringste schicken vorerst! Je suis navrée, ma naturalisation coutera aussi [ich bedaure das wirklich, meine Naturalisation wird auch etwas kosten]. Ist sie nicht ein Schlag ins Wasser? Seid Alle umarmt!

Eure

A.

Habt ihr kein Auto mehr? Das meine ist noch da ... für alle Fälle, aber der damit herumfährt, gab mir nie mehr ein Lebenszeichen. Je t'écris demain du bateau [Ich schreibe dir morgen vom Schiff aus].

*

---

37 Emil Kolb, Annette Kolbs ältester Bruder.
38 Hubert von Ranke, Mitglied einer mit Kolbs befreundeten Familie.
39 Rudolf Breitscheid, sozialdemokratischer Politiker. Zwischen ihm und Thomas Mann kam es im Zusammenhang mit Klaus Manns Zeitschrift *Die Sammlung* zu Spannungen, da Thomas Mann sich von den Intentionen seines Sohnes distanzierte.
40 Rose Hilferding.

Im Zug, gestossen 3. Classe,
entschuldige Schrift
17.9.[1934]

Lieber René,

Rose[41] auch. Dein kurzer Brief heute morgen hat mich so betrübt, indes die P^sse Mary[42] mir Tröstliches für Euch erkundete. Lass mich doch Nachricht haben! Befrägst du nicht jenen russischen Arzt, der Ju[43] so gut behandelte?

Dori[44] konnte ich deinen Gruss nicht bestellen, habe sie all die Tage nicht mehr erblicken können. Es ist jetzt eine Angina constatirt, man fürchtete schon schlimmeres, ist froh, dass es das ist. So war mein séjour [Aufenthalt] natürlich schwer beschattet durch Sorgen im Haus. Was du über Bermann schreibst, werde ich wörtlich, wenn auch nicht ihm, aber Suhrkamp[45] schreiben. Der ist mein Wandschirm, mein ganzes nächtliches Ringen mit dem Itzig – kein Combat avec l'Ange [Kampf mit dem Engel] – war für die Katz. 5 Monate will er mir 300 zahlen, dann soll das neue Buch fertig sein. Sonst nichts. Dabei hat er die 3 Auflagen, die er riskirte, bereits verkauft und schreibt es selbst. Er versprach mir, etwas zu schicken. Pas un sou n'est venu [kein Pfennig ist gekommen]. Ich weiss gar nicht, was sich der vorstellt. In Hel-

---

41 Rose Hilferding.
42 Gräfin Mary Dobržensky.
43 Julius Meier-Graefe.
44 Theodora Von der Mühll.
45 Peter Suhrkamp, seit 1932 Mitarbeiter des S. Fischer Verlags, Redakteur der *Neuen Rundschau*.

vetia ist aber nichts zu wollen. Trotzdem die Basler Zeitung eine Riesentrommel für mich rührte, war in keinem Laden auch nur das leiseste Anzeichen, pas la queue d'un [nicht ein Fetzen von einem]. Da wird das Kind nicht geschaukelt, so wenig wie in Bern und wahrscheinlich auch in Zürich. Aber denk dir, selbst in Naziblättern kein Wort des Tadels. Was wird Breidscheid und Bernhard u. Clauss und Mops[46] sagen. Aber es geht so manches vor in den gebildeten Kreisen Deutschlands. Übrigens, mein lieber, die Winslowe[47] editirt bei Lange,[48] es kommt alles nach Deutschland herein, frisirt unter »Thal-Verlag«.[49] Prends en note [Merk dir das].

Ich käme so gerne bald, René. Aber wie sind die Preise, was würde Oktober oder November das Hotel d'Angleterre verlangen? Ach, wie juckt mich der Leichtsinn. Wer könnte mir für ein billet etwas leihen auf nimmer retour geben!? Mit der Wohnung wird es Nüsse zu knacken geben, sagte die Peters.

18.9. Paris

Meine *dicke Berta* an Suhrkamp ist schon marschbereit, wir müssen jetzt den Stiel umdrehen. Hl. Wassermann Jacob steh uns bei.[50]

---

46 Rudolf Breitscheid, Georg Bernhard, Klaus Mann und Dorothea (Mopsa) Sternheim kritisierten Annette Kolb, weil sie ihren Roman *Die Schaukel* in Deutschland veröffentlicht hatte.

47 Christa Winsloe, deutsch-ungarische Schriftstellerin.

48 Der Amsterdamer Exilverlag Allert de Lange.

49 E.P. Tal & Co. war ein Wiener Verlag, der einen Teil der Produktion der deutschen Abteilung von Allert de Lange vertrieb.

50 Der Schriftsteller Jakob Wassermann hatte mit dem S. Fischer Verlag aus finanziellen Gründen eine längere Auseinandersetzung.

René, könnten wir uns nicht auf geteilte Kosten einmal an-rufen? Was ist deine Nummer. Aber sie gibt keine gute Quer-zahl für mich, das weiss ich noch. Von dir käme es billiger wie aus dem Hotel. Wollen wir nicht eine Zeit ausmachen.

Bitte, gib mir doch Roths[51] Adresse. Ich müsste ihm mein Buch[52] schicken. Auch dem Marcu,[53] habe zwar kein einziges hier erhalten.

Ich denke so intensiv an euch.

Eure

A.

Rose ist mit mir gekommen, grüsst euch.

*

AN THOMAS MANN

Hotel des Champs Elysees
3 & 5 Rue Balzac, Paris
3. X. [1934]

Lieber verehrter Thomas Mann

Ich bin zu tiefst gerührt über Ihren Brief: Wie wunderschön Sie doch die Worte setzen! auch wenn sie mich nicht selbst

---

51 Joseph Roth.
52 Annette Kolb, *Die Schaukel*, Berlin: S. Fischer 1934. Der Roman wurde von Joseph Roth, nachdem er ihn gelesen hatte, sehr gelobt.
53 Valeriu Marcu, staatenloser, Deutsch schreibender Schriftsteller und Historiker, emigrierte 1941 mit Hilfe des Emergency Rescue Committee in die USA.

in so gütiger Weise einbezögen würde ich sie mit Entzücken gelesen haben. Tausend Dank. Ach Hespera ist ja in Wahrheit gestorben. Am 29. Oktober 1890.[54] Es ist als wäre es gestern! – Wo wird Ihr Essay erscheinen? Da freue ich mich mächtig. Fahren Sie nicht nach Nizza! Ich ringe mit Wohnungsfragen, nun raten mir Taggerts,[55] die ich zufällig traf, zu einer Parterrewohnung neben dem Bois, wo schon Teppiche, Telefon etc. gelegt sind und die keiner Steuer unterläge und aus der eine russische verkrachte Prinzessin, die Mannequin bei Chanel ist, ausziehen muss, so käme sie nicht einmal teurer wie eine billigere, dennoch komme ich mir wie Slavizky vor, wenn ich sie beziehe. Sie ist so hübsch, dass ich sie wohl sehr leicht untervermieten werde, 4 Zimmer, weil die Diele, in die man eintritt gleich als Speisezimmer figuriert. Ich sehe mir aber doch noch bescheidenere Quartiere an. Mich lockt plötzlich, dass sie wenn auch nah der Etoile hin vom Centrum abliegt. Ich sehne mich so nach Ruhe. Seit bald 2 Jahren treibe ich so herum. Denken Sie dass bis jetzt nur 2 Naziblätter mir ziemlich infamen Krach geschlagen haben wie viel Opposition muss sich schon in all den gleichgeschalteten Zeitungen unter dem Strich verschanzen. Joseph Roth der so böse war auf den armen Wassermann[56] hat eine schöne und geradezu reuevolle Besprechung seines letzten Buches[57] ge-

---

54 Annette Kolbs Schwester Louise starb 1890 mit fünfundzwanzig Jahren. Sie ist Vorbild der »Hespera« in dem Roman *Die Schaukel.*

55 Theodor Tagger alias Ferdinand Bruckner, österreichisch-deutscher Schriftsteller.

56 Der Schriftsteller Jakob Wassermann starb am 1. Januar 1934 in Altaussee.

57 Der dritte Teil von Jakob Wassermanns Romantrilogie, *Joseph Kerkhovens dritte Existenz*, wurde posthum im Herbst 1934 vom Querido Verlag Amsterdam herausgegeben.

bracht. O ja ich habe zu Ihnen gehalten, aber weil Sie Recht hatten, und weil es das schwerere war hier Recht zu haben. Der 19. August[58] hat gezeigt wo die Millionen stehen die man nicht im Stich lassen darf, für welche eine Solidarität wie Ihre gewiss ein Himmelstrost bedeutet. Ich muss oft an das Wort denken, das mir Briand sagte – »Il ne faut pas avoir raison tout de suite.« [wir müssen nicht sofort rechthaben] Tout de suite [sofort] hatten immer noch die Schreier recht. Erholen Sie sich gut in (Nizza) Lugano. Aber Nizza floss mir da in die Feder. Ich denke bevor ich meine Pariser Existenz beginne auf 14 Tage hinzufahren. Es wäre so schön wenn da ein Zusammentreffen gelänge. Die herzlichsten Grüsse Ihnen und Katia. Stets Ihre treue und Sie verehrende

Annette

*

AN THEODORA VON DER MÜHLL

[Paris] 4.11.35

Liebe Dory

Erst heute danke ich Ihnen für den Lerchenfeld,[59] den [ich] schon verschlungen habe. Soll ich ihn zurückschicken oder auf Ihre Ankunft warten? Und wie geht es denn bei Ihnen? Ja ich hoffe Sie sind schon in Genf. Lerchenfeld: na ja, ein

---

58 Der 19. August 1934 war das Datum von Hitlers Volksabstimmung zur Zusammenlegung der Ämter des Reichskanzlers und des Reichspräsidenten auf seine Person als »Führer«.

59 Hugo Graf von und zu Lerchenfeld war bayrischer Ministerpräsident. Er veröffentlichte 1934 seine *Erinnerungen und Denkwürdigkeiten*, auf die sich Annette Kolb hier bezieht.

vernünftiger Mann, aber nicht mehr, und an die Wurzel geht er nie, so ist er mit den Problemen schnell fertig. Sehr gut die Einleitung, sehr gut die letzten Kapitel, vor allem das Letzte. Die drei Seiten über Frankreich geradezu von kläglicher Unzulänglichkeit. quel contraste avec Charles [Welcher Gegensatz zu Charles[60]]! – Das Buch ist geschichtlich ebenso interessant, wie der Verfasser es persönlich wenig ist. Oh je connais ce type de Bavarois sans imagination [Oh ich kenne diesen Typus Bayer ohne Phantasie], dabei ist zu sagen, dass er nicht eine einzige der Hirnlosigkeiten begangen hätte welche diese furchtbaren *Berliner* sich mit aller Suffisanz des Preussen leisteten. Wie hassenswert gehen sie aus den Berichten Lerchenfelds hervor! Nee Nee es war »nüt« sich dem Einheitsgedanken mit dieser urgence [Dringlichkeit] zu verschreiben. Dabei bleib ich, und bin Particularistin bis zu den letzen Consequenzen. Die Vorherrschaft Oesterreichs ist *meine* These für Deutschland: Ein »nieder mit Preussen«. Aber ich kann nichts dazu. Luther ist sowohl der Ahnherr des Weltkriegs[61] wie der Hitlers. Wie soll mir da der Einheitsgedanke nicht bis ins Mark der Knochen verhasst sein. Ich werde im Jenseits so mir's gegeben sein soll, dagegen intrigiren und Netze spinnen. Denn wo ist Ruh? Wissen wir's?

Geliebte Dory Sie müssen bald kommen, in den ersten Märztagen oder am 28. Februar will ich nach Basel wegen dieser Geldsache eine polizeiliche *Anmeldung* genügt! werde ich Sie in B. vorfinden? soignez-vous ménagez-vous [pflegen Sie sich, schonen Sie sich]. Wollen Sie den neuesten Mauriac,[62]

60 Carl Jacob Burckhardt.
61 Diese Ansicht vertrat Hugo Ball, den Annette Kolb während des Ersten Weltkriegs in der Schweiz kennenlernte, bereits 1919 in seinem Buch *Zur Kritik der deutschen Intelligenz*.
62 François Mauriacs Roman *La Fin de la nuit* erschien 1935.

une grande plume, mais trop obsédé d'odeurs [eine große Feder, aber zu sehr auf Düfte fixiert]. Es ist fast hündisch. Ich war eine Woche auch krank, daher mein Schweigen ich danke Ihnen dass Sie mich mit einer Gratulation zu dem Schwindel[63] verschont haben. mais entre nous. Vous savez comme je déteste cela [aber unter uns. Sie wissen, wie ich das verabscheue]. Drum schrieb ich Ihnen zuerst entre nous entre nous [unter uns unter uns]. In Liebe Eure Annette

von Klaiber[64] noch kein Bescheid

*

AN CARL JACOB BURCKHARDT

[Paris,] 25.3.[35]

Lieber Carl,

wie sehr freue ich mich, dass ihr kommt. Es ist doch gewiss nicht wahr. La »Presse« wird Dori Ihnen geschickt haben mit dem Artikel von Pange.[65] J'ai eu beaucoup d'ennuis [ich hatte viel Ärger] und mein deutsches Mädchen soll mich verlassen. Ich weiss aber nicht wie mich hier halten, wenn sie geht, denn ich zahle sie in Mark – at arm's length [auf Armeslänge]. Mein Leben hier ist so ausgetüffelt, dass ich mir manchmal vorkomme wie ein Finanzgenie. Nun hoffe ich aber doch à force de protections [mit Hilfe von Protektionen], die in die-

---

63 Annette Kolb meint ihren Geburtstag. Sie gab sich stets jünger aus, als sie war.

64 Otto Kleiber, Schweizer Journalist, leitete das Feuilleton der Basler *National-Zeitung*.

65 Jean de Pange.

sem gesegneten Lande etwas bedeuten, sie zu behalten. Giraudoux[66] kam vorgestern Abend, sogar er will mir helfen und ein Wort einlegen falls sie ihre Arbeitskarte nicht erhält. Ich bin aber so gern hier. Que voulez-vous? J'aime ce pays. J'ai donné ma vie à l'Allemagne, mais aujourd'hui je suis à bout. C'est mon coté français qui domine et prend le dessus [Was wollen Sie? Ich liebe dieses Land. Ich habe Deutschland mein Leben gegeben, aber heute bin ich am Ende. Es ist meine französische Seite die dominiert und die Oberhand gewinnt] – unaufhaltbar. J'ai été trop ulcérée écœurée éloignée par les événements. Mon coeur s'est fermé au 3-Reich. Je n'ai pour lui que de l'éloignement et une horreur indicible. Il n'y a pas de pays qui me soit plus étranger tant que durera ce régime. J'ai voulu continuer de publier en Allemagne car je garde de la solidarité envers tous ceux qui sont malheureux et souffrent, cela plus que moi, puisqu'ils doivent respirer un air qui me parait si irréspirable, que je préférais de périr *périr* que de rentrer. Mais cela ne va pas sans peine, sans des bouffées de nostalgie [Ich bin zu sehr verletzt, angewidert, abgestossen worden von den Ereignissen. Mein Herz hat sich vor dem 3. Reich verschlossen. Ich empfinde dafür nur Entfremdung und unaussprechlichen Schrecken. Es gibt kein Land, das mir fremder wäre, solange dieses Regime dauern wird. Ich wollte weiter in Deutschland publizieren, denn ich bewahre mir die Solidarität mit denen, die unglücklich sind und leiden, das mehr als ich, denn sie müssen eine Luft atmen die mir dermassen nicht atembar scheint, dass ich es vorzöge umzukommen *umzukommen* statt zurückzukehren. Aber dies geht nicht ohne Mühe, ohne Anflüge von Heimweh] für

---

66 Der französische Schriftsteller Jean Giraudoux lernte Annette Kolb schon 1905 in München kennen. Sie blieben ein Leben lang freundschaftlich verbunden.

Wald und Natur und alle Gesinnungsgenossen. Meine Sympathie aber hat heute Frankreich. Meine französische Seite hat einfach die Oberhand genommen Ce n'est que justice que je lui donne mes dernières années? [Es ist nur Gerechtigkeit, dass ich ihm meine letzten Jahre gebe?]

Ah oui je vous montrerai une photo de Hespéra.[67] Vous en saurez tout le secret. Elle est morte depuis quarante ans. Et c'est comme si c'était hier. [Ah ja, ich werde Ihnen ein Photo von Héspera zeigen. Sie werden das ganze Geheimnis erfahren. Sie ist seit vierzig Jahren tot. Und es ist, wie wenn es gestern gewesen wäre.] Nichts könnte ihr Andenken verblassen. Im Gegenteil! Und das ist das seltsame, aber alles wahrhaft seltene lässt sich nicht mehr beschreiben und wird geheimnisvoll. Daphne Herbst[68] ist nur eine Vorstudie zu ihr gewesen.

Landsberg[69] hielt einen katastrophalen Vortrag en français nicht zum anhören. Mais sa femme divinement belle. Ils sont partis. Giraudoux part le 10 avril pour la Perse. Tâchons de le voir avant son départ. [Aber seine Frau göttlich schön. Sie sind abgereist. Giraudoux fährt am 10. April nach Persien. Versuchen wir ihn vor seiner Abreise zu sehen.] Ich habe eine sträfliche Liebe für ihn. Sa voix me transporte. J'aurai toujours 15 ans. [Seine Stimme verzückt mich. Ich werde immer 15 Jahre alt sein.] Ich will euch aber auch bei mir sehen. Nous lancerons un »cocktail« puisque cocktail il y a. [Wir werden einen »Cocktail« veranstalten, denn Cocktail gibt es.] Mode oder nicht Mode, je ne reçois jamais que tard après 6 h 30 parceque je vais au café, sauf les samedis. Alors à bientôt. Déchirez cette lettre. J'embrasse Elisabeth. À bientôt [ich

---

67 »Hespera« ist Annette Kolbs 1890 verstorbene Schwester Louise Kolb.

68 Die Heldin des gleichnamigen Romans von Annette Kolb.

69 Paul Ludwig Landsberg, deutscher Philosoph.

empfange immer spät nach 6 Uhr 30, denn ich gehe ins Café, außer samstags. Also bis bald. Zerreißen Sie diesen Brief. Ich küsse Elisabeth. Bis bald]

A

*

AN THOMAS MANN

21 rue Casimir Périer Paris 7
8.4.35

Lieber verehrter Thomas Mann

Schickele hat mir geschrieben, dass Sie nun doch garnicht nach Nizza gekommen sind zu seiner Enttäuschung und hier sieht man Sie auch nicht. Übrigens wo auf der Welt ist einem heute wohl? und auf England ist kein Verlass mehr. Zu denken, dass Hofmannsthal heute in D. [Deutschland] nicht schreiben dürfte, es wird einem buchstäblich von so viel Leichengeruch schlecht. Indes kam Ihr Buch![70] ich stürzte mich zuerst auf die Teile die ich nicht kannte: die über Platen[71] und Storm.[72] Wunderschön! Storm zwar hat deutlich Züge, die im III. Reich ganz entschieden beheimatet wären. Wie ist mir ein solches deutschsein vom Grund meines Wesens fremd, ich wusste garnicht dass es bestand und nun steht es uns mit unheimlicher Schärfe vor Augen. Der nicht auszurottende Germane – aller blauen Blumen zum Trotz. Wie anders ist der

---

70 Thomas Mann, *Leiden und Größe der Meister*, Berlin: S. Fischer 1935.
71 August von Platen-Hallermünde, deutscher Schriftsteller.
72 Theodor Storm, deutscher Schriftsteller.

150

Deutsche: Walther von der Vogelweide, wie ungermanisch Mörike oder Hölderlin! was geht da vor. Da ist die wahre »Mainlinie«, die sie trennt. Das Deutsche vom Germanischen. Sie müssten es ergründen. Es birgt solche Schrecken. Was für Worte Sie manchmal ins Leben rufen. und, wie in Ihrem Essay über Platen, an den Kern der Dinge zu rühren. es ist wie ein lebendig machen. Platen erlebt eine Art Auferstehung in diesen Seiten, ein »Steh auf und wandle.« Er wird nie wieder tot für uns sein, und wäre es nur durch die Verse, die Sie von ihm zitieren. Mein Gott wie bin ich unwissend. Ich habe von Storm wie von Platen so blutwenig gelesen, sein Ghasel[73] von der steilen Lilie, den ich so liebte, das ist ungefähr alles. Und von Storm nicht einmal »Immensee«. Was sind nun Ihre Pläne? – ich laufe die Ministerien und Prefecturen wegen meines Mädchens[74] ab, das ist meine geistreiche Hauptbeschäftigung. Zur Zeit ist Carl Burckhardt hier, gestern sah ich wieder zum ersten Mal den Bois de Boulogne, alles zu zartem Grün sich belebend. Wenn wir alle vergast da liegen werden, die Wiesen und Bäume werden weiter blühen und die Katzen sich auf den Dächern im Mondschein ergötzen. Ich kauf mir keine Gasmaske, nein so eine Welt, die verliesse ich lieber. Mittlerweile liebe ich Paris, ich fühle mich dort heimisch, es hat einen Balsam für mich. aber oft zieht es mich auch nach Nizza, hätte ich nur das Geld. Und wird man Sie also vor America nicht hier sehen? Nehmen Sie kein deutsches Schiff. In München haben Sie den jungen Cantacuzene[75] umgebracht, keiner weiss warum. Seine Tante Bruck-

---

73 Eine arabische Gedichtform, die auch Platen verwendete.
74 Anna Pennec.
75 Rumänischer Adliger, Neffe von Elsa Bruckmann geb. Cantacuzène.

mann[76] (das Gräuel) mag weiter dem »Führer« huldigen. Ist also Hoffnung dass Ihr kommt? Herzlichst

Annette

*

AN CARL JACOB BURCKHARDT

21 rue Casimir Périer
Paris 7⁻
22. XI. 35

Lieber Carl

Mein Feind Schneeli[77] hat mich angerufen und mich zu seinem gestrigen Vernissage eingeladen. Aber ich musste au risque de me l'aliéner encore davantage [mit dem Risiko, ihn mir noch mehr zu entfremden] ablehnen, denn ich kann jetzt meine Arbeit nicht unterbrechen für gesellschaftliche Ereignisse, die gerade zu meiner Cafézeit fallen. Es hagelt mir ohnedies so unbeschreiblich viel dazwischen, dass ich mich frage: wie lange werd ich überhaupt noch die Feder führen können. Nun es wird auch ohne mich gehen. Von Ihnen höre ich gar nichts. Was macht Richelieu II?[78] Heinrich IV[79] von Heinrich

---

76 Elsa Bruckmann, engste und wichtigste Förderin Adolf Hitlers in München.

77 Gustav Schneeli.

78 Carl Jacob Burckhardt arbeitete am zweiten Band seiner Richelieu-Biographie.

79 Heinrich Manns Roman *Die Jugend des Königs Henri Quatre* erschien 1935 im Querido Verlag, Amsterdam.

Mann soll sehr schön sein. Dolly C.[80] ist recht krank. Ich besuchte sie neulich da war das Fieber gesunken, dann aber fing es von neuem an, recht hoch für ihre Jahre. Sonntag soll ich mit ihrem Mann dort déjeunieren [zu Mittag essen]. Schickeles Werke haben sie aus heiterem Himmel in Deutschland verboten. Es macht nicht viel aus, hat vielleicht seine guten Seiten für ihn. In Bern soll eine Vorlesung für ihn steigen. Er kann wieder arbeiten – auf Teufel komm raus – aber etliche Wochen bis er fertig ist, gälte es noch zu überbrücken. Ich bitte Sie, wenn Sie einen Interessenten wüssten, der gern an Thomas Mann noch eine kleine Summe beitrüge,[81] geben Sie ihm seine Adresse: T. Mann. 33 Schiedhaldenstrasse Küsnacht bei Zürich. Wir hätten ihn dann über den Berg. Ouff! je n'en peux plus [Uff! Ich kann nicht mehr]. Ich stehe als ein Drachenkämpfer seit ich zurück bin, so viel Zähne fletschen mich an. Ich denke an die Genfer Tage bei Ihnen wie an eine lachende Oase. Mein Gott Sie sind der letzte Mensch, mit dem man noch von Grund auf in Gelächter ausbrechen kann. Ich lach so gern und lache nie. Wann kommen Sie nach Paris. Jacques Dumaine[82] traf hier Elisabeth's Schwester.[83] Wie geht es Elisabeth? Was macht Romanina?[84] Wo ist Dori?[85] Ein Zeilchen

Ihre Annette

---

80 Gräfin Dorothée (Dolly) de Talleyrand-Périgord Castellane, berühmte Salonnière in Berlin und später in Paris.

81 Thomas Mann leitete von der Schweiz aus Geldspenden zugunsten von René Schickele an diesen nach Südfrankreich weiter. Schickele ging es finanziell sehr schlecht.

82 Jacques Chilhaud Dumaine, französischer Politiker und Diplomat.

83 Colette de Reynold, Schwester von Burckhardts Ehefrau.

84 Marianna Bulgarelli-Benti, genannt »La Romanina«, war eine italienische Opernsängerin im 17. Jahrhundert.

85 Theodora Von der Mühll.

Ein Zeilchen über Ihre Eindrücke in Deutschland! Konnten Sie sehen was Sie wollten? Ein Zeilchen wegen Schickele! Eine Zeile über Ihre Pläne! Landsbergs[86] sind wieder hier. Aber ich sehe nur die Frau. Tant pis [nun denn].

*

AN BERTA ZUCKERKANDL

14.1.[1936]

Liebste Berta,

Lass dich nicht ins Bockshorn jagen wegen des 28. Es fällt L.[87] nicht ein, auf das Stück zu verzichten. Ich telefonirte an Gir.[88] *er ist schon zurück*, er bot mir an zu kommen doch gehe ich selber *heute morgen* um 11 Uhr hin. Nun bin ich der Meinung du sagst nichts von seiner Rückkehr, bis du nicht den 1. Akt einreichst den ich dir heute schicke ich habe gestern den ganzen Tag dran gearbeitet. Wir müssen viel wörtlicher übersetzen, dürfen nichts auslassen, haben die Späher die uns aufpassen. Schieb alles auf *mich* wegen des 28. Es ist eine Infamie. Ich will es aber trotzdem so schnell wie möglich machen und den Termin einhalten, dies *nur* zu dir gesagt. Es

---

86 Der Philosoph Paul Landsberg und seine Frau Magdalena.
87 Ernst Lothar, österreischischer Schriftsteller, Theaterkritiker, Regisseur, Mitbegründer der Salzburger Festspiele, ab 1935 Direktor des Theaters in der Josefstadt, Wien. Er setzte Annette Kolb und Berta Zuckerkandl mit dem Termin für die Übersetzung von Giraudoux' Stück *Der trojanische Krieg findet nicht statt*, das in Wien erstmals in deutscher Sprache aufgeführt werden sollte, stark unter Druck.
88 Jean Giraudoux.

ist aber eine neue Insulte [Beleidigung] uns so *jagen* zu wollen. Man weiß von meinem langsamen Tempo im arbeiten. Meinst du nicht sobald du den 1. Akt getypt hast, solltest du ihn Loth. einreichen. Dann sieht er dass der 2. nicht mehr lange auf sich warten lässt. Aber ich würde mich wenn möglich doch auf die Hinterfüsse stellen und ihn fragen was ihm denn *einfällt* auf einen bestimmten Tag zu pochen. Drohe du ihm. Sprich mit deinem Anwalt. Ich halte wie gesagt den Termin ein. Bei einer so schweren Sache kann man aber im Galopp nicht sein Bestes geben. Er hat kein Recht einen Tag zu bestimmen. Es ist eine Frechheit und Infamie. Es ist ein paar Wochen erst her. Es kommt auch die grosse Distanz Wien Paris bei der Mitarbeit hinzu. aber er will nur von neuem terrorisiren. Voila tout [das ist alles]. Ich bitte dich Berta was glaubst du dass wir verdienen werden. Da wird er uns neue Foltern ausdenken. Tu nichts ohne Anwalt. Schick mir eine Kopie des 1. Aktes, dass ich sie Gir. gebe. Kein Wort dass er da ist bevor der I. Akt nicht parat ist. Sei versichert, dass ich mein allermöglichstes tue. In diesem Punkt verlasse dich auf mich. Sollen wir die Giraudouxglosse nicht ins W. Tagblatt[89] schicken? *Soll ich sie dir schicken?* Ich bringe sie gerade Gir. Sag nur deinem Anwalt dass er da ist. In aller Liebe deine treue Kampfgenossin

Annette

Mittag

Ich komme eben von Giraudoux, er war nicht erstaunt er sagte: »je resterai fidèle à mes engagements« [ich werde meinen Verpflichtungen treu bleiben]. So aber seien die Teaterdirectoren [?] immer. in London führten sie bis heute Amphitrion noch nicht auf weil er auf den Übersetzer bestand

---

89 *Neues Wiener Tagblatt.*

den er gewählt hatte. Sein Rat ist folgender: du sollst womöglich 2 Abzüge des getypten 1. Actes an mich schicken der dir heute zugeht. Von Demselben eine Copie an Lothar schicken. Dann hat er den 1. Act in der Hand; er meint auch bei 28. den 2. zu fertigen sei eine ungeheuerliche Zumutung doch wir werden sehen: ich übersetze gern den Fieberthermometer unterm Arm, jedoch muss der Tonfall etc. sitzen. Ich sagte zu G. mit Auernh.[90] nehmen wir's noch auf! er war entzückend; sobald ich den 1. Act habe soll ich ihm telefonieren u. er kommt zu mir. Loth. will eine schlechte Übersetzung, A. hat die seine längst fertig. Keine Bange. Vielleicht wäre es gut dass Loth. weiss, dass ich heute Gir. sah. *Frag den Anwalt.*

*

AN CARL JACOB BURCKHARDT

[Paris,] 18.I.36

Lieber Carl

schicken Sie doch um Gottes Willen kein Geld an *mich*! Ich bin in einer Verlierserie drin. Bis ich es zur Post trüge, käme es mir 3 Mal abhanden. Wenn Sie es nicht über Thomas Mann Arosa Neues Waldhotel schicken wollen, dann doch lieber direkt La Florida Avenue de la Lanterne Niche-Fabron Alpes Maritimes.[91] Ich brauche Ihnen gewiss nicht zu schildern,

---

90 Raoul Auernheimer, der österreichische Journalist und Schriftsteller, trat mit seiner Übersetzung in Konkurrenz zu Annette Kolb und Berta Zuckerkandl, die jedoch die Übersetzerrechte bekamen.
91 René Schickeles Adresse.

wie schwer, peinlich und fatal es mir ist seit bald 15 Monaten Gott und die Welt mit der unglücklichen Lage dieser Freunde[92] in den Ohren zu liegen. J'ai du prendre sur moi, je me suis fait des ennemis et attirée des désagréments sans nombre [ich musste einstecken, ich habe mir Feinde gemacht und mir Unannehmlichkeiten sonder Zahl zugezogen] und hatte keine Wahl. Amitié oblige [Freundschaft verpflichtet] ist aber ein sehr harter Imperatif. Und ich stehe inmitten völlig abgegraster Steppen und Stoppeln. Die Felder sind leer, ich habe abgegrast, was abzugrasen war. Valéry[93] bitten lassen, er möchte doch eine Verwendung in der Université Méditaréenne[94] finden. Er hat nicht reagirt. Jetzt werde ich bei nächster Gelegenheit Giraudoux[95] zu interessiren suchen, dass in der Société des gens de lettres eine Vakanz für ihn geschaffen wird, denn er schätzt Schickele sehr hoch ein – dann bin ich am Ende; vielmehr er. Gerettet werde ich nur mein Gewissen haben. Sonst nichts. Giraudoux ist meine letzte Karte. Sie waren die vorletzte. – Nehmen Sie die racontars [die Gerüchte] wegen Ihrer Reise ja nicht tragisch: Sie werden unaufhörlich forgirt [geschmiedet], man wollte kürzlich Brüning[96] ausbürgern! Man versucht alles, wozu sind die Aufpasser da. Kessler's[97] Fall hat sich als ein Missverständnis herausgestellt, bis er, d.h. seine Bücher, wieder erlaubt wird, kann er lang warten. Sie werden, wenn Sie nach D.[eutschland] fahren, sehen, dass die »höchsten Stellen« nicht die geringste Notiz

---

92 René und Anna Schickele.
93 Paul Valéry, französischer Dichter.
94 Gemeint ist das Centre Universitaire Méditerranéen in Nizza, dessen administrativer Leiter Valéry war.
95 Jean Giraudoux.
96 Der ehemalige Reichskanzler Heinrich Brüning.
97 Harry Graf Kessler.

von dem Gesumm all der Fliegen nehmen. Die Homberg mit ihrem Moujik[98] habe ich nicht mehr gesehen, depuis votre mémorable déjeuner [seit Ihrem denkwürdigen Mittagessen]. Ich arbeite wie verrückt. Dolly C.[99] ist in Cannes zur Erholung. Im Statesmann[100] steht ein Artikel über Hamsun[101] versus Ossietzky,[102] den *Berwick*[103] mir schickte. Wann kommen Sie wieder? Ich habe eine entsetzliche Angst, dass das III. Reich einen Krieg in aller Bälde déclenchirt [auslöst]. Und Sie?

Herzlichst
Ihre
Annette

*

AN BERTA ZUCKERKANDL

20.1.[36]

Liebste Berta

Ich lese deinen letzten Brief nochmal durch und da wird mir *Angst*. Sollen wir also diese furchtbare Mühe umsonst haben, wenn L.[104] auf alle Fälle ablehnt. Ich verstehe nicht.

---

98 Jeanne Homberg, Gründerin der Pariser »Société d'études mozartiennes«, und ihr Mann Octave, Diplomat und Unternehmer. Ein Moujik ist ein russischer Bauer.

99 Dolly de Talleyrand-Périgord Castellane.

100 *The New Statesman*, englische Wochenzeitung.

101 Knut Hamsun, norwegischer Schriftsteller.

102 Carl von Ossietzky.

103 Edith Teresa Hulton, Lady Berwick, kannte Annette Kolb aus München, wo ihre Famile um die Jahrhundertwende lebte.

104 Ernst Lothar.

Ich habe nur mehr 30 Seiten zwar, aber dann fange ich doch von vorne an und corrigire mich, denn auf's erste ist mir um den *Tonfall* zumeist getan. Du kriegst die Sache in 2 Teilen oder 3, damit die Copistin Zeit hat bis *28*. Morgen schicke ich ihr den 1. Teil. Ich hoffe nur sie kennt sich aus in meiner Schrift. Vorher will ich G.[105] sehen. Aber wetten, dass er von anderer Seite bearbeitet wird. Darum musste er im Bilde sein. Sonst hätte er es mir furchtbar verargen können. Du aber sage nicht, dass er hier ist. Doch das ist schnell heraussen, hast du es doch schon gewusst. Das Pariser Tagblatt, das mich in der infamsten Weise angreift, der »einstigen tapferen Kämpferin für Frieden« u. s. w. weil ich in der Frankf. Zeitung eine Besprechung von einem Buche Kühlmanns[106] auf seine Bitte veröffentlichte. Das ist Georg Bernhards[107] Feind aus der Zeit wo er noch Annexionist war und ihn als Pazifisten jeden Tag angriff. Was mich anlangt, kann ich darauf nur sagen: »Das ist der Dank.« Schick bald den 1. Akt. Vergleiche aber Auernheimers Haltung mit der Schickeles, er schrieb mir vor 1 Monat: »Ich möchte das Stück Giraudoux' übersetzen. Wer könnte das besser als ich.« Und darin hat er ja recht. Ich schrieb ihm zurück: Es ist kein Zweifel, dass G. dich uns Allen vorzöge, aber die Bertha Z.[108] hat schon seit dem Sommer sich um die Rechte beworben. Er schrieb zurück: nicht um Alles möchte ich ihr die Übersetzung wegnehmen. Und er lebt fast im Elend seit einem Jahr. Da hast du den Unterschied. Dabei *hätte* ihn Giraudoux lieber als uns Alle als Überset-

---

105 Jean Giraudoux.
106 Richard von Kühlmann.
107 Georg Bernhard, deutsch-jüdischer Journalist, engagierter Gegner des Nationalsozialismus, emigrierte 1933 nach Paris und gründete dort die deutsche Exilzeitung *Pariser Tagblatt*.
108 Berta Zuckerkandl.

zer. Der Ritter Auernh.[109] sollte diese Sache wissen! – Sei umarmt

Deine Annette

Andromache und Helena[110] sollten glaube ich *du* zueinander sagen, aber auch hierzu werde ich G. consultieren, schick doch schnell den 1. Akt vorher mag ich ihn nicht anrufen.

*

AN HERMANN HESSE

Hotel des Champs Elysées
4. X. [1936]
3 & 5 Rue Balzac, Paris

Lieber verehrter Hesse,

Sind Sie zurück, dass mein Dank Sie wieder in Montagnola erreicht für dieses wunderbare Gedichtbuch.[111] Es verlässt mich nie. Ich habe es immer zur Hand. Nachts greife ich danach, morgens beginne ich den Tag mit ihm. Es sind herrliche Gedichte, die zu tiefst den Leser angehen, ihn aufrichten, auch wo sie trauern. Mich werden sie nie mehr verlassen. Welch ein Geschenk sie bedeuten. Ein Element des immer Neuen haftet ihnen dabei an, ich weiss nicht, wie ich das sagen soll. Ich kann ja überhaupt keine Briefe schreiben, Sie

---

109 Raoul Auernheimer.
110 Protagonistinnen des Stücks von Jean Giraudoux *Der trojanische Krieg findet nicht statt.*
111 Vermutlich Hermann Hesse, *Vom Baum des Lebens. Ausgewählte Gedichte*, Leipzig: Insel 1934.

werden's auch schon bemerkt haben. Dennoch es geht das Schöne das Bedeutsame nicht verloren in mir und meiner regen Dankbarkeit. Ich wollte ich könnte Ihren Berg erklimmen ins rosa Haus eintreten[112] und Sie von Ihrer Reise erzählen hören! – Was für Eindrücke mögen Sie heimgebracht haben! Als Schwiegervater kann ich Sie mir nicht sehr gut vorstellen.[113] Ich hoffe Sie finden wieder Musse zu Ihrem kommenden Buch! O was für eine Feder.[114] Sie war zu billig. Da hat man es. Thomas Mann schrieb mir dass er sich so freue in Ihre Nähe wieder zu kommen. Ist Ihre Frau zurück. Dann viele Grüsse für Sie und alle guten Geister mit Ihnen Ihre

Annette K

*

AN THEODORA VON DER MÜHLL

Grand Hotel Kärntner Ring
8.XI.[36]

Liebe Dori

Gestern die Premiere war ein grosser Erfolg ich erzähle Ihnen alles wann ich komme? erst werde ich nach Bern müssen wahrscheinlich. Die Frau Zuckerkandl hat mir dies Hotel empfohlen. Der Hotelier versprach als »Ehrengast« mir exorbitante Prix d'artiste zu machen, aber ich sitze ziemlich wie eine Maus in einer Falle, denn es ist doch zu teuer. So ist

---

112 Hermann Hesse zog 1931 mit seiner dritten Frau Ninon Dolbin in die Casa Rossa in Montagnola.
113 Hermann Hesses Sohn Martin heiratete 1936.
114 Bezieht sich auf Annette Kolbs Schreibgerät.

meines Bleibens nicht lange. In der Loge war gestern Abend der Raoul![115] – Giraudoux war erst nicht sehr angetan von den Proben, dann plötzlich ging es gestern Abend sehr gut, die Frauen sehr gut Hector auch, jedoch der Ulysses nicht, mit Ettkofer dem Liebling der Wiener. Da kannst nichts machen. Dori schreiben Sie mir schnell ob Geld aus Frankfurt angekommen ist oder nicht. Das ist uns sehr wichtig. Die schönen Tage von Arannez sind vorüber,[116] denn jetzt muss ich noch mit dem Verleger verhandeln und zum Zahnarzt. Ich freue mich aber sehr über den Erfolg des Stückes. Liebste Dori schreiben Sie gleich Ihrem

   alten Sportsmann

Seid alle umarmt. Sollte etwas gekommen sein, so schicken Sie mir doch bitte gleich 100 frcs.

*

AN THEODORA VON DER MÜHLL

31. V. [37]

Liebste Dory

Danke für Ihren l. Brief. Ach dass Sie Hausmiseren haben freut mich garnicht! sie sind hoffe ich vorüber. Ich indes hatte auch eine mit Korrodi![117] der in seiner Zürcher Zeitung

---

115 Raoul Auernheimer.
116 Anspielung auf die berühmten ersten Sätze von Friedrich
     Schillers *Don Karlos*: »Die schönen Tage in Aranjuez sind nun
     zu Ende. Eure königliche Hoheit verlassen es nicht heiterer.«
117 Eduard Korrodi.

eine Übersetzung aus der adorable Clio[118] des Schwierigen brachte. Ein Emigrant wahrscheinlich qui voulait me jouer un tour [der mir einen Streich spielen wollte]. Darin spricht nämlich G. von einer damals in München lebenden französischen Sprachlehrerin mit grober Sprache meines Namens die mit einem Herr Vogelsam (also nicht tugendsam!) zusammenlebte statt Mlle. Kolb wie im Buch schreibt der Übersetzer Annette Kolb. Ich schickte G. das Blatt und er kam heute während ich mit der Übersetzerin, den Katzen und Kafee da lag und schrieb stehenden Fusses an Korrodi er hiesse auch nicht Oscar Giraud. und was ihm einfiele. Kor. ist im Stand und berichtigt nichts trotzdem. Ich hoffe ich tue ihm Unrecht. Wegen der Elektra aber ist es nicht so einfach. Er meint doch dass ich sie übersetzen soll. Doch ist nichts gesettelt. Francesco kam *trés gris* il boit je crains – avec cause ce jour lá [Francesco[119] kam *sehr angeheitert* er trinkt fürchte ich – mit Grund an diesem Tag] denn er flog nach Berlin selben Abends. hoffentlich auch wieder heraus. Ich umarme und liebe Sie. Vous étes la joie de mon flat. Votre étoffe en fera l'ornement et le salut. [Sie sind die Freude meiner Wohnung. Ihr Stoff wird sie schmücken und beseelen.] Love to all [herzliche Grüsse an alle] in Eile

Ihr Sportsmann

J'ecris à Bernoulli, dites lui [Ich schreibe an Bernoulli, sagen Sie es ihm]

*

118 Jean Giraudoux, *Adorable Clio*, Paris: Emile-Paul frères 1920.
119 Francesco de Mendelssohn, Cellist, Kunstsammler, Regisseur. Er und seine Schwester Eleonora waren mit Annette Kolb befreundet.

AN HERMANN HESSE

21 rue Casimir Périer Paris 7
30. VI. [1937]

Lieber Hermann Hesse

Ich möchte Ihnen von ganzem Herzen gratulieren zu Ihrem Geburtstag.[120] Viele Jahre uns zur Freude und zu seelischem Gewinn müssen Sie noch bleiben, denn was tun wir sonst. Leute wie Sie sind so dünn besät, der Himmel also stehe bei Ihnen und sorge für sie. Und zweifeln Sie nie an Ihrer Jugend. Sonst haben Sie's mit mir zu tun!! Grüssen Sie Ihre so liebe Frau, die mit gehört zu dem Glück, das ich Ihnen von Herzen wünsche. Ihre
   Annette Kolb

Warum glauben Sie, dass ich mich verhauen habe. Nein ich hab mich nicht verhauen. Ich wollte Ihnen ein kleines Angebinde verehren in Form meines neuen (Salzburger) Büchels.[121] Aber es wird noch 14 Tage im Rückstand bleiben

*

---

120 Hermann Hesse feierte am 2. Juli 1937 seinen 60. Geburtstag.
121 Annette Kolb, *Festspieltage in Salzburg*, Amsterdam: Allert de Lange 1937.

8. V. [1938]

Tausend Dank lieber Hermann Hesse Ihnen und Ihrer lieben Frau (aber wo steckt sie?) für die schönen Aufnahmen der Büste und Ihres eigenen Photo. Sie (nicht die Photos) hat einen Schlips bei mir zurückgelassen ich warte auf eine Gelegenheit ihn ihr zu schicken damit sie keinen Zoll aufgebrummt kriegt, denn er sieht so neu her. Gestern eine Karte von Frau S. Fischer Berm, mache in Stockholm einen Verlag auf,[122] gleichzeitig einen Brief aus Chur von einer A.S.G. oder A.G. Da soll sich Einer auskennen. Ich verhülle ja schon lange mein Haupt seit dem Anschluss[123] freut mich das Leben nicht mehr, es war die letzte deutsche Ecke die uns noch blieb, Das Mass ist voll. Davonfliegen kann ich nicht, leider kann man nicht aus dieser Welt gehen ohne zu sterben, und dieser Process hat nichts was einen lockt, ausser dass man dann nicht mehr mittun braucht; aber vorher ist der Tod. Neulich war Werfel[124] hier, er will in Frankreich bleiben er meint man soll diesen Erdteil nicht im Stiche lassen, er hat gewiss recht. Ich wollte auch Thomas Mann käme zurück und bliebe nicht drüben. Er fehlt hier so sehr. Lieber Hesse umarmen Sie Ihre liebe Frau von mir und alle guten Geister bei Ihnen und um Sie. Ihre
Annette

---

122 Gottfried Bermann Fischer verließ 1936 Deutschland unter Zwang und zog mit Familie und Verlag nach Wien. Ein Teil des Verlages blieb in Deutschland und wurde von Peter Suhrkamp weiter geleitet. Nach dem Anschluss Österreichs 1938 floh Bermann Fischer mit seiner Familie in die Schweiz. Von dort aus gründete er den Bermann-Fischer Verlag in Stockholm.
123 Anschluss Österreichs an das »Dritte Reich« 1938.
124 Franz Werfel.

Hören Sie von Bermann? Wie gut beraten waren Sie bei Suhrkamp zu bleiben![125] – in jeder Hinsicht! – Wissen Sie was mit
dem Wiener Verlag sein wird? Frau Busoni[126] ist über Ostern
bei mir. Sie ist von Ihrem Franz v. Assisi[127] den sie eben las, so
begeistert wie ich, bitte grüssen Sie Weltis

*

AN HERMANN HESSE

5. VI. 38

Lieber Hermann Hesse

Vielen Dank. Ich bin ganz beschämt so viele Photos zu erhalten und sie sind ja ausgezeichnet aufgenommen. Ich sehe dass
Sie in Zürich sind aber da Sie keine Adresse angeben schreibe
ich nach Montagnola. Suhrkamp[128] scheint nicht mehr im
Verlag zu sein und der Herr Korn ist mir eine unbekannte
Grösse. Von Bermann aus Stockholm hörte ich nichts mehr –
Eben unterbrachen mich 2 junge Deutsche die zum Fussball-
spiel da waren und heute wieder gleich abreisen müssen. sie
erzählten mir dass die Stimmung am Sportplatz denkbar wenig freundlich gewesen sei. So verfinstert sich die Luft schon
hin und her, wir können uns freuen. Man frägt sich ja wie in

---

125 Hermann Hesses Werk konnte weiterhin im alten S. Fischer
    Verlag in Berlin unter Leitung von Peter Suhrkamp erscheinen.
126 Gerda Busoni.
127 Hermann Hesse, *Franz von Assisi*, Berlin: Schuster & Löffler
    1904.
128 Peter Suhrkamp übernahm 1936 einen Teil des S. Fischer Verlags
    in Berlin und führte ihn mit Autoren weiter, die nicht vom deut-
    schen Propagandaministerium verboten waren.

aller Welt die Dinge eine gute Wendung nehmen sollen. Aber ich will Sie nicht mit diesem Thema an diesem Pfingstsonntag aufhalten. Ich kann mir ja denken wie sehr Sie und Ihre so liebe Ninon in Anspruch genommen sind. Hier ist Werfel und ich wollte er könnte übersetzt werden. Denn wo ist jetzt für unser Einer noch ein Absatzgebiet. Schuhe besohlen habe ich leider nicht gelernt. Ich habe meinem Salzburger Buch ein Epilog[129] nachgesandt, es kommt wahrscheinlich sehr bald in einem neuen Kleid. es war sehr schwer Alles und zugleich *nichts* zu sagen. Aber Sie lieber Hermann Hesse was bereiten Sie uns zur Freude vor. Nie waren gute Bücher (und andere bringen Sie nicht zusammen!) so wichtig. Grüssen Sie Ninon. Von Manns höre ich garnichts zur Zeit. (Neue Unterbrechung während ich schreibe. Bomben auf französischem Boden aus dem spanischen Himmel.) Lassen Sie mich dennoch auf ein gutes Wiedersehen hoffen herzlichst Ihre

Annette Kolb

[schriftlicher Vermerk H. Hesse:] (soll Annette Kolb grüssen)

*

AN FRANZ BLEI

[Paris] 3.7.[1938]

Lieber Blei,

glaube ja nicht, dass ich dich vergesse. In den nächsten Tagen hoffe ich endlich Giraudoux[130] zu erreichen. Er ist wie

---

129 *Festspieltage in Salzburg*, Amsterdam: Allert de Lange 1937.
130 Jean Giraudoux.

die Götter in den Wolken. Von der Erde aus ist es immer sehr schwierig einen Zipfel ihres Mantels zu erwischen. Ich schreibe dir innerhalb der nächsten 8 Tage; hoffe dann auch Nachricht von Maria Boerner[131] zu haben, die noch einmal zurückflog und seitdem nicht mehr von sich hören liess, ich habe jetzt Jemand zu ihr geschickt. Germaine[132] malt jetzt zum Zeitvertreib. Auf bald

    Annette

*

AN RENÉ SCHICKELE

Roscahill
22.8.[1938]

Lieber René!

Danke für Brief! Nur vergassest du, ob du den Vollard[133] u. Briand I. Band[134] möchtest. So schicke ich dir ersteren vorerst. Was meinst du aber mit dem Satz: »In der jenseitigen Welt willst du andere Freunde, ich weiss, das ist Tradition in deiner Familie.« Werde ich dir als »Kolb-selig« weniger treu sein als hienieden, ob nah oder fern!! Ja, ich denke so oft, wie ich meine Freunde umflattern werde und ob ich ihnen Steine aus

---

131 Maria Boerner, enge Freundin von Franz Blei, 1938 Journalistin in Paris.
132 Germaine Stockley, Annette Kolbs Lieblingsschwester.
133 Ambroise Vollard, französischer Kunstsammler, Verleger und Galerist. 1937 erschien seine Autobiographie *Souvenirs d'un marchand de tableaux*, Paris: Albin Michel.
134 Georges Suarez, *Briand, sa vie, son œuvre*, 6 Bände, Paris: Plon 1938–1952.

dem Weg werde räumen können. Sitzt mir die Treue nicht im Skelett, in unbequemer Weise oft. Eines ist wahr: Wir haben Beide einen grossen Menschenconsum, aber es ist ein unlösliches Band zwischen uns Beiden, des Geistes, der Reagenzien, der Gesinnung! etc.

Ach René, ich bin noch immer elend dran, obwohl ich seit 14 Tagen fast nur liege zu Bett – bin ich nicht erholt. Ob ich Donnerstag spiele[135] oder absagen muss. Morgen fahre ich mit Germaine[136] nach Dublin, so Gott will. Obwohl es ja wohl eine Fügung war, dass ich gratis so krank sein konnte. Der Arzt, angeblich eine Capacität, den meine Gastgeber beriefen, als ich nicht besser wurde, knöpfte mir 3 £ für seine Visite ab, und ich möchte sie mittels Geklimper hereinkriegen! Er sagte, ich könne es wegen des schwachen Herzmuskels unter der Bedingung schaffen, indem ich einen Tag pro Woche zu Bett bleibe. Vorerst bin ich es fast immer. Aber wie soll das werden in Paris mit dem Umzug!

Ich war entzückt von Green's[137] Journal und weiss kein Wort mehr davon. Liegt es am »Journal«, dass man vergisst. Du musst jetzt mein Büchel[138] haben. O sag mir gleich, wie du es findest, nicht nur mit einem Wort. Ich plagte mich so übermässig damit, wahrscheinlich weil ich schon erschöpft war. Was gefällt dir *nicht* daran? Wird man mir verübeln, was ich über die Pariser Kirchen sage?

À propos Green. Weißt du wie er mich nennt (d'après ce qu'on me dit [nach dem, was man mir sagt]): *a ghost* [Ein

---

135 Annette Kolb spielte im irischen Rundfunk ein Klavierkonzert.
136 Die Schwester Germaine Stockley lebte mit ihrem Mann in Cork/Irland.
137 1938 erschien der erste Band von Julien Greens Tagebüchern: *Les années faciles (1926–1934)*, Paris: Plon.
138 *Festspieltage in Salzburg.*

Geist]. Jetzt schon? Aber es hatte von jeher etwas Wahres, à tout prendre [alles in allem].

Der Tod Bindings[139] tat mir leid. Er ist der *einzige* Deutsche (ausser Reiffenb.[140]), qui ne *suintait* pas la mauvaise conscience [der das schlechte Gewissen nicht auslaufen liess]. Wie schön ist der Schluss von Reiffenbergs Nachruf. Binding war sehr nett in Paris. 1000mal recht hätten wir gehabt, zu emigrieren, sagte er mir, und er behielt seine Jüdin bis zum Schluss. Wie lange bleibt ihr in St. Cyr? Ich freue mich, dass es dir besser [geht]. Ach, vielleicht sitzen wir alle noch einmal froh beisammen. Wir sind doch Stehaufmännchen, du und ich, wenn ich mich auch auf das Liegen concentriren werde müssen. Warum leben wir so weit auseinander! Gewöhnst du dich daran? Ich mich garnicht, je länger je weniger. Aber es musste sein. Das bischen, was ich erreichte, nötigte Paris als point de départ [Ausgangspunkt]. Entre nous, pas un mot à ces dames: j'ai entendu de diverses sources que le ménage Alma branle dans le manche, et zwar de son côté à elle. [Unter uns, kein Wort an diese Damen: Ich habe von verschiedenen Quellen gehört, dass der Haushalt Alma[141] am Wackeln ist und zwar wegen ihr]. Schreib mir gleich, lieber René –

deine

Annette

Ab 23. antworte auf alle meine Fragen ci-haut [an obige Adresse], schreib gleich, lieber René. Von Dublin schreibe ich auch gleich. Was wird kommen, Krieg oder Frieden. Bei al-

---

139 Der Schriftsteller Rudolf G. Binding, der sich anfänglich an die Seite der Nationalsozialisten gestellt, sich dann aber zunehmend von ihnen distanziert hatte.

140 Benno Reifenberg, deutscher Journalist und Schriftsteller.

141 Alma Mahler, die mit Franz Werfel in Sanary-sur-Mer lebte.

lem, was sich begibt, fehlt es mir so, dass ich deine Ansicht nicht weiss, vielmehr deine Meinung, denn unsere Ansichten sind ja immer dieselben, gerade weil wir so gleich reagiren, ist das Auseinandersein so empfindlich, wieviel hätte ich dir zu sagen, leb wohl! Weißt du, wo Simons[142] sind? Ich müsste ihm schreiben wegen der Wohnung! Seid umarmt.

A.

Germaine grüsst. Welcher Trost, diese Zeit mit ihr verbracht zu haben. J'écris des bien pauvres lettres je m'en excuse [Ich schreibe ziemlich armselige Briefe, das tut mir leid], aber ich packe schon, tu me vois [du siehst mich]!

*

AN THOMAS MANN

[10.10.?] 1938

Lieber verehrter Thomas Mann

Ach hätten Sie weniger recht gehabt, indem Sie schrieben dass »jede Erfüllung deutscher Ansprüche einen grausamen und entmutigenden Schlag gegen die auf Freiheit und Frieden gerichteten Kräfte im deutschen Volk bedeuten, und der Verbesserung der Kriegsaussichten, nicht aber dem Frieden dienen! Um so vieles hat sich Europa verfinstert durch eine solche Politik. Sie können sich ja denken wie niedergeschlagen man hier ist nach dem kurzen Aufatmen über den verhinderte[n] Krieg. Ich bin ja überzeugt dass er nie gekommen wäre und Hitler ihn ebenso wenig hätte wagen können wie

---

142 Trude und Hugo Simon.

Mussolini. Nun ja, die Hölle, so viel ist ersichtlich, ist ein unendlich mächtiger Faktor und sie steht treu zu den Beiden. Was können wir dagegen tun! Ich erwarte morgen die liebe Erica[143] und will ihr diesen Brief mitgeben damit er nicht auf ein anderes Schiff kommt als ein französisches. Ich glaube ja dass nichts – auch nicht eine Rede wie die gestrige in Saarbrücken[144] auch nur im geringsten denen die Augen öffnen wird welche noch »Illusionen« über H. [Hitler] haben. Denn es gibt weder hier noch dort noch Illusionisten, sondern diese Leute sind alle Helfershelfer, da sie weder Sinn für Ehre noch Humanität haben. Wir sind es, denen endlich die Augen aufgehen sollten über die wahre Beschaffenheit der Menschen, die einfach in diese und Nicht-menschen zerfallen. Ach ist nicht jedes Wort zu viel über unser Unglück. Das arme Österreich nennt sich selbst das Oberjammergau. Ich hoffe Sie hatten wenigstens äusserlich eine gute Überfahrt. Täglich wollte ich Ihnen danken für Ihre so schöne Rede, aber der Atem war einem geraubt! Nun wird die kühne Erica Ihnen ja viel zu erzählen haben. Ich freue mich sie morgen zu sehen, und ich freue mich dass sie zu Ihnen kommt. Lion[145] hat in meinen armen I. Akt[146] hineingefuhrwerkt, dass es nicht mehr schön ist. Ich frage mich sogar ob er perfid ist. Denn er wollte

143 Erika Mann.
144 Hitlers aggressive Rede am 9. Oktober 1938 in Saarbrücken. Hitler attackierte hier bereits das Ende September 1938 von Chamberlain, Mussolini, Daladier und ihm geschlossene »Münchner Abkommen«, das kurzzeitig Hoffnung auf einen dauerhaften Frieden machte.
145 Ferdinand Lion, Chefredakteur von 1937 bis 1939 der in Zürich erscheinenden Zeitschrift *Maß und Wert*, deren Herausgeber Thomas Mann und Konrad Falke waren.
146 Giraudoux' Theaterstück *Der trojanische Krieg findet nicht statt*.

mich die Korrekturen überhaupt nicht sehen lassen, als ich reclamierte. Oprecht[147] schickte sie mir vor 3 Tagen und da zeigte sich dass Lion einen kleinen Satz eingefügt hatte, der den ganzen Beitrag zu einem kompletten Unsinn stempelte. Ich schrieb also der Akt dürfe überhaupt nicht erscheinen, falls dieser Satz nicht gestrichen würde. Das ist nun in letzter Stunde geschehen; aber nur dank Oprecht. An Lion habe ich überhaupt nicht geschrieben. Ich frage mich aber, ob ich Frau W.[148] nicht reinen Wein über diesen sonderbaren Redacteur einschenken sollte, der ihr mit Erfolg glauben machte er sei eine reine, weltabgewandte, ja franziskanische Natur. Und ich glaube da fehlt es weit. Jedenfalls ist er eine schwere Schädigung der Zeitschrift. – Hier wird es – denn alles vollzieht sich ja in einem Schnelltempo, das frühere Zeiten nicht kannten – wahrscheinlich bald hart auf hart gehen. Flandin[149] möchte sich als Dictator von H. intronisiren lassen, der neue Botschafter für Berlin[150] ist sein Vetter und Geschöpf. Freude bei allen, die nur den Beutel an Stelle des Herzens tragen, ich brauch Ihnen nicht zu sagen, dass sie weitgehend den »besten Kreisen« angehören. Was spielt die Religion, was die Würde, die Freiheit noch für eine Rolle bei dieser »Elite«! – es ist ganz schauerlich zu constatiren: ich ass gestern an einem Tisch wo alles nur von Silber und Kristall blitzte und schämte mich zu tiefst da zu sitzen. Nun komme ich wieder

---

147 Emil Oprecht, Zürcher Buchhändler und Verleger. Sein Europa Verlag war eine wichtige Anlaufstelle der Exilliteratur, sein Haus eine Zuflucht für Exilsuchende.

148 Frau Wagner. Vgl. Brief an Thomas Mann vom 30.11.1938.

149 Pierre-Étienne Flandin, französischer Politiker, ab 1940 Regierungschef und Außenminister der Vichy-Regierung.

150 Robert Coulondre, Botschafter Frankreichs in Berlin bis zur Kriegserklärung Frankreichs an Deutschland 1939. Ab 1940 Gesandter des Vichy-Regimes in Bern.

wie in meinem Brief an Katia mit der inständigen Bitte *Frau Berta Zuckerkandl, 22 rue des Sablons, Paris XVI. als Erste Kandidatin für die Guild*[151] *vorzuschlagen!* Denn wirklich sie verdient es im höchsten Masse und wegen ihrer Arbeit drängt es, damit sie sie zu gutem Ende führen kann. Sie ist ein so mutiges kleines Wesen mit ihren über 70 Jahren. Erica will meine Bitte sehr unterstützen. An Loewenstein[152] habe ich natürlich geschrieben. In Zürich werde ich diesmal bei Frau Reiff[153] absteigen auf 4 Tage. Es wird mir so schrecklich fehlen, dass keine Katia[154] mehr kommen wird mich nach Küsnacht zu holen, die Stunden dort!! es ist und bleibt ein verwaistes Zürich für mich! ich gebe Erica diesen Brief mit. Meine innigsten Wünsche meine Liebe brauche ich nicht erst zu sagen. Dieser Brief ist auch für Katia. Ihre, Eure

Annette

*

---

151 Die American Guild for German Cultural Freedom war eine Hilfsorganisation, die 1935 auf Initiative von Hubertus Prinz zu Löwenstein in New York für deutsche Künstler und Intellektuelle im Rahmen der Deutschen Akademie im Exil zustande kam. Sie vergab Arbeitsstipendien und half bei der Suche nach Verlegern oder Übersetzern.

152 Hubertus Prinz zu Löwenstein, deutscher Journalist und Politiker.

153 Lily Reiff, Komponistin und Pianistin, verheiratet mit dem Zürcher Fabrikanten Hermann Reiff. Sie förderten Kunst und Künstler in ihrem großzügigen Haus. Thomas Mann verewigte das Ehepaar Reiff unter seinem wirklichen Namen im Roman *Doktor Faustus*, Kapitel 34.

154 Katia Mann.

30. XI. 38

Lieber verehrter Thomas Mann

Ihre entzückende Rede[155] im Novemberheft von Mass &
Wert[156] mit dem rührenden und tiefen Ausklang ist wie ein
Ruf aus einer besseren Welt, und doch ist ihm etwas eigen,
das selbst heute in dieser verruchten Zeit, die Stärke seines
Nachklangs behält. Diese Rede müsste immer wieder gehalten werden. Wie so manchen Künstler wird sie noch zur
Einkehr in sein Menschentum hinreissen! Welches Vorbild
sind Sie hierin! – Indessen hat man hier Flüchtlinge an jedem
Finger, und die Ausweisungen und refoulements (Zurückweisung) sind die Parole des Tags. Nicht nur dass Hitler die
Grausamkeit als Gewerbe treibt, er legt sie den anderen auf,
man gewöhnt sich achselzuckend daran wenigstens die Behörden und Grenzbeamten. Ich glaube America ist uns heute
an Menschlichkeit voraus. Wozu wird die Furcht vor dem
Lindwurm die europäischen Länder noch treiben, ihn selber
durch ein solches Verhalten nur immer mehr *mästend*. Wo
fühlt man sich heute noch sicher dank dieser Ängste? Diese
und nicht die Trägheit ist die Mutter aller Laster! Ich denke
so oft an die alten Eltern Katias[157] in München. Von dort Her-
gereiste schwören es könne nicht mehr lange dauern. Indessen wird man wohl noch dazukommen unsere alten Kirchen

---

155 Thomas Manns Rede bei Eröffnung der Thomas Mann Library
    an der Yale-Universität, USA.
156 Im gleichen Heft erschien eine Glosse von Annette Kolb, *Kriegs-*
    vorabend 1914.
157 Alfred und Hedwig Pringsheim, die Eltern Katia Manns.

anzustecken und auch davor wird man sich beugen. Dieser Chamberlain[158] ist ein Mann des Grauens. Er ist ein Genosse Hitlers und arbeitet ihm entschlossen, komme was mag, in die Hände. Was kümmert's ihn in welchen Sumpf er dies unglückselige Deutschland versinken sieht. Für mich gehört er zum III. Reich. Denn er stützt es wo er kann. Was sagt America zu ihm! In Zürich war ich bei Frau Reiff[159] 3 Nächte und fand sie eine sympathische Witwe. Der alte Reiff hat sich in seinen letzten Jahren schwer begaunern lassen und sie hat grosse Verluste, »aber immer noch genug«, wie sie sagt. Sie hat sich innigst an ihr weisses Hündchen angeschlossen. Die Katze schlief bei mir. Ich hoffe Sie haben Tiere um sich in der Stocktonstreet![160] In Zürich schmetterte ich in der Technischen Hochschule den »Abschied an Österreich« hinaus wodurch ich mir die Vicepresidentin des Lyceumsclubs zur deklarierten Feindin machte. Sie sagte es sei »Politik«. Musil[161] sah ich auch. Bermann[162] hat ihm böse mitgespielt! – Er erzählte mir seine Erfahrungen. Könnte er nicht zu regelmässiger Mitarbeit für Mass und Wert gewonnen werden? Ach dieser Lion![163] es ist wirklich nicht schön wie er intrigirte. Breitbach[164] hat nun auch Frau Wagner über ihn aufgeklärt. Musil sprach mit gros-

---

158 Arthur Neville Chamberlain war englischer Premierminister von 1937 bis 1940. Er war umstritten wegen seiner Appeasement-Politik (Beschwichtigungspolitik) gegenüber Nazi-Deutschland und war maßgeblich 1938 am Zustandekommen des Münchner Abkommens beteiligt. Dieses gab Deutschland das Recht, das Sudetenland zu annektieren.
159 Lily Reiff.
160 Thomas Manns Wohnadresse in Princeton.
161 Robert Musil, österreichischer Schriftsteller.
162 Gottfried Bermann Fischer.
163 Ferdinand Lion.
164 Joseph Breitbach.

ser Anerkennung von Golo.[165] Aber Sie haben nun genug von diesem langen Brief. Darf ich noch einen für Katia beilegen? Meine Segenswünsche und meine verehrende Liebe umgeben Sie. Zu den Freuden des nächsten Jahres wird »Lotte in Weimar«[166] gehören. Was es sonst aber bringen mag!? Ihre
Annette

*

AN HERMANN HESSE

Paris
27. XII. 1938

Lieber verehrter Hermann Hesse

Was für schöne Dinge habe ich zu meinem Trost von Ihnen gelesen und dabei geht einem oft der Atem aus und man kann nicht einmal danken. Aber meine herzlichsten Wünsche gehen dennoch immer zu Ihnen Beiden. Was kommen soll geht auf ein anderes Blatt. Morgen fahre ich auf 14 Tage nach Vence, 15 rue du Pavillon, Alpes Maritimes zu Schickeles auf 14 Tage, aber vorher möchte ich Ihnen noch sagen wie treu ich Ihrer gedenke und sie liebe. Seien sie beide umarmt von Ihrer
Annette Kolb

Möring[167] ist zur Zeit hier wir sprechen viel von Ihnen!

*

---

165 Golo Mann, Historiker und Schriftsteller, Sohn Thomas und Katia Manns.
166 Thomas Mann, *Lotte in Weimar*, Stockholm: Bermann-Fischer 1939.
167 Richard Moering alias Peter Gan, Lyriker und Übersetzer.

AN THOMAS MANN

21 rue Casimir Périer Paris
20.I.39

Lieber verehrtester Freund

Innigen Dank für Ihr Buch, die rührend schöne Widmung, diese goldenen vorerst in die Wüste ausgerufenen Worte. Was anderes ist heute Europa? Der Teufel selber verwaltet es und lässt nur Helfershelfer heran. »Dieser Friede«[168] wie Sie schrieben gewinnt ja täglich an schauerlicher Richtigkeit, viel mehr noch als man glaubte befürchten zu müssen. Legt man des Morgens die Zeitung weg fasst einem manchmal etwas wie Irrsinn an wie eine Flucht in die Krankheit! – ich habe eben Ihren Schopenhauer[169] gelesen. Er und Plato und William James[170] und Bergson[171]sind ja die einzigen Philosophen, die ich las. Da kann ich Ihnen nicht sagen wie nah mir Ihre Ausführungen gingen. Klarer als er sich selber war, stellen Sie ihn hin und seine Lehre. Es ist gewiss das bleibendste was über ihn gesagt wurde durch die generöse Art ihm gerecht zu werden, bei so viel Überblick und Distanz. Es ist ein wundervolles Bild: Bild und Maler *unvergänglich*! – Ich bin erst seit wenig Tagen von Vence zurück fand Schickele

---

168 Thomas Mann, *Dieser Friede*, Stockholm: Bermann-Fischer 1938.

169 Thomas Mann, *Schopenhauer*, Stockholm: Bermann-Fischer 1938.

170 William James, amerikanischer Psychologe und Philosoph. Älterer Bruder des Schriftstellers Henry James.

171 Henri-Louis Bergson, französischer Philosoph und Literaturnobelpreisträger.

wenn auch noch an seinem Asthma leidend in bester Form, wie seit langem nicht. Indes wird er ja grosse Freude an dem Aufsatz in den Nouvelles Littéraires haben!! es geht wieder aufwärts mit ihm gottlob. Als ich ihn sah hatte er eben »Diesen Frieden« gelesen, stand ganz unter dem Eindruck. So ging es auch Möring[172] und Janin[173], nur ich klammerte mich an die Hoffnung, dass Sie vielleicht doch ein wenig zu schwarz sahen. Aber diese Hoffnung ist jetzt ganz dahin. Sie hatten in erschütternder Weise recht. Der Kurs wird beibehalten der uns ins Verderben rennen lässt. Man steht da, greift sich an den Kopf. Frau Zuckerkandl[174] war gestern bei mir. Sie veröffentlicht bei Bermann ihre Memoiren die vom menschlichen Standpunkt hoch interessant sind. Ach was hat man an Oesterreich verbrochen. Aber es regt sich keine Hand es erhebt sich keine Stimme in Europa. Es zieht sich um das 3. Reich kein Ring des Entsetzens, sondern der Stille. Keine Front der zivilisierten Völker, ganz im Gegenteil: das III. Reich ist ein Magnet geworden für alle gemeinen Menschen und es vergemeinert sie. Aber so will ich nicht schliessen. Dass Sie leben ist ein grosser Trost nicht nur, es ist eine Zuflucht. Man kann Ihnen in dieser Hinsicht nicht Alles sagen was man empfindet. Es würde Ihnen zu überschwänglich vorkommen. Ich umarme Katia. Vielleicht kommt ein Wunder und wir sehen uns Alle froher wieder als wir Alle heute sind. Ich umarme auch Erica und bin immer Ihre, Eure

Annette

---

172 Richard Moering.
173 René Janin, Generaldirektor der Schweizer Firma F. Hoffmann-La Roche AG in Frankreich.
174 Berta Zuckerkandl.

Bei Ostertag[175] sah ich gestern Ihren Schopenhauer in Buchform. Sind Sie zufrieden mit der Übersetzung? ich glaube dass das Buch hier reissend geht

*

AN DOROTHY THOMPSON

21 Rue Casimir Périer, Paris 7
February 5th 39

Dear Dorothy Thompson

excuse me for calling you so straightway. Do You remember our meeting at Pruniers 7 years ago? Thank you very much for yr. kind invitation. The truth is: I sh'd love to come. I have never been to America and besides such a sea-journey is tempting me for so long time already. But alas! I must ask you how great or how small the reduction will be. It is not that I am rapacious, but since I left in Nacht und Nebel and Wetter und Wind my little house in Germany 6 years ago to live here I have had to exist on very little money and it made a very great difference. So it is a question whether I shall be able to manage my passage. If I can, I certainly will come! You see I could not sail exept in a single cabin, of course I don't reflect on any over-quick and luxurious boat. Let me hope that it will be au revoir and thank you very much indeed
     yours sincerely Annette Kolb

---

175 Ferdinand Ostertag, jüdischer Verleger und Buchhändler, gründete 1933 in Paris die erste deutsche Exilbuchhandlung, »Au Pont de l'Europe«, die bis 1940 existierte.

[Liebe Dorothy Thompson,

entschuldigen Sie, dass ich Sie direkt so nenne. Erinnern Sie sich an unser Zusammentreffen vor 7 Jahren im Pruniers?[176] Haben Sie vielen Dank für Ihre freundliche Einladung.[177] Die Wahrheit ist: ich würde liebend gerne kommen. Ich war noch nie in Amerika und überdies reizt mich eine solche Seereise schon seit langem. Aber ach! Ich muss Sie fragen, wie groß oder klein die Ermäßigung[178] sein wird. Es ist nicht so, dass ich habgierig bin, aber seit ich vor 6 Jahren bei Nacht und Nebel und Wetter und Wind mein kleines Haus in Deutschland verlassen musste, um hier zu leben, muss ich mit sehr wenig Geld auskommen und das hat einen grossen Unterschied gemacht. Deshalb ist die Frage, ob ich in der Lage sein werde, die Überfahrt möglich zu machen. Wenn es geht, werde ich sicher kommen! Wissen Sie, ich kann nur in einer Einzel-Kabine fahren, natürlich erwarte ich kein Schnellboot oder einen Luxusdampfer. Lassen Sie mich auf ein Wiedersehen hoffen und ich danke Ihnen wirklich sehr
mit freundlichen Grüssen
Ihre Annette Kolb]

*

---

176 Prunier: Restaurant und Café in Paris.
177 Annette Kolb erhielt im Januar durch die Fürsprache von Thomas Mann eine repräsentative Einladung zum Internationalen PEN-Kongress in New York im Mai 1939.
178 Dorothy Thompson konnte durch amerikanische Spendensammlungen Ermäßigungen für die Schiffspassagen von Exilliteraten aus Europa erwirken.

181

AN HERMANN HESSE

21 rue Casimir Périer, Paris 7
20. IV. [1939]

Lieber Hesse

ich bitte Sie lassen Sie diesen Brief an Reiffenberg[179] gehen. Ich hörte erst jetzt er sei krank. Am 3. Mai fahre ich auf 14 Tage nach New York vom Penclub eingeladen. Ich fahre mit gemischten Gefühlen aber vielleicht kann ich dort mit Zeitungen etwas anbahnen, es wäre sehr nötig. Man schreibt sich kaum mehr und liebt doch seine Freunde mehr denn je. Und Sie stehen ja für mich an der Spitze! Ihre

   Annette

*

AN DOROTHY THOMPSON

21 Rue Casimir Périer. Paris 7
April 20th [1939]

Dear Dororthy Thompson

thank you so much for the cabled money. Forgive my having been so urgent!! but at the office they told me that in view of getting a visa, I was obliged to take a return-ticket. I am looking forward to seeing you so much! I do hope we shall not have war. The opinion is here that for the next months nothing will happen. I intend taking the Champlain on the

---

179 Benno Reifenberg.

24th of May for my return journey. My publisher is quite willing to give me 100 dollars, so I should be able to manage very well thanks to your kind help. I have reserved on the Queen Mary. No other boat is in the least available. She arrives on the 8th morning. The Werfels will probably travel with me. Thanking you again very much indeed and á bientôt!

yours sincerely Annette Kolb

[Liebe Dorothy Thompson

ich danke Ihnen sehr für das gesendete Geld. Verzeihen Sie mir die Dringlichkeit!! aber in dem Büro sagte man mir, um ein Visum zu bekommen, sei ich verpflichtet, eine Rückfahrkarte zu kaufen. Ich freue mich so sehr darauf, Sie zu sehen! Ich hoffe, wir werden keinen Krieg bekommen. Die Meinung darüber ist hier, dass in den nächsten Monaten nichts passieren wird. Ich beabsichtige die Champlain für meine Rückreise am 24. Mai zu nehmen. Mein Verleger will mir 100 Dollar geben, so dass ich dank Ihrer freundlichen Hilfe gut zurecht kommen werde. Ich habe auf der Queen Mary reserviert. Kein anderes Schiff ist mehr zu bekommen. Sie kommt am Morgen des 8. [Mai] an. Werfels[180] werden wahrscheinlich mit mir reisen. Ich danke Ihnen nochmals sehr und bis bald!

mit freundlichen Grüssen
Ihre Annette Kolb]

*

---

180 Franz und Alma Werfel.

AN HERMANN HESSE

Paris 21 rue Casimir Pérrier, Paris 7
12.8.[1939]

Lieber verehrter Freund,

Bei meiner Rückkehr von Vichy wo ich eine »halbe« Kur unternehmen musste, fand ich Ihre so schönen Gedichte,[181] eine
ganze Kur für das entspannte Herz! ich weiss ob mir nicht die
Nachtgedanken und »Mit der Eintrittskarte zur Zauberflöte«
die liebsten sind. Die Wahl tut einem weh. Ich danke Ihnen
tausend Mal, dass Sie mich mit diesem Labsal bedachten!
Schon manches Jahr haben wir uns nicht gesehen, wieviel besser würde ich mich mündlich darüber äussern! Es ist zweifelhaft, doch könnte es sein, dass ich, a propos Eintrittskarte am
25. in Luzern bin, falls es sich mit anderen Dingen und meiner
fatalen Terminarbeit vereinen lässt. Gute Musik hört man fast
keine mehr. für das Toscanini-Horowitz Concert scheine ich
alle Hoffnung fahren lassen zu müssen.[182] Lieber Hesse neulich las ich wieder Ihr Gartenbuch[183] mit tiefer Freude! Und
nun lassen Sie mich doch auf ein Wiedersehen mit Ihnen und
der lieben Ninon hoffen. Herzlichen Dank und Gruss! Ihre
Annette

*

---

181 Hermann Hesse schickte Abschriften neuer Gedichte wie die
im November 1938 entstandenen *Nachtgedanken* und *Mit der
Eintrittskarte zur Zauberflöte*.
182 Am Lucerne Festival spielte am 29. August 1939 Vladimir
Horowitz unter der Leitung von Arturo Toscanini Brahms'
Klavierkonzert Nr. 2 in B-Dur.
183 Hermann Hesse, *Stunden im Garten. Eine Idylle*, Wien:
Bermann-Fischer 1936.

Kehrsatz
15. VIII. [1939 oder 1940]
diese Adresse folgt mir
bis 26. August bin ich bei Frau Gugelmann Bossard
Muri bei Bern

Lieber Hesse

Ach nicht müssige Gedanken sind's die Sie so schön formu-
lieren. Durch welch blutigen Sumpf aber müssen wir vorher
waten. Und diese Zeit ist eben doch unsere Zeit. Glücklich
wer sie nicht erlebt oder sich darüber erhebt. In 14 Tagen soll
ich nach dem unglücklichen Fr. [Frankreich] zurück, denn
eine Verlängerung ist doch zweifelhaft, warum soll auch gerade *ich* ihm fern bleiben. Eine Verlängerung bis Ende Sept.
würde ich zwar schon einstecken denn wo soll ich hin? Wir
sind versprengt allesamt und trauen einander nicht mehr
beim Namen anzureden. Und doch sitzt mir der Wahnsinn
(wie es viele nennen werden) auf, dass vor dem Winter dieser
Teufelspuck ein Ende findet. Vielleicht sind es nur Scheuklap-
pen um die Verzweiflung einzudämmen. Grüssen Sie die liebe
Ninon.[184] Ich bin froh dass Sie die haben. Von Herzen Ihre
getreue
   Annette

*

---

184 Ninon Hesse.

[Paris,] 12.9.[1939]

Lieber René

in deinem letzten Briefe – er scheint so lange her! – schriebst du, in der Tat dürfe der Kontakt zwischen uns nie aussetzen und dafür wolltest du sorgen, und nun ist das Entsetzliche, und ich bin nicht nur durch den Raum, auch seelisch völlig von dir abgeschnitten. So ist es! – Und das gehört mit zu dem Grauen des Ganzen. Ich kann dir nur dies sagen. Ich nehme an, dass ihr nicht kommen werdet, wie Ihr anfangs dachtet. Ich weiss ja nichts von euch. Rauschning,[185] den ich bei Hugo[186] vor 3 Tagen traf, sagte und sagt's zu allen: frühestens in 4 Wochen, spätestens in 4 Monaten sei der Krieg zu Ende. Indes lautet es ja von England her anders. Paris ist leer. Ich lebe wie eine Gefangene, weiss nicht mehr, wie's aussieht, es ist auch egal. Ach, es ist besser man schweigt sich aus, über alles Persönliche schon gar. Aber es ist durch Euer Schweigen, als hätte ich auch Euch verloren, ich sehe, wie Hugo fortwährend mit jeder Post von Trude[187] hört. Gasmaske hab ich keine. Ich ersticke so wie so. Von Euch keine Zeile, wie nie gewesen. So verstumme ich halt auch.
    A.

*

---

185 Der deutsche Politiker und Schriftsteller Hermann Rauschning war kurz Mitglied der NSDAP, wurde dann aber einer ihrer entschiedensten Kritiker und setzte sich auch theoretisch mit dem Faschismus auseinander.
186 Hugo Simon.
187 Trude Simon.

Villa Diodati chez Burckhardt, Cologny, Genève
4.2.40

Lieber Max Rychner

Ich war froh von Ihnen gute Nachricht in Rom von Carl Burckhardt zu hören. Gute Nachrichten sind so selten heutigen Tages. Nun fahre ich von ihm am Mittwoch nach Bern (Hotel Bristol) auf ein paar Tage. Ich muss mich umtun, puisqu'il faut toujours marcher [denn man muss immer vorwärtsgehen] – ob ich mit Vorlesungen aus meinem noch unveröffentlichten Buch über Amerika[188] etwas vorlesen könnte (es soll im März erscheinen) um vielleicht meine Wohnung in Paris noch ein Jahr behalten zu können. Schreiben Sie mir wie es mit der Sache steht, nach Bern. Ich habe vier Wochen Aufenthaltserlaubnis, eine ist vorüber. Ce sera réconfortant de vous revoir cher ami [es wird ein Trost sein, Sie wiederzusehen, lieber Freund] Ihre
Annette Kolb

*

---

188 Annette Kolb: *Glückliche Reise. Aufzeichnungen einer Amerikafahrt*, Stockholm: Bermann-Fischer 1940.

Loon. Kehrsatz bei Bern % Frau Welti
6. August 40

Liebste Katia liebster Thommy

Ich bin gestern Abend hier angekommen, habe einen Monat
Aufenthaltserlaubnis, lasst mich nicht reden, lasst mich schweigen über die beiden letzten Monate. Ich war durch Zufall nicht
in Paris als es besetzt wurde[189] und bin nicht mehr zurück.
Das letzte Wort ist nicht gefallen, ich will und kann es nicht
glauben wir werden es bald erfahren. Es war ein concours de
circonstances [Zusammentreffen günstiger Umstände], dass
ich Paris am 31. Mai für 14 Tage verliess, und zu ihm gehörte
deine Sendung liebste Katia, die 100 Dollars, sie gab mir den
Mut, aber es gab keine Züge um Euch zu danken und zu schreiben und ich tue es lieber von hier. Wir sind Alle versprengt,
keiner weiss vom anderen. Ich weiss nichts von Werfel, glaube
aber die Gerüchte nicht![190] ich bitte Euch schreibt mir sofort
damit ich es noch hier kriege, denn wenn mein permis de séjour [Aufenthaltsgenehmigung] nicht verlängert wird muss
ich am 3. Sept. fort. Wohin? Gott weiss! wird ganz Frankreich
besetzt, dann ist mir die Welt versperrt. Ich beschwöre Euch
sendet diesen Brief an Bermann. Wenn doch mein Amerika-
büchel[191] übersetzt werden könnte, so wäre noch ein Weg offen. Ich nahm zwar fast nichts aus Paris mit, aber alles Schu-

---

189 Der Einmarsch deutscher Truppen in Paris am 16. Juni 1940.
190 Es ging nach der Okkupation von Paris und Nordfrankreich
    das Gerücht um, Franz Werfel habe sich in Frankreich das
    Leben genommen, was nicht stimmte.
191 *Glückliche Reise.*

bertmaterial,[192] so dass ich etwas hier fertig machen könnte, wenn Berm. [Bermann] mir die 2 letzten Raten, die er mir noch schuldet zahlt. Aber ist er noch Verleger. Rechnet er noch damit? Was ist mit Landauer?[193] ich bitte Euch gebt mir Nachricht von Euch wo Ihr seid wie es Euch geht. Wir dürfen diese Welt noch nicht verloren geben obwohl sie es zu dreiviertel schon ist. Glücklich wer all die Leiden nicht erlebte und nicht Zeuge von ihnen war. in steter Liebe und Freundschaft Eure
Anne Mathilde Kolb

Wie mögen Euch die entsetzlichen Nachrichten zugesetzt haben!

*

AN HERMANN KESTEN

Lohn Kehrsatz – Bern
17.9.40

Lieber Kesten

Endlich erfahre ich Ihre Adresse ich hoffe den nächsten Clipper noch zu erreichen bitte sagen Sie mir wo ist Ihre Frau![194] Sie schrieb mir zuletzt aus einem kleinen Dorf. Ich schrieb ihr bevor ich in die Schweiz fuhr und gab ihr die Adresse einer

---

192 Annette Kolb schrieb 1940/41 an einer Schubert-Biographie.
193 Walter Landauer war bis zur deutschen Besetzung der Niederlande im Exilverlag Allert de Lange in Amsterdam tätig. Der Verlag musste im Mai 1940 schließen. Trotz aller Bemühung seiner Freunde gelang Landauer die Flucht in die USA nicht. Er wurde 1943 verhaftet und deportiert. 1944 ist Walter Landauer im KZ Bergen-Belsen verhungert.
194 Toni Kesten.

Freundin an und liess ihr etwas zurück für sie, die Freundin schrieb mir aber sie habe nie von ihr gehört. Dadurch weiss ich nun auch Ihre Adresse nicht mehr. Aber beruhigen Sie mich! sie war damals so betrübt nichts von Ihnen zu wissen. Durch die Ereignisse wurden wir auseinander gerissen. Ich hatte Paris zufällig am 31. Mai verlassen und habe es seitdem nie mehr gesehen. bitte schreiben Sie mir gleich, lieber Kesten, ℅ Frau Welti, Lohn, Kehrsatz bei Bern Schweiz, eben schickte ich Ihnen auf Anraten Katia Manns eine Depeche Sie um ein Visa bittend. Mein Passname ist Anna Mathilde Kolb. Lieber Kesten heute nur diese Worte. Vielleicht? sehen wir uns bald. Man kann nichts gegen sein Geschick aber man muss alles versuchen. Was hören Sie von Ihren Verwandten. Ich bin so froh, dass unser Landauer[195] lebt – ich hoffe, Ihre Frau ist bei Ihnen ich umarme Sie beide

    Eure Annette Kolb

Verzeihen Sie die Eile aber der Clipper ist schuld, was arbeiten Sie

*

AN HERMANN KESTEN

Lohn Kehrsatz bei Bern
25.11.40

Lieber Kesten

Ja wie gern könnte ich Ihnen den Tag meiner Abfahrt nennen, wenn ich nur eine Ahnung hätte wann es sein wird. Ich

---

195 Walter Landauer.

fange an zu verzweifeln. Auf die Affidavits,[196] die doch so glänzend sind warf man keinen Blick. In einigen Tagen sollte ich Antwort haben das sind 8 Wochen her. könnte nicht ein Ruf an mich ergehen?: Musikstunden etc ... ich musizierte in Zürich mit Silvia Kind.[197] Wollen Sie ein Zeugnis? ich hätte ein flammendes, von Mottl,[198] doch ach zu Hause. Nun beschwöre ich Sie auch dass mir kein auf 24 Stunden befristetes Visa servirt würde, wie einer Nachbarin. Dies wäre eine schwere Teufelei denn erst mit dem amerikanischen Visa in der Hand könnte ich das spanische erbitten, dann das portugiesische dann die franz. Ausreise. An die Fährnisse der Fahrt will ich nicht denken. Jeder Tag so buchstäblich teure Plage. Aber helft mir mein Gott es ist so dringend dass es im Dez. geschieht bald oder nie. Es ist so dringend. Hat Wash.[199] order erteilt ich fürchte wenn es so weiter geht ist für mich Alles verloren. Adieu lieber Kesten auf Wiedersehen. Ich will morgen an Princeton[200] schreiben, mag euch ja nicht allzu sehr belästigen aber es steht beängstigend – und sorgt für nichts kurz befristetes ich beschwöre Euch. Gruss Ihrer lieben Frau. Wären wir schon zusammen. Obige Adresse immer gültig.

Ihre Annette Kolb

*

---

196 Beglaubigte Bürgschaftserklärung.
197 Silvia Kind, Schweizer Cembalistin und Pianistin.
198 Felix Mottl.
199 Washington. Annette Kolb bezieht sich hier wahrscheinlich auf die 1939 anlässlich ihrer ersten Amerikareise über Dorothy Thompson zu Eleanor und Theodore Roosevelt geknüpften Kontakte.
200 Princeton University, New Jersey, USA.

22.1.[41]

Lieber Max Rychner

Ich erhielt Ihre Zeilen als ich gerade nach Bern fuhr und konnte ihn erst unterwegs lesen. So konnte ich den Brief nicht zücken, der mir, wie ich glaube, den Einlauf jener nachgesandten 10 Seiten anzeigte vielleicht gucken Sie noch nach. Aber wenn sie in die Irre gingen ist es noch *keine* Katastrophe denn ich habe noch ein geschriebenes, allerdings fehlerreiches Exemplar.[201] So bald ich kann, schick ich es Ihnen zu doch wäre es vielleicht besser Sie erhielten dann den ganzen Schluss in doppelter Form, einen für Sie, einen für Schweden.[202] Ich hoffe von Lissabon hat es keine Schwierigkeiten mit dem Schicken und ich hoffe es gibt dort eine Typistin die deutsch kann. Ich finde entre nous [unter uns], wenn man Alles bringt wirkt es viel besser denn als lose Blätter. Das Echo für den gselchten Anfang war vielleicht desshalb so fründläch? Meinet Si nid au? Ich nehmert halt dann mit einem trockenen und einem nassen Blauaug was wo chunt. Kennen Sie jemand in Lissabon? ich fahre mutterseelenallein über die spanische Grenze und geheuer ist mir dabei nicht. Von Stockholm habe ich noch keine Bestättigung meines Ms[203] – Korrodi[204] bat ich zur Sicherheit Ihnen die Seiten die er brachte zu schicken damit dann ein komplettes Ms bei Ihnen zusammen kommt? Hat er's getan? beruhigen Sie mich noch mit einer Zeile. Ich

---

201 Manuskript der Schubert-Biographie.
202 Seit 1940 war Stockholm der Sitz des Bermann-Fischer Verlags.
203 Manuskript.
204 Eduard Korrodi.

will nicht mehr rechts und links sehen, und, da mein Entschluss gefasst ist, möglichst bald ins Ungewisse ziehen, am 25. von hier weg, am 28. über die Grenze auf Wiedersehen! Auch ich umarme Sie. Ihre

Annette

*

AN MAX RYCHNER

Barcelona Hotel Ritz
31.1.[1941]

Lieber Max Rychner

Ich sitze hier statt weiter zu können wie die anderen, bekam erst für dem 7. Februar eine Karte für das Flugzeug für den Zug nichts vor dem 10. Da fliege ich lieber. Die Reise ist nicht schön und in diesem teuren Hotel glaubte ich nur eine Nacht zu bleiben. Da arbeite ich halt[205] – in Stockholm[206] wollen sie schon im März erscheinen, das gibt es natürlich nicht ich bin noch nicht fertig. Was Sie haben ist *nicht der Schluss!* Seite 241 bis 248 flehe ich Sie an mir zurück zu schicken nach *Lissabon Central Poste Restante* dann schick ich Ihnen Alles zusammen im Lauf des Februars. Der Nachtrag 241 bis 248 ist nämlich sehr schlecht, zu schnell geschrieben hab es neu gemacht gleichzeitig *brauch ich es* – o verwünschen Sie nicht Ihre einsame Spanierin, sie ist so melancholisch; und sie braucht den Nachtrag den Sie haben, weil ihr sonst eine Unterlage fehlt, d.h. die Erzählung der Anna Fröhlich brauch ich

---

205 Annette Kolb schrieb in Barcelona ihre Schubert-Biographie zu Ende.
206 Der Bermann-Fischer Verlag in Stockholm.

für das Stockholmer Manuscript, denn diese habe ich nicht
bei mir. Stockholm will seine Procente an den Vorabdrucken
haben, es stünde im Contract, so etwas –! lese ich je einen
Contract? O stöhnenden Herzens verlasse ich dich Europa.
Traurig umarme ich Sie lieber Rychner
   Ihre Annette

*

AN HERMANN KESTEN

Poste restante Lisboa
14.2.[41]

man muss für die Briefe äusserst leichtes Papier nehmen, entschuldigen Sie also die Fetzen.

Lieber Kesten

nun bin ich eine Woche hier und zog schon 4 Mal um von
einem bestellten Zimmer ins andere und weiss nicht wann
und ob ich von diesen Gestaden fortkomme. Schiffe alle
überfüllt, Clippers die immerzu ausfallen oder für Post reserviert sind. Und nur die Ereignisse die sich überstürzen.
Vor dem 20. März komme ich kaum fort vielleicht nicht vor
Ende und so lange habe ich kein Geld natürlich. Denn für
einen so langen Aufenthalt war ich nicht gewappnet da mir
versichert wurde, dass ich vor dem 7. März bestimmt nach
N.Y. fahren könne. Ich habe an Katia Mann geschrieben,
höre aber nun Manns seien nicht mehr in Princeton.[207] Das
Leben ist im Grossen so furchtbar, im Kleinen so aufreibend

---

207 Thomas Mann emigrierte mit seiner Familie 1938 endgültig in
    die USA, wo er zunächst eine Gastdozentur an der Princeton

geworden, dass einem der Mut manchmal versagt weiter zu tun. Meine Reise durch Spanien ganz allein war etwas schreckliches. Das erzähle ich Ihnen lieber mündlich. Hoffentlich kommt es dazu! Grüssen sie Ihre liebe Frau. Ja ich hoffe Euch zu sehen. Aber leider kann ich jetzt meine Reise, die ich bisher allein bestritt, nicht länger finanzieren. Schreiben Sie mir doch gleich wie es um mich steht, lieber Kesten. Den »Schubert« brachte ich in Barcelona fertig, wo habe ich schon einen Verleger im Stich gelassen. *Wo* ist Landauer!?[208]
Herzlichst

Annette Kolb

Wäre es möglich mir telegraphisch 150 oder doch 100 $ zu schicken?

*

AN THEODORA VON DER MÜHLL

21. Februar [1941]
Central Poste Restante
Lisboa

Bien chère Dory

je suis ici depuis 15 jours [ich bin seit 2 Wochen hier] schon 4 mal umgezogen, alle Zimmer vorbestellt und überfüllt, dies der Grund warum ich so schwer zum schreiben komme. In Barcelona wegen überfüllter Züge und Avions [Flugzeuge] 10 Tage zurückgehalten habe ich mich dort nicht aus dem Zimmer ge-

---

University, New Jersey, erhielt. 1941 zog er mit seiner Familie nach Pacific Palisades, Kalifornien.
208 Walter Landauer.

rührt und den Schubert[209] fertig geschrieben. Wenigstens das. In Madrid habe ich das fürchten gelernt. Kam aber doch Tags darauf dank einem grossen Glücksfall weg Hier ist Ann Marie Schwarzenbach[210] sehr fleissig und en route pour la Suisse [unterwegs in die Schweiz], während ich mir Zimmer suche. Ich habe endlich eins aber adressiren Sie doch lieber Poste Restante, denn die Adressen sind so verzwickt, man muss Tür und Stockwerk angeben!. Die Stadt ist reizend. Aber ist ratsamer heute diese Reise nicht ganz allein zu unternehmen. Vor dem 10. oder 12 März frühenstens komme ich sicher nicht fort, der Orkan zieht grosse Verspätungen nach sich. Tout est très cher [Alles ist sehr teuer] ich hoffe Rychner[211] schickt mir Honorar mit Schnellpost nach! Im übrigen fühle ich mich von ganz Europa vergessen, Niemand schreibt mir ein Sterbenswort il faut écrire par avion [man muss per Luftpost schreiben], sonst kommt nichts an. Die Züge am Manzanares[212] laufen so gut wie nicht. Ich lechze nach Musik doch es gibt nirgends eine. Embrassez les Charles, Hans les enfants, Christoph et Alice et Gigon [Umarmen Sie Charles, Hans, die Kinder, Christoph und Alice und Gigon[213]]! Wenn er Ihnen ein Thelerominrecept für mich schriebe, wäre ich euch Beiden sehr dankbar. Je vous aime chère Dory écrivez-moi ne m'oubliez pas [Ich liebe Sie, liebe Dory, schreiben Sie mir, vergessen Sie mich nicht] ich wollte ich wäre schon auf dem Heimweg, denn dann wäre kein Krieg mehr. Stimmung überall die selbe.

---

209 Annette Kolbs Schubert-Biographie erschien 1941 im Bermann-Fischer Verlag in Stockholm.
210 Annemarie Schwarzenbach, Schweizer Schriftstellerin.
211 Max Rychner.
212 Spanischer Fluss, der durch Madrid fließt.
213 Carl Jacob Burckhardt, Hans von der Mühll, Christoph Bernoulli und seine Frau Alice, Alfred Gigon.

De tout cœur à vous [Von ganzem Herzen die Ihre]
Annette

Grüssen Sie auch Korrodi[214] er war wirklich sehr generös
für die Schubertabschnitte[215] nun verlangt der Verlag Procente!! ich sperre mich so gut ich kann. Ach wenn wir uns
wieder in Paris sehen könnten, la tristesse [Text abgeschnit-
ten] dites à Charles que je lui écrirai. il sait par AnneMarie que je suis ici. [Sagen Sie Charles, dass ich ihm schreiben
werde. Er weiss von AnneMarie, dass ich hier bin.]

*

AN HERMANN KESTEN

Poste Restante Central
3.III.41
Zwar ist meine Adresse jetzt
endlich Avenida Duque de Loulé 95
⁰/₀ Ferreira 5. Stock aber P.R. folgt mir
und ist nicht so complizirt

Lieber Kesten

Ich danke Ihnen von Herzen für Ihren so freundlichen Brief.
44 Dollar von Frank[216] kamen mir sehr zu Statten; falls ich
wie mir heute *fast* versprochen wurde (das ist der hiesige
kleine Nervenkrieg) nächste Woche fahren kann dann schaff

---

214 Eduard Korrodi.
215 Annette Kolb konnte Teile ihrer Schubert-Biographie im Feuilleton der *Neuen Zürcher Zeitung* veröffentlichen.
216 Leonhard Frank.

ich es gerade noch mit meiner Scudipracht[217] Auf diese letzte Klipper[218]- Klippe war ich nicht vorbereitet und die jüngst ausgestandene Panik hat einen bitteren Erdenrest in mir zurückgelassen Entsetzlich ist es mir auch an den armen Hilferding[219] zu denken, den »sie« auf freiem Felde sozusagen gefasst und nach Paris verschleppten. Zu lange hat er sich von dem unheilvollen Breidscheit[220] verleiten lassen zu warten. Beide wären besser tot. Hilferding aber war ein alter Freund und ein wertvoller Mensch. Der Gedanke an ihn ist mir grässlich. – Statt an das rescue und emergency Comité zu gehen ging ich heute ins Pan-American Air-Way-Office und machte ihnen Vorstellungen wie gesagt. Aber das hindert dass ich bei den beiden anderen Comitées noch vorsprechen könnte, nur frage ich mich ob der Eindruck nicht stärker wäre, wenn die genannten Comitées die Pan American Airways aufmerksam machten dass, nachdem ich seit November den Clipper bestellte, es nicht angesagt wäre mich ad infinitum hier zu lassen. *Schiffs*plätze gibt es nicht vor *Mai* und das Geld für den Clipper, das in Bern berappt bekomme ich hier nicht zurück sondern nur die hier erlegten, d. h. nachgezahlten 100 Dollar. Damit bekomme ich keine Cabine. Ich sparte und verdiente mir in der Schweiz für den uns heftig angeratenen Clipper 425 Dollar, zahlte hier noch 100 Dollar nach; unrecht wäre es mich dafür, wenn es zu spät geworden sein könnte, hinzuhalten. So kämpfe ich um meinen Clipper aber da ich Französin bin denkt niemand, dass *eventuell* es auch hier zu spät werden könnte. Und wenn dies den Leuten klar gemacht würde,

---

217 Scudipracht: abgeleitet von der portugiesischen Währung Escudo.
218 Boeing 314 Clipper, viermotoriges Flugboot für Langstreckenflüge über den Atlantik. Es fasste 74 Passagiere.
219 Rudolf Hilferding.
220 Rudolf Breitscheid.

wären sie vielleicht nicht so harthörig. In den Hotels blüht hier die Gestapo, die Herren von der Lufthansa schlagen ihre Zelte auf, es gibt hier mehr Deutsche als in der Schweiz. Daher wohl der Ansturm auf die Schiffe. Wenn wir als gerettete Venediger[221] so Gott will zusammensitzen, erzähle ich Ihnen mehr. Sagen Sie doch Bermann ich hätte von Stockholm kein Sterbenswort und liess 10. Februar den Schluss des Schubert[222] an den Verlag gehen, so dass er ihn längst haben müsste. Ein Duplikat der letzten 12 Seiten behielt ich, den Rest hat der Verlag erhalten. Herzlichste Grüsse Ihrer lieben Frau und Ihnen hoffentlich auf Wiedersehen

Annette

*

AN HERMANN KESTEN

15.III.41

Lieber Kesten

Ich bin gewiss die einzige Emigrantin für die nichts geschah die nichts verlangte – aber mir wird es wie Hilferding[223] ergehen, wenn ich dafür im Stich gelassen werde. Ich bekomme das Klipperbillet nicht zurück, da es in Bern erstand, die Schiffe sind überfüllt bis Juni, nur durch Agenten erhält man noch etwas und die verlangen Geld. Wenn nun also keins gekabelt wird und zwar bräuchte ich natürlich mehr wie

---

221 Vermutlich Anspielung auf Hugo von Hofmannsthals Tragödie *Das gerettete Venedig* von 1905.
222 Die Schubert-Biographie, die 1941 im Bermann-Fischer Verlag, Stockholm, erschien.
223 Rudolf Hilferding.

44 Dollar!! damit ist mein Schicksal besiegelt. Ich kann das Geld natürlich zurückgeben, aber die Transaktionen wären so lang, ich bedürfte einer Hilfe dabei und ich habe Niemand, alle kommen fort nur ich nicht. Recht gleichgültig erscheint mir, was da mit Bermann[224] erfolgt. Aber anbei der letzte Brief und meine Antwort darauf, die mir Kurt Wolff diktirte. Ich bitte Sie, reden Sie mit Thomas Mann. Herzliche Grüsse
  Annette Kolb

Kurt Wolff fährt heute. Er wird Ihnen sagen, wie es um mich steht. Meine Nerven haben lange gehalten. Aber jetzt wollen sie nicht mehr mittun.

*

AN THOMAS MANN

The Bedford 118 East 40th Street
16.IV.41
New York

Lieber verehrter Thomas Mann

Ihr Brief gestern Abend, Ihre Sorge um mich ist mir sehr nahe gegangen. Manche Zeichen am Himmel sind ja nicht unbe-

---

224 Gottfried Bermann Fischer wurde im April 1940 wegen antinazistischer Aktivitäten von der schwedischen Polizei festgenommen. Nach seiner Freilassung wurde er im Juni 1940 ausgewiesen und floh mit seiner Familie über Russland in die USA. In New York gründete er zusammen mit Fritz Landshoff im März 1941 die L.B. Fischer Publishing Corp. Bermann Fischer wandte sich an Autoren im Exil, um deren Werk in englischer Übersetzung herauszubringen.

denklich, (so der Gouvernör[225] und meine Rosinen betreffs seiner) dennoch liegt alles oder steht nicht so schlimm. Ich sehe es so! Bermann müsste mir gegenüber Farbe bekennen, *er* ist es ja, der mich anregte zu kommen, ich wäre sonst nicht auf die waghalsige Idee gelangt – den Schubert brachte ich daher in Barcelona fertig um die Hände für eine neue Arbeit frei zu haben. Den Schubert müsste er doch endlich unterbringen wie den Mozart,[226] da er schon die glückliche Reise untern Tisch fallen liess. Den neuen Roman der bis in unsere Tage reicht mag er doch finanzieren. Er spuckt in meinem armen Kopfe schon so lange als Setzling. Glauben Sie man kann ihn dazu bringen? er soll, er muss. Vorgestern rief mich Kestens Schwester[227] an, es seien 200 £ für mich unter Kestens Namen da. Dass auch Sie mich bedachten beschämt mich zu tiefst. Falls es noch nicht geschehen ist tun Sie es nicht teurer Freund Sie haben viel zu viel auf den Schultern. Ich selbst habe ein paar 100 £ – vielleicht muss ich sie zurückgeben, aber vorerst nicht, so kann ich jedenfalls, sowohl auf Kestens wie auf Bermanns Rückkehr warten. Nebenher sehe ich mich um ob ich nicht Sänger oder Streicher begleiten könnte, Lotte Leonhard[228] kam gerne zu mir um zu singen in Paris; Repetitoren haben nicht immer Zeit, ich gehe heute Abend zu einer Dame um sie mir anzuhören. Dies natürlich ist alles recht precär; weniger aber hoffe ich, dass Balder Olden[229] in

---

225 Herbert Henry Lehman, Gouverneur des Bundesstaates New York 1941.

226 Die Mozart-Biographie, die 1937 bei Bermann-Fischer in Wien erschienen war.

227 Regina (Gina) Kesten.

228 Lotte Leonard, eigentlich Lotte Levy, war eine deutsche Sopranistin und Gesangspädagogin.

229 Balder Olden, deutsch-jüdischer Schriftsteller, der 1941 nach Buenos Aires, Argentinien, flüchtete. Balder Olden war der

Buenos Ayres schon erschienene deutsche Bücher herausgeben will, leider verlor ich seine Adresse aber Marcu[230] wird sie wissen. Er erhält jährlich einen hohen Zuschuss dafür. Ich nahm hier ein Zimmer auf den Monat mit einer Kitchinette, aus deren Frigidaire [Kühlschrank] ich keine 30 Cents im Tage verbrauche. Erica[231] schenkte mir eine elektrische Platte. Das Zimmer hat 75 gekostet. Bringe ich mich wirklich nicht durch in U.S.A. so kann ich nach Irland zu meiner Schwester. In der Schweiz war kein Bleiben. Frau Reiff,[232] verängstigt, von deutscher Seite in ihrer Erbschaft bedrängt *atmete auf*, als ich gleich in ein Hotel ging und sie von dort aus anrief; die anderen Freunde, bei denen ich in Bern zu Besuch war, liessen mich nicht spüren, doch spürte ich, welche Belastung ich für sie war. Die Eventualnazis stehen dort in voller Bereitschaft. Das Land veränderte sich zusehens. Wie mag es erst jetzt sein! Sagten mir die Einen ich sei gefährdet, die Anderen ich sei es nicht, so hatten beide recht. Jedenfalls kann ich nicht vergessen dass man eine Dame festnahm, weil man sie für mich hielt, bis sie sich ausweisen konnte. Naturalisationen erkennen Nazis nicht an![233] Ich habe genug in Madrid in dieser Hinsicht erlebt. Es ist ein Zufall, es hängt von ihrer Willkür ab, ob und was einem geschieht. Möglichkeiten mich durchzubringen hätte ich nur hier, im unbesetzten Frankreich keine mehr. In der Schweiz auch nicht. Die

---

Bruder von Ilse von Seilern-Aspang, einer engen Freundin Annette Kolbs.

230 Valeriu Marcu.

231 Erika Mann.

232 Lily Reiff in Zürich.

233 Annette Kolb konnte sich, da ihre Mutter Französin war, auf Antrag naturalisieren lassen, sie erhielt dadurch 1936 die französische Staatsbürgerschaft.

»Tat«[234] wagte es nicht mehr den Schubert zu bringen, trotzdem sie sich verpflichtet hatte. Gastrollen bei Freunden ad infinitum geben ist unmöglich – Burckhardts kamen da auch nicht in Frage. Ein Mr Fry[235] in Marseille hatte vergangenen Juli in New York Order erhalten mich durch das Rote Kreuz ausfindig zu machen und mein Hieherbringen zu erleichtern. Ich hatte keine Alternative als die ins Ungewisse zu ziehen und es war gleich eine grosse Enttäuschung Sie so weit zu wissen, denn natürlich muss in New York meines Bleibens sein. Sie machen es aber doch gewiss wahr im Lauf dieses Jahres einmal her zu kommen!! Was Ihren Optimismus betreffs meines angeht, teile ich ihn im Stillen ja auch. Die reichen Freunde zwar die ich habe, kommen hier zu Lande in absehbarer Zeit nicht in Betracht, könnten mir aber in anderer Weise nützen und sind mir treu und auf mich bedacht. Und dann habe ich doch auch eine gerissene Saite und weiss Möglichkeiten wahrzunehmen, und habe es bisher geschafft und es war manchmal aussichtslos. Nur Eines glaube ich muss geschehen. Bermann muss unter Druck und Guck, seine Sorgen sind immer so, dass ich sie gerne haben möchte. Habe ich Ihre Zeit mit diesem Brief nicht zu lange beansprucht? und dabei Alles gesagt? Nicht wie tief ich Sie verehre und liebe, wie sehr ich Ihnen danke, wie sehr es mich rührt, dass Sie wegen mir besorgt waren (aber seien sie es nicht mehr!) und wie sehr ich Katia[236] umarme. Eben kommt mir ein Brief

---

234 Sozial-liberale Schweizer Tageszeitung unter Leitung von Max Rychner.
235 Varian Fry, US-amerikanischer Journalist und Freiheitskämpfer im Zweiten Weltkrieg in Frankreich. Er leitete in Marseille ein Rettungsnetzwerk und ermöglichte ca. 2200 meist jüdischen Intellektuellen die Flucht in die USA.
236 Katia Mann.

an Sie zurück den ich unrichtig adressirte. Ich bitte Sie sehr mir ev. von Princeton an mich nachgesandte Briefe hieher zu senden. Ich wusste keine Adresse, so gab ich diese an. Von Herzen wo ich auch sei

Eure Annette
altes Schlachtross und Veteran
wenn auch müd
auf Wiedersehen!

*

AN THEODORA VON DER MÜHLL

ce 25 juillet 42
28 West 63ᵈ street
New York City

Ma très-chère Dory

Votre lettre si belle et si touchante a mis 3 mois pour me parvenir. Je suppose que le censeur ne pouvait pas s'en séparer. Mais c'est moi qui la garde et qui la relit. Elle a bien augmenté ma nostalgie! Vous voyez que j'ai de nouveau changé d'adresse. qui ne vaudra jusqu'au 14 septembre. c'est un sublet aussi, c'est-à dire que les propriétaires sont à la campagne et le sous-louent en leur absence. Dans la 72ᵉ rue j'étais avec un charmant jeune couple, devenu farmers, hélas pour moi, je ne pouvais [tenir] l'appartement toute seule le jour ou ils sont partis. Pourquoi Giraudoux ne m'écrit-il jamais? il n'a pas mon adresse, c'est vrai. Ne croyez pas que je perde courage, ou, s'il déguerpit je tâche de le rappeler. Le fait est que j'ai beaucoup travaillé sans avoir trouvé d'éditeur jusqu'à présent. Hier cependant une lettre de Mexique semble ouvrir enfin des chances En attendant vous pensez bien quel soulagement c'est pour moi d'avoir vendu le Haberman! Sandoz qui a été très-malade et que j'ai été voir plusieurs fois à l'hopital quand j'étais à Baltimore vous aura écrit qu'il l'a acheté. Je vous récrirai donc, dès que j'aurai eu de vos nouvelles. Il pend au Lohn. Le Dr Welti le lui a légué. cet achat est tombeé à pic pour le vieux sportsman, car il était devenu très-asthmatique.

J'ai diné avec un jeune Burckhardt, cousin à vous et nous avons causé de vous tous. Il m'a parlé du succés de Jan. Et Béat est-il compensé de sa malchance, qu'il a eue. Il a la vie devant lui heureusement et un charme qu'il gardera toujours et qui est fait de celui de vous tous. Et la chère Inés. Que fait-elle à présent? Je voulais bien lire ce que Charles a écrit! Ma chère on vit dans de telles angoisses n'est-ce pas que l'on ne sait plus que dire. Et d'ailleurs cette lettre doit etre courte pour que vous la receviez plus vite. Monica est à la campagne. Ruth ne va pas trop mal. Elle demeure dans la même maison qu'Eléonore et écrit un roman. Je l'aime bien. La plus charmante ici est toujours Eléonore qui est une figure d'un autre temps, toujours très-entourée, de sorte que je ne la vois pas très-souvent. Inutile chère Dory de vous dire que je vous garde les manuscripts si vous les voulez. Cette lettre ne compte pas. Qu'elle ne vous décourage pas de m'écrire aussitôt. La mienne partira pour vous le lendemain. Parlez-moi aussi des Hirt et des Bernoulli. Je suis inquiété du long silence de Mme Welti. J'embrasse et étreins tout le monde. Que ne sommes nous du moins à l'automne. La chaleur est grande. Je déjeune aujourd'hui avec Janin, qui est un grand admirateur de vous écrivez et je récris. Tendrement à vous   A.

Un morceau de bons souvenirs pour vous, pour Elizabeth & pour Charles. Rien ne saurait me faire oublier les moments beaucoup trop courts passés avec vous trois
René Janin

[Meine liebste Dory

Ihr so schöner und so berührender Brief hat 3 Monate gebraucht, um zu mir zu gelangen. Ich vermute, der Zensor konnte sich nicht von ihm trennen. Aber ich bin es, der ihn aufbewahrt und der ihn wiederliest. Er hat mein Heimweh ziemlich gesteigert! Sie sehen, dass ich von Neuem die Adresse gewechselt habe, die nur bis zum 14 September gültig sein wird. Es ist auch ein sub-let, das heißt die Besitzer sind auf dem Land und vermieten es während ihrer Abwesenheit unter. In der 72ten Straße war ich mit einem charmanten jungen Paar, das Farmer geworden ist, leider für mich, die ich von dem Tag an, da sie abgereist waren, die Wohnung allein nicht halten konnte. Warum schreibt mir Giraudoux[237] nie? Er hat meine Adresse nicht, das ist wahr. Glauben Sie nicht, dass ich den Mut verliere, sonst, wenn er sich aus dem Staub macht, versuche ich, ihn zurückzurufen. Tatsache ist, dass ich viel gearbeitet habe, ohne bis jetzt einen Verleger gefunden zu haben. Gestern jedoch scheint ein Brief aus Mexiko endlich Möglichkeiten zu eröffnen. Während ich warte, können Sie sich vorstellen, welcher Trost es für mich ist, den Haberman[238] verkauft zu haben! Sandoz,[239] der sehr krank war und den ich mehrmals im Spital besucht habe, als ich in Baltimore war, wird Ihnen geschrieben haben, dass er ihn gekauft hat. Ich werde Ihnen also zurückschreiben, sobald ich Neuigkeiten von Ihnen habe. Er hängt im Lohn.[240] Dr. Welti hat ihn ihm überlassen. Dieser Kauf kam genau richtig für

---

237 Jean Giraudoux.
238 Hugo von Habermanns Ölporträt Annette Kolbs aus dem Jahr 1903.
239 Maurice Sandoz, Schweizer Schriftsteller.
240 »Der Lohn« war der Landsitz Friedrich Emil Weltis in Kehrsatz.

den alten Sportsmann, denn er war ziemlich asthmatisch geworden.

Ich habe mit einem jungen Burckhardt diniert, ein Cousin von Ihnen und wir haben von Ihnen allen geredet. Er hat mir von Jans Erfolg erzählt. Und hat sich Beat[241] von dem Pech, das er hatte, erholt? Er hat das Leben zum Glück vor sich und wird immer einen Charme bewahren, der aus jenem von Ihnen allen gemacht ist. Und die liebe Inés.[242] Was macht sie zur Zeit? Ich würde gern lesen, was Charles[243] geschrieben hat. Meine Liebe, man lebt in solchen Ängsten, nicht wahr, dass man nicht mehr weiß, was sagen. Und überhaupt soll dieser Brief kurz sein, damit Sie ihn schneller bekommen. Monica[244] ist auf dem Land. Ruth[245] geht es nicht zu schlecht. Sie wohnt im selben Haus wie Eléonore und schreibt einen Roman. Ich hab sie gern. Die Charmanteste hier ist immer noch Eléonore,[246] die eine Gestalt aus einer anderen Zeit ist, immer sehr ihn Gesellschaft, so dass ich sie nicht sehr oft sehe. Ich brauche Ihnen nicht zu sagen, liebe Dory, dass ich Ihnen die Manuskripte aufbewahre, wenn Sie sie wollen. Dieser Brief zählt nicht. Er soll Sie aber nicht davon abhalten, mir alsbald zu schreiben. Meiner wird am Tag darauf losgeschickt. Berichten Sie mir auch von den Hirts[247] und Bernoullis.[248] Ich

---

241 Jan und Beat Von der Mühll, Söhne von Theodora Von der Mühll.
242 Inès Von der Mühll, die Tochter von Theodora Von der Mühll.
243 Carl Jacob Burckhardt.
244 Monika Mann, Schriftstellerin, Tochter von Thomas und Katia Mann.
245 Ruth Landshoff-Yorck, Schauspielerin und Autorin, Cousine des Verlegers Fritz Landshoff.
246 Eleonora de Mendelssohn.
247 Fritz und Leonie Hirt.
248 Alice und Christoph Bernoulli.

bin wegen dem langen Schweigen von Frau Welti[249] beunruhigt. Ich küsse und umarme alle. Wenn wir doch wenigstens Herbst hätten. Die Hitze ist groß. Heute esse ich mit Janin[250] zu Mittag, der ein großer Bewunderer von Ihnen ist. Schreiben Sie und ich schreibe zurück. Zärtlich die Ihre   A.

Ein Stück guter Erinnerungen für Sie, für Elizabeth[251] & für Charles. Nichts könnte mich die viel zu kurzen Momente vergessen machen, die ich mit Ihnen drei verbracht habe
  René Janin]

*

AN KLAUS MANN

[New York, Winter 1942/1943]

Lieber Klaus

Ihr Buch ist gewiss eine ganz ausgezeichnete Studie, mit ebenso viel Liebe wie Eindringlichkeit geschrieben and it evokes the man to a poignant degree! I have only come to see him as you depict him very late in life, the truth to say (to my shame) not before his »Journal« for I am not, and did I not tell you? I may not pride myself on calling myself an old friend of his but rather a late friend, a staunch one though. Your English is now so excellent that therein it still surpasses to a high degree your book before last. So where will you stop feeling at liberty as well as at home on it? Thank you

---

249 Helene Welti.
250 René Janin.
251 Elisabeth Burckhardt.

for your dear letter. I wish and all your friends wish you were nearer to New York. Is there no probability? that you called me our »ageless figure« simply made me *purr*. Nothing could have flattered, consoled, soothed me as much, So there! I cannot pretend not being a vain creature unless I lie. The Kestens have won their case. 3 cheers! I had an accident with a bus, all the driver's fault. I took their lawyer on the spot. but alas he is not very hopeful because I had no witnesses. But I suffer from the consequences still. Well – let me congratulate you once more and I hope au revoir before long. I am often very melancholy but it make you laugh with all my happenings. Erica never turns up. Bilhus[?] are my neighbours. Very many people seem to read your book for it gets mentioned to me with praises from all sides. Are you glad with the reception of it? Once more: Au revoir I hope and many thanks from

Annette

[Lieber Klaus

Ihr Buch ist gewiss eine ganz ausgezeichnete Studie, mit ebenso viel Liebe wie Eindringlichkeit geschrieben und es lässt den Mann auf genaue Weise Gestalt annehmen![252] Ich habe ihn nur so kennengelernt wie Sie ihn in seinem späten Leben darstellen, da ich ihn, um die Wahrheit zu sagen (zu meiner Schande) nicht vor seinem »Journal«[253] kannte, denn ich bin nicht, habe ich es Ihnen nicht gesagt? Ich kann mich nicht rühmen, mich eine alte Freundin von ihm zu nennen, eher eine späte Freundin, aber dafür eine standhafte. Ihr Englisch ist jetzt so hervorragend, dass es diesbezüglich das

---

252 Annette Kolb bezieht sich auf Klaus Mann, *André Gide and the Crisis of Modern Thought*, New York: Creative Press 1943.
253 André Gides veröffentlichte Tagebücher.

vorletzte Buch noch in hohem Grade übertrifft. Wo werden Sie aufhören, sich darin sowohl frei als auch heimatlich zu fühlen? Ich danke Ihnen für Ihren lieben Brief. Ich wünsche mir und alle Ihre Freunde wünschen sich, Sie wären näher bei New York. Gibt es keine Wahrscheinlichkeit? Dass Sie mich unsere »alterslose Person« nannten, ließ mich einfach *schnurren*. Nichts hätte mir mehr schmeicheln, mich mehr trösten und besänftigen können. So also! Ich kann nicht so tun, als sei ich keine eitle Kreatur, es sei denn ich lüge. Die Kestens haben ihren Prozess gewonnen. Dreifaches Hoch![254] Ich hatte einen Unfall mit einem Bus, alles die Schuld des Fahrers. Ich habe sofort ihren [Kestens] Rechtsanwalt genommen. aber leider ist er nicht sehr zuversichtlich, da ich keine Zeugen hatte. Aber ich leide immer noch an den Folgen. Nun – lassen Sie mich Ihnen nochmals gratulieren und auf ein baldiges Wiedersehen hoffen. Ich bin oft sehr melancholisch, aber Sie müssten sicher lachen über all meine Begebenheiten. Erica kommt nie vorbei. Bilhus[?] sind meine Nachbarn. Sehr viele Menschen scheinen Ihr Buch zu lesen, denn es wird mir von allen Seiten lobend erwähnt. Sind Sie froh über seine Beachtung? Noch einmal: ich hoffe auf ein Wiedersehen und vielen Dank von

Annette]

*

---

254 Der Schriftsteller Hermann Kesten und seine Frau Toni bekamen ihre Aufenthaltsgenehmigung erst nach einigen Schwierigkeiten mit den amerikanischen Behörden.

57 east 73rd st
22. III. 44

Lieber Verehrtester

Wie schön ist Ihr Aufsatz anlässlich des Jubiläums von Bruno Walter[255] und wie schön und edel die Worte, die Sie am Schluss von ihm citieren. Ich hatte in den letzten Monaten wenn ich ihn hörte, den Eindruck dass er sich auf einer ganz neuen Höhe befand, die Neunte Symphonie [von Beethoven] von ihm war prachtvoll, und die Chöre hörte ich kaum je so gut. Seinen Weber fand ich ja immer unvergleichlich, den Oberon, Euryanthe[256] macht ihm niemand nach. Aber er feierte diesen Winter einen inneren Aufschwung besonderer Art. Im übrigen erleben wir die schwärzesten Tage dieses entsetzlichen Krieges, weil wir dessen Ende nicht mehr sehen, er ist zu einer Eiterbeule ausgeartet wie nie zuvor. Der Teufel regiert. Ist Erica bei Euch? ich hoffe sie gibt mir ein Zeichen wenn sie zurück kehrt. Ich liebe sie ja sehr. Aber ich weiss wie überlastet sie ist, und hab auch oft selbst nicht mehr den Mut mich aufzuraffen. Der Rest ist heute Schweigen im eigenen Gemüt. Sehr genussreich in meinem stillen Zimmer fand ich neben der Musik die Lecture der Briefe von William James.[257] Ja

---

255 Der berühmte Dirigent Bruno Walter emigrierte 1939 in die USA. Der mit ihm befreundete Thomas Mann schrieb 1944 den Aufsatz *Die Sendung der Musik. Zum 50-jährigen Dirigenten-Jubiläum Bruno Walters.*

256 Opern von Carl Maria von Weber.

257 Amerikanischer Philosoph und Psychologe, Bruder des Romanciers Henry James.

seine Persönlichkeit ist die erstaunlichste die mir in diesem Lande begegnete. Er hat sich tatsächlich Europa seelisch angeeignet ohne wie sein Bruder Europäer zu werden und das gibt eine Originalität, einen inneren Reichtum eine grossartige Stylistik eine Würze die Alles amerikanische überstrahlt und wie gesagt zugleich beibehält. Seine Ablehnung und zugleich intensive Zuneigung für das Deutsche ist so interessant wie möglich! Leider sind meine Augen sehr geschwächt, ich ringe nach Mut indem ich weiter existiere und leider liebe ich ja die Freude so sehr und hasse alles Unglück in der Welt. Neulich sagte ich zu jemandem: ich bewundere Ihren Mut. »Ja was bleibt mir denn sonst?« war die Antwort und so conjugiere ich nach drei geschlagenen Jahren das Wort gedulden. Denn Herr Guggenheim[258] hat mir die versprochene Antwort noch immer nicht erstattet! und hoch liegt der Schnee auf den Gassen, es heult und pfüft der Wind. Ihnen alle guten Geister, der Zephyr und der Frühlingszauber ins Haus meiner geliebten Katia zärtliche Grüsse. Wann erhalte ich den Joseph!?[259] Man spricht hier jetzt viel wenn Ihr's wissen wollt »of a negotiated peace.« [von einem ausgehandelten Frieden] Seid umarmt in lieber Sehnsucht und Treue

Annette

*

258 Felix Guggenheim, deutsch-jüdischer Herkunft, Literaturagent, gründete 1942 den Verlag Pazifische Presse, der vielen Exilliteraten die Möglichkeit zur Veröffentlichung gab.
259 Vermutlich handelt es sich um *Joseph der Ernährer*, den 1943 erschienenen vierten Teil von Thomas Manns Romantetralogie *Joseph und seine Brüder*.

AN THOMAS MANN

Gideon Putnam Hotel Saratoga Springs
2. VIII. 44
New York

Lieber verehrtester Thomas Mann

Ich muss meine lecture des Joseph unterbrechen, ich kann
es aber nur um Ihnen zuzurufen, wie sehr mich dieser Band
hinreisst. Es ist der schönste von Allen, der reichste, der
beglückendste, gerade für unsere Zeit das wichtigste, ein-
schneidenste Werk. Hatten Sie selbst auch einen Becher um
vorauszusehen wie viel seine Vollendung bedeuten würde?
Es ist als hätten Sie mit Ihrem Joseph zurückgehalten, sein
überwältigendes Wachstum erst dann ganz enthüllend, wenn
seine Stunde gekommen ist. Aber eben weil dies Werk ein
Markstein ist und weil kein Ende an den Dingen ist, die es
anregt, kann ich mich heute nicht dabei aufhalten. Denn mit
dem, was Sie hier geleistet haben mit der damit gewonnenen
Einsicht, dem umfassenden Blick ist Ihre eigene Stunde gekommen in einem grösseren Ausmass als bisher, Sie haben
über ein Ziel geschossen, das bisher vor Ihnen lag. Sie müssen diese Ihre gekommene Stunde wahrnehmen. Stossen Sie
sich nicht an meine holperigen Worte. Ich habe es eilig diesen
Brief an Sie zu richten. Eine Sintflut von Dummheit, Verwirrung, Bosheit und mangelndem Gefühl steigt heute rings umher. Ach nicht wahr, wie fehlt uns heute René Schickele,[260]
der politische Scharfsinn, der grosse Verstand der sich mit
seiner Dichterseele verband. Welche Lücke liess er unter uns
zurück! Es tobt und tut sich ein ganzes Turnier von Medio-

---

260 René Schickele starb am 31. Januar 1940.

kritäten, *Sie* werden das Wort ergreifen und einschreiten müssen! Es bleibt Ihnen nicht erspart! Manchmal habe ich recht, vielleicht öfter sogar als es den Anschein hat. Dringt all das Wirrsal zu Ihnen? wenn nicht, so muss ich es Ihnen zutragen. Denn es herrscht eine sehr bedenkliche dumpfe Bereitschaft überall, die schier unfasslich ist, nicht weiter als seine Nase zu sehen. Um es erfreulich zu finden z. Beispiel, dass das Attentat auf Hitler fehlschlug. In der Öffentlichkeit weiss ich hier wirklich nur Churchill, der diese Tatsache bedauerlich nannte. Dass heute mit dem hinmorden der Opposition die Nazis procentual immer zahlreicher dastehen, wer bedenkt es? mit dem Wort »Junker« glaubt man alles gesagt. In Wirklichkeit ist damit der Bürgerkrieg – der einzige, der noch zu wünschen bleibt in diesem besonderen Fall – abgeblasen und dafür ein ungeheurer 30. Juni installiert bei dem die Gestapo siegen muss. Die Reichswehr hat sich durch ihren Treueid an Hitler um ihre Ehre gebracht, sie hätte sich nur rehabilitieren können indem sie ihn kündete und brach – aber eine SS und SA sind die Offiziere, die heute hingemordet werden noch lange nicht. Es ist Alles zum verzweifeln. Einesteils kommen einem da Zuschriften sogenannter Demokraten des Wortlauts: »es *müsse ein gerechter Friede für Alle* (das Wort Alle unterstrichen) her, sonst wäre es Essig damit, also gleiches Recht für den Banditen und den Erschlagenen. – Andererseits beantragt der fatale alte Prof. Foerster[261] in einer hoch offiziellen Sitzung zu Washington auf Jahrzehnte die deutschen Universitäten zu schliessen; Ja das ist reinstes Hitlerwesen, dann kann man ihn diesen »zu erziehenden Deutschen« gerade so gut lassen. Spräche ein Jude so, so hätte er mildernde Umstände für sein ressentiment. Aber dieser typische Gym-

---

261 Friedrich Wilhelm Foerster emigrierte 1940 nach Amerika.

nasiallehrertyp aus dem Samen des Vater Jahn,[262] der schon in Genf während der Völkerbundtagungen Briand[263] zur hellen Verzweiflung trieb, sowie alle Genfer Kreise, so weil er alle Vereinbarungen zu sabotieren bemüht blieb in seinem blinden Hass auf die Weimarer Republik, mit dem Ergebnis, dass alles, was sich damals für sie zu einem Nein ergab in ein JA für Hitler convertierte, von der Saar bis zur Tschechoslowakei; Barrére,[264] an den sich Foerster in Paris heranmachte fragte mich mehrmals, ob ich ihn denn garnicht sehen wollte. Aber ich bezeichnete ihn als einen der Hauptschuldigen der Epoche, in der wir damals bereits standen. Er war ein ganz aufrechter braver Professor im 1. Weltkrieg, aber seine kurze Tätigkeit als bayrischer Gesandter in Bern brachte ihn um alle Vernunft. Er wollte die Rolle Eberts spielen[265] und strebte sie allen Ernstes an. Seine Seele schlägt unter einem Jägerhemd.[266] Heute ist er von einer wahrhaft senilen Wut und Eitelkeit besessen. Schickele durchschaute ihn mit tiefstem Widerwillen und gefährlich ist er heute nur, weil gewisse Elemente ihn zu ihrem Renomierarier benützen und ausspielen. Es sind natürlich sehr finstere Leute und er merkt es nicht; solche, die in einem neu-totalitären Soviet-Deutschland eine ausschlaggebende Stellung anstreben. Genug über ihn. an sich ist er nur ein trauriger Gauch. Aber ein Zufall will, dass ich in eben diesem Hotel, in dem ich eine Woche bei einem

---

262 Johann Friedrich Jahn, bekannt als Turnvater Jahn, deutscher Pädagoge, der im 19. Jahrhundert die sogenannte deutsche Turnbewegung initiierte, die von Anfang an einen stark nationalistisch geprägten Charakter hatte.

263 Aristide Briand.

264 Camille Barrère.

265 Friedrich Ebert, deutscher Sozialdemokrat, ab 1919 erster Reichspräsident der Weimarer Republik.

266 Jägerhemd: nationalsozialistische Gesinnung.

Schweizer Freund zu Besuch war, von den grossen finanziellen Kräften erfuhr, die sich für diese Dinge einsetzen und interessieren. Mit diesen Blättern fahre ich nach New York zurück. Ich gestehe Ihnen, dass ich – vollends angesichts der drohenden Aspekte und Strömungen, die Ansichten Sumner Wells[267] teile. Vereinigte Staaten Europas mit einem in Deutschland übermächtigen Russland wird es nie geben. Der einzige Weg zu ihnen läge in einer vorläufigen wenn auch sehr weit gehenden Decentralisierung: der drei Interessensphären die keine politische sondern nur die der gemeinschaftlichen Sprache hätten. Im Hinblick der furchtbaren Eventualitäten wäre diese gewiss die weitaus rosigste. Aber jetzt will ich Sie nicht länger langweilen. Langweilen kommt von Länge, und dieser Brief ist zu lang.

New York 2. August

Lesen Sie ihn mit Nachsicht. Und inzwischen habe ich den Joseph zu Ende gelesen. Mein Gott welch ein Geschenk ist er. Welche Ablenkung von dieser grauenhaften Gegenwart! Glaube, Hoffnung und Liebe sind die starken Schwingen, die es tragen. Er kommt als ein tiefer Trost. Das Geniehafte an Ihnen ist das überraschen durch die Leistung, das sich selbst übertreffen, das Ihnen eigen ist. Man kann sich nie im allergeringsten einen Begriff machen von einem Buch, das Sie bringen. Aber das verblüffendste ist dieser Joseph, es ist das Herz, das mir aus diesem Werk entgegenschlägt sein ungeheures ausgreifen mitten hinein ins Leben überhaupt. Wundervoll. Aber ich bin traurig, dass ich fertig damit bin. Ich weiss, dass ich Niemanden etwas schöneres schenken kann wie dieses

---

267 Sumner Welles, amerikanischer Politiker, Diplomat und stellvertretender Außenminister in der Ära Franklin D. Roosevelt. Ihm wird der Entwurf für die Vereinten Nationen zugeschrieben.

Buch. Von der grauenvollen Hitze spürte ich nichts, während ich es las. Jetzt hat es mich verlassen. was bleibt ist so viel, aber ich bin wieder auf mich selbst zurückgeworfen, stehe wieder auf meinem Weg und muss ihn gehen statt wie durch dies Buch, meiner Lebensmühsal enthoben zu sein. es war schön de Laulée [unleserlich] hier zu sehen. er ist ganz anders wie seine Bilder. Ich umarme Katia. Stets Ihre

Annette

*

AN ELISABETH UND CARL JACOB BURCKHARDT

161 East 70th Street
New York 21
le 27 avril 1945

Bien chers amis

Combien j'ai pensé à vous dans ces temps. Mon silence vous en aura dit long. Mais je ne peux plus me taire, puisqu'entre nous il y a une joie enfin! Celle de vous savoir nommés à Paris. Voilà une nomination d'après mon cœur! Je ne puis vous dire ma nostalgie de L'Europe! J'espère y aller en aout et finir ma vie à Paris. Mais je ne veux pas vous retenir avec une longue lettre, seulement vous envoyer ce signe de vie et de fidèle et trés-profonde affection. J'ai vue Colette aujourd'hui. Elle m'a montré les photographies de vos enfants et nous parlons. Elle dessine de charmante choses. Son succès est assuré.

Chers amis laissez-moi vous dire au revoir en vous tendant mes bras grands ouverts. Ne m'oubliez pas!

Annette

[Sehr liebe Freunde,

Wie viel habe ich an euch gedacht in diesen Zeiten. Mein Schweigen wird euch auch lang vorgekommen sein. Aber ich kann nicht mehr schweigen, denn zwischen uns gibt es endlich eine Freude! Die, euch nach Paris berufen zu wissen.[268] Das nenne ich eine Berufung nach meinem Herzen! Ich vermag euch nicht meine Sehnsucht nach Europa in Worte zu fassen. Ich hoffe, im August dorthin zu fahren und mein Leben in Paris zu Ende zu führen. Aber ich möchte euch nicht mit einem langen Brief aufhalten, sondern euch nur dieses Lebenszeichen als Beweis meiner treuen und sehr tiefen Zuneigung zukommen lassen. Heute habe ich Colette[269] gesehen. Sie hat mir Photographien eurer Kinder gezeigt und wir haben geredet. Sie zeichnet charmante Sachen. Der Erfolg ist ihr gewiss.

Liebe Freunde, lasst mich euch mit weit geöffneten Armen auf Wiedersehen sagen. Vergesst mich nicht!

Annette]

---

268 Carl Jacob Burckhardt war vom Februar 1945 bis März 1949 Schweizer Gesandter in Paris.
269 Colette de Reynold, die Schwester von Elisabeth Burckhardt, war eine begabte Zeichnerin.

Die Rückkehr 1945 – 1967

6. Annette Kolb und Hermann Kesten

Es ist nicht ohne tiefere Bedeutung, dass Annette Kolb nach dem Krieg nicht direkt nach Frankreich zurückkehrte, sondern zunächst einmal zu ihrer Schwester Germaine nach Irland ging. Bei Germaine fand sie das wieder, was sie sonst verloren wusste, ein Stück unversehrtes Europa, ein Stück Heimat, ein Stück Erinnerung an das Glück ihrer Jugendjahre, Fragmente zwar, aber dennoch. Als Annette Kolb Ende 1945 nach Paris fuhr, wurde sie erst gewahr, wie wertvoll die ihr verbliebenen Bruchstücke der Vergangenheit waren, denn in der französischen Hauptstadt fiel es ihr schwer, sich wieder zurechtzufinden. In ihre alte Wohnung waren während der Besatzungszeit Kollaborateure eingezogen, die sich nicht vertreiben ließen, obschon Annette Kolb gerichtlich gegen sie vorging.[1] So musste sie sich nach einer neuen Bleibe umsehen und entschied sich für ein Zimmer im Hotel Cayré am Boulevard Raspail, das bis Anfang der sechziger Jahre ihre Pariser Adresse sein sollte.

Annette Kolb war seit 1936 Französin und konnte daher 1945 nicht einfach nach Badenweiler oder nach München fahren, denn sowohl die französische als auch die amerikanische Verwaltung der jeweiligen Besatzungszonen stellten Besuchern bürokratische Hürden in den Weg, herrschte doch vielerorts noch lange Not und Unordnung, die einen geregelten Reiseverkehr praktisch verunmöglichten. Aber 1946 bekam Annette Kolb ein Einreisevisum, und sie sah endlich ihr Häuschen in Badenweiler wieder. Das Häuschen stand noch, doch München, die Stadt ihrer Kindheit, war zerstört: »Unauffindbar das Haus, selbst die Strasse, in der wir einst lebten, nur Trümmer rings umher.«[2] Diese Trümmer fügten sich vor ihrem inneren Auge nicht wie die erinnerten Bruchstücke der Vergangenheit zu einem Ganzen zusammen. Sie machten im Gegenteil deutlich, dass es ein Zurück nicht geben konnte, nur einen Neuanfang.

In den vierziger und fünfziger Jahren fehlte es in Europa nicht an Aufbruchsstimmung. Auch in Deutschland hoffte man, ein neues Zeitalter habe begonnen. Annette Kolb ließ sich von dieser Hoffnung anstecken. Sie wurde eine begeisterte Anhängerin Konrad Adenauers und eine Verehrerin Charles de Gaulles, sie setzte sich erneut für die deutsch-französische Verständigung ein und glaubte, dass diese die Keim-

1 Vgl. Armin Strohmeyr, *Annette Kolb*, München: dtv 2002, S. 238.
2 Annette Kolb, *La Débâcle*, in: *Decision*, Vol. 2, 1941, Nos. 5–6, zitiert nach: Armin Strohmeyr, *Annette Kolb*, S. 241 f.

zelle eines künftigen Europa bilden würde. Damit lag sie so sehr auf der Linie des Zeitgeistes, dass sie während der letzten zwei Jahrzehnte ihres Lebens eine Vielzahl von Ehrungen erfuhr, die sie freuten, aber auch amüsierten: 1949 wurde Annette Kolb in die Klasse »Literatur« der Akademie der Wissenschaften und der Literatur zu Mainz aufgenommen, 1950 in die Bayerische Akademie der Schönen Künste, 1951 erhielt sie den Kunstpreis für Literatur der Stadt München, 1955 wurde ihr der Goethepreis der Stadt Frankfurt am Main verliehen und sie wurde zur Ehrenbürgerin von Badenweiler ernannt, 1959 bekam sie in Paris das Große Verdienstkreuz des Verdienstordens der Bundesrepublik Deutschland, 1961 wurde sie dort zum Chevalier de la Légion d'Honneur ernannt, im selben Jahr erhielt sie den Bayerischen Verdienstorden und den Literaturpreis der Stadt Köln, 1966 den Orden Pour le mérite für Wissenschaften und Künste und in ihrem Todesjahr das Große Verdienstkreuz mit Stern des Verdienstordens der Bundesrepublik Deutschland.

Annette Kolb hätte mit Lessing sagen können: »Wir wollen weniger erhoben und fleißiger gelesen sein«, denn nach wie vor war sie trotz aller Ehrungen und Preise auf ein Einkommen als Schriftstellerin angewiesen. Unermüdlich schrieb sie weiter bis zuletzt. Ihre erste Buchpublikation nach dem Krieg war ein schmales Bändchen mit dem Titel *König Ludwig II. von Bayern und Richard Wagner*, das mit Erinnerungen an die Pariser Jahre ihres Vaters anhebt. 1954 erschien der Essayband *Blätter in den Wind*, dessen erster Aufsatz von den unglücklichen Jahren handelt, die Annette Kolb als Kind in einem Klosterinternat verbrachte. Auch die meisten anderen Aufsätze des Bandes gelten längst Vergangenem. Genauso verhält es sich mit ihrem nächsten Buch *Memento*, dessen Titel schon deutlich macht, dass seine Verfasserin zurückblickte, während ihr letztes Buch *1907–1964. Zeitbilder* eine

Art Bilanz ihres ganzen Lebens darstellt. Doch täuschte man sich, hieraus zu schließen, Annette Kolb habe keinen Anteil an der Gegenwart mehr genommen. Vielmehr bezog sie sich als alte Frau nicht zuletzt deshalb auf die Vergangenheit, weil sie aus dem Schatz ihrer Erfahrungen heraus Erkenntnisse für das Heute gewinnen wollte.

»*Gelobtes Land – Gelobte Länder*«, einer der Aufsätze des Bandes *Blätter in den Wind,* handelt von Annette Kolbs Verhältnis zum Judentum, ihren Beziehungen zu Jüdinnen und Juden und kulminiert in ihrem Ja zum neugegründeten Staat Israel. Das Thema der Heimkehr interessierte sie auch aus persönlichen Gründen. Erst 1961 zog Annette Kolb wieder nach München in eine kleine Wohnung an der Händelstraße 1. Nach wie vor interessierte sie sich für das Zeitgeschehen. So verfolgte sie, obschon sie bereits dreiundneunzig Jahre alt war, die Debatte über Rolf Hochhuths Theaterstück *Der Stellvertreter* und nahm an ihr teil. Aber nicht nur geistig blieb sie aktiv. Im März 1967 breitete der Steinadler noch einmal seine Schwingen aus und flog in das gelobte Land. Ein junger Freund, der israelische Dichter Elazar Benyoëtz, hatte Annette Kolb ermuntert, seine Heimat zu besuchen. Ihr Neffe Fred begleitete sie. Israel hinterließ einen tiefen Eindruck bei ihr. »Dein Land ist schon mein Land geworden!«,[3] schrieb sie Elazar Benyoëtz nach ihrer Rückkehr. Am 3. Dezember 1967 trat sie ihre letzte Reise an. Ruhe fand sie auf dem kleinen Bogenhausener Friedhof, ganz in der Nähe vertrauter Freunde.

---

3 Annette Kolb an Elazar Benyoëtz, München, 15.7.1967.

AN MAX RYCHNER

Colpach Rédange s/Attert
4.1.46
Gd. Duché de Luxembourg

ab 7.1. % Legation de Suisse, 142 Rue de Grenelle

Lieber Max Rychner

E.R.C.[4] hat mir Ihr schönes Werk[5] geliehen und nun habe ich
es doch gelesen sehen Sie! – Über dem Gedicht »Brennende
Stadt« stand mit Bleistift von ihm: »Leiden eines Einsamen
im Nazi Deutschland« oder so ähnlich. Heute morgen sind
die Beiden fort, das Auto konnte sie bis Coblenz bringen. Dieser ihr Aufenthalt in no man's land hier endete damit wirklich dass er weniger verzweifelten Herzens ging als er gekommen war. Er sagte sogar: »es wird jetzt besser werden.« Aber
für einen Mann wie ihn waren diese 12 Jahre seelisch wie
eine Gas Kammer auf langsamen Feuer. Man fühlte es nur
zu wohl. Physisch sahen die Beiden wenn auch nicht gut, so
doch nicht schlecht aus, Ilse's[6] einst so helles kleines Gesicht
ist eine Maske geworden. Der Abschied hat Lou[7] sehr angegriffen. Elle est absolument la même [sie ist absolut die Glei-
che], nur körperlich geschwunden und reduziert und fühlt
dies eben desshalb nur umso mehr, führt aber ihr Leben wie

---

4 Ernst Robert Curtius, deutscher Romanist.
5 Max Rychner, *Glut und Asche, Gedichte*, Zürich: Manesse 1945.
6 Ilse Curtius, Ehefrau von Ernst Robert Curtius.
7 Aline Mayrisch de Saint Hubert.

sonst, und bedeutet so viel in einer Zeit wie dieser, dass man nur hoffen kann, sie schafft es noch lange, so wie sie jetzt ist. Ich will am 7. in Paris sein und schicke Ihnen von dort aus das Manuskript durch die Valise,[8] wenn ich es nicht von hier aus noch tue. Grüssen Sie Frau und Kind. Es war eine grosse Labung bei Ihnen 3 einzukehren Sie wieder zu sehen lieber Max Rychner. Das letzte Ihrer Gedichte hat mich so besonders ergriffen. Lou der ich sagte dass ich Ihnen schreibe, sagte mir, sie würde es selbst so bald tun als es ihr möglich ist. Leben Sie wohl, es liebt Sie von Herzen und lieben Sie ein klein wenig

    Ihre Annette Kolb

*

AN MAX RYCHNER

Paris, Lég. d. Suisse
3.2.46

Lieber Max Rychner

Ihr reizender Brief gefiel nicht nur mir und Elisabeth[9] nimmt meinen heute Abend mit, dass Sie ihn schneller kriegen; auch weil ich Ihnen sagen will, dass wir die Kling Klang Seite in Zürich besprechen wollen, von hier aus hat alles seine eventuellen Hacken und Widerhacken … Ich freue mich sehr Ihren Aufsatz in der Schweizer Rundschau zu lesen und auch dafür

---

8 Valise diplomatique: Diplomatenpost (wörtlich: Diplomatenkoffer) zum Austausch zwischen Außenministerium und Auslandsvertretung.
9 Elisabeth Burckhardt.

herzlichen Dank. Über E.R.C.[10] müssen wir mündlich reden, und Sie reden auch mit Carl[11] über ihn. Er ist doch viel weniger hoffnungslos von Colpach abgereist. Inzwischen kann man ja nicht sagen, dass sich für uns der politische Himmel (sofern man das Wort Himmel da überhaupt aussprechen darf) erhellt hat. Ich gebe ja die Hoffnung nicht auf, weil ich nicht an die Sinnlosigkeit aller Dinge glauben will denn es wäre doch zu sinnlos den einen Feind niedergerungen zu haben, damit derselbe Feind in verstärkter Garnitur uns niederringt. Aber vielleicht ist das sehr kindisch gedacht, dann aber möchte man diese Epoche lieber nicht lange überleben. Ich bereue keinen Tag dass ich herübergeflogen bin. Auf bald lieber Max Rychner. Für mein Knie müsste etwas geschehen, wie, wann und sogar *ob* weiss ich noch nicht, zweifle zu sehr an dem Erfolg. Ich umarme Euch Alle

Annette

Bis 28. bin ich noch in P.[aris] ob Carl, der Elisabeth besuchen wird, im Lauf des Februars auch nach Zürich kommt weiss ich nicht, und er wahrscheinlich auch nicht. Von Ihnen wird hier immer mit Liebe gesprochen. Bleiben Sie mir gewogen lieber Trésorier [Schatzmeister]. Ach meine Feder ist so grauenhaft.

*

---

10 Ernst Robert Curtius.
11 Carl Jacob Burckhardt.

Legation de Suisse
28.II.46
Rue de Grenelle, Paris 7

Lieber Kesten und meine Toni

glaubt nicht, dass ich vergesse, aber vielleicht bin ich schon vergessen? Es scheint fast so ich höre so wenig und schreiben ist für mich so schwer zur Zeit. so viel Arbeit und den Kampf um meine Wohnung[12] habe ich eröffnet, aber die Chancen sind gering. Ich fahre heute in die Schweiz, muss suchen nach Badenweiler vorzudringen wegen meines Häuschens dort – schreibt mir doch ein Zeilchen dorthin d.h. in die Schweiz wie es Euch geht finanziell und korporell und stimmungszell. Landshoff[13] hat mir einen Brief aus Holland geschrieben dann fiel wieder der eiserne Vorhang. Das Buch[14] kommt inzwischen in der Tat in Zürich als Vorabdruck so kann ich mich dort ein wenig halten. heraus nehmen darf man doch nichts. Mein Leben war seit meiner Abreise ebenso bewegt wie es drüben erstarrt aussah zum Glück hielt mich dies nicht von der Arbeit ab. Sonst stünde es schlimm, so aber habe ich

---

12 Annette Kolbs Wohnung wurde von der Gestapo beschlagnahmt, ihre Möbel konnten überwiegend von Freunden in Sicherheit gebracht werden.

13 Fritz H. Landshoff, deutscher Verleger, der von 1933 bis 1940 den Amsterdamer Exilverlag Querido leitete. Im amerikanischen Exil und nach dem Krieg arbeitete er eng mit Gottfried Bermann Fischer zusammen.

14 Es handelt sich wahrscheinlich um den Vorabdruck des Buches *König Ludwig II. von Bayern und Richard Wagner* in der Schweizer Zeitung *Die Tat*.

die Hände voller als ich Kraft habe. Aber was sind Briefe? wie
schön wäre es man könnte ein bischen zusammen sich erzählen. Es sind hier sehr viele frühere réfugiés [Flüchtlinge]. Ihr
denkt an keine Rückkehr? Vergesst's mich nicht, schreibt's a
Wörtli 29 Malzgasse Bâle % Mme. von der Mühl, es kommt
dann schon ein längerer Brief von treulich Euch grüssender
    Annette Kolb

Verzeiht den verhürschten Brief. Es kommt schon ein besserer. Aber zu mir ein Lebenszeichen.

*

AN WERNER RICHTER

Hotel Bristol, Paris VIII
28. VI. 46

Liebe Richters

wir sollen hier jetzt Papier sparen, so sei es. Wie geht es Euch?
hab lange nichts gehört. Hier ist grosse Angst vor dem Os-
ten. Es wird München auf va banque gespielt, dass die Fetzen fliegen. Was sagt man bei Euch zu diesen Aspekten. Auch
atomistisch warnen hier Experten. Ist diese Welt noch einen
Atomspuck wert? Sie lernt ja nichts; am grünen Tisch die grünen Weisen immerdar. Am 11. Juli sitzt das Tribunar wegen
meiner Wohnung auf. Aber alle warnen mich, dass alle moralischen Beweise in Hochglanz nichts wiegen gegen das Verfehlen eines Termins durch Unkenntnis versehen. So hat das
Collaboristenpaar, das durch Gestapogunst meine Wohnung
bezog, sehr prächtige Chancen gegen mich, die von derselben
Gestapo behufs Deportierung zur Gaskammer kurzerhand

zur Jüdin dekrediert wurde. Was sagt Ihr? Habt Ihr das schon gewusst? »Die Jüdin A. Kolb« so wurde ich vom Gauleiter genannt. Auch dieser trespass [widerrechtliche Behauptung] dürfte mir nicht zur Wohnung verhelfen und was dann? Mein Büchlein läuft jetzt in Zürich und Basel, hier wird es vielleicht erst Anfang '49 erscheinen. Bis dahin hat uns schon der Steppenwolf geholt. Ich bin nicht heiter. Ihr seht es auf meinem blauen Papier. Mein hiesiger Verleger ärgert mich durch Siebenschlaf. So kann er sich noch immer nicht zum Ludwig II. erwecken von meinem Freund Werner Richter. Kommen Sie ihn aufrütteln!! Bermann gibt mich nicht frei und Frau Heimeran[15] schreibt stupide Karten ihr Mann sei leider jetzt ganz in München; schreibt sie. Es scheint ihm dort eine andere besser zu gefallen und mich wundert's nicht. Aber so kann er mir nichts nützen. Nach dem Verdikt fahre ich nach der Schweiz und schau mich dort wieder, aber müden Fusses um. Wenn Ihr bald schreibt krieg ich es sicher noch hier. Frau Biel schickte mir ein Ms[16] Sie hat Fantasie, aber es ist hier implacable [erbarmungslos] ich werde in der Schweiz probieren. Ein Kind äusserte in rührendem Ton, es sollten Alle Geld haben. Wenn diese centenar-idée ihr nur eins trägt, ich wäre so froh. Seht Ihr Ju und Gogo? Herzlichst

Ihre Annette Kolb

*

15 Margrit Heimeran, die Frau von Ernst Heimeran, deutscher Schriftsteller, Verleger.
16 Manuskript.

AN CARL JACOB BURCKHARDT

[Paris?, August 1946?]

Lieber Carl

Ich erwog heute nacht mit voller Sympathie Ihre Einwände aber dennoch mit dem Schlussergebnis dass ich recht habe. Wir sind heute vielleicht – seit dem Tod Schickeles – die 2 einzigen Landsleute die es noch gibt, und alle Frösche nebst dem zugehörigen Wasser, dass wir schlucken müssen, darf uns nicht tangiren. Die Sache, für die wir stehen, Sie in voller Rüstung quoi que vous disiez [was auch immer Sie sagen], ich besten Falles als standhafter Zinnsoldat ist derartig akut, gefährdet und dabei so gross (und wäre sie noch so diskutabel) dass Sie niemals ruhigen Gemütes die Planke aufgeben würden, auf der Sie das Geschick und die Berufung, gewiss nicht der Zufall hinausstellte. Wir müssen es halten wie ein gewisser Jemand (ich rede jetzt wie Jacques Chenevière[17]) den ich zwar in einer Stunde der Entspannung beobachtete aber nicht desto weniger als einen Mann der »fixen Idee«, die mitnichten sich auf Frankreich beschränkt, sondern darauf zielt, Stück um Stück des zerfleischten Nachbarlandes an sich zu ziehen.[18] Es mischt sich kein Hass nicht einmal gloriole [Geltungssucht] in diese fixe Idee. Ihre Presenz hier bedeutet eine Ausstrahlung, un appui d'une valeur essentielle [eine Unterstützung von wesentlichem Wert] für die heute

---

17 Jacques Chenevière, Genfer Schriftsteller.
18 Die Rede ist von Charles de Gaulle, der nach dem Zweiten Weltkrieg die Meinung vertrat, das Saarland, das Rheinland sowie Westfalen einschließlich des Ruhrgebiets sollten Frankreich zugeschlagen werden.

erste historische Figur. Ob sie sympathisch ist oder nicht ist
völlig gleichgültig. Inmitten einer ganzen Welt erloschener
Kerzen halten Sie heute ein Licht, ich ein Lichtlein. Und hat
es nicht etwas schauderöses après tout [nach allem], dass ich
aufgrund meines Elefantenmagens diese Zeit wer weiss wie
lange überleben soll? Ich muss diesen Brocken schlucken, Sie
müssen Frösche schlucken, aber ich will Sie nicht länger se-
kieren [ärgern, belästigen].

[ohne Unterschrift]

*

AN CARL JACOB BURCKHARDT

Hotel Berner Hof
Basel
22.IX.46

Lieber Carl

von Ihnen höre ich gar nie, es bedrückt mich geradezu. Gestern Abend kam ich zurück von Deutschland – Baden – und
Bayern! für letzteres blieben mir nur 4 Tage, so lange dauer-
ten die Formalitäten und ich durfte die bewilligten 14 nicht
überschreiten.[19]

Es war eine herzzerreissende Reise. Nie ist ein Volk un-
barmherziger zur Rechenschaft gezogen worden für was in
seinem Namen verbrochen wurde, ohne dass es sich dagegen wehren konnte noch es verhindern. Ich habe einen Tag

---

19 Sie erhielt erstmalig wieder ein Einreisevisum nach Deutschland
und besuchte München und Badenweiler.

bei dem armen Kühlmann[20] eingeschachtelt. Sie haben ihn wie einen gemeinen Verbrecher gehalten, gefesselt zum Verhör geschleppt. Hingerichtete wohin man kommt unter den Familien der so angeprangerten »Junker«. Ich bin noch in Basel bis 7. Oktober dann Vevey, Genf[21] und die »Tournée«.[22] Werden Sie des Weges kommen in dieser Zeit? ich kann heute nicht länger schreiben. Treue Grüsse

Annette

Les Allemands de *valeur* n'ont certainement jamais été plus sympathiques [Die Deutschen von *Wert* waren bestimmt nie sympathischer]. So viel ist sicher.

*

AN WILHELM HAUSENSTEIN

Clara Spital Basel 30.11.46

Lieber Hausenstein,

Ich hätte Ihnen längst gedankt für Ihre *Sendung*, aber ich erlitt einen ziemlichen Zusammenbruch und musste wegen des Herzens einige Wochen mich pflegen; werde nicht vor Ende

---

20 Der Diplomat Richard von Kühlmann kannte Annette Kolb seit seinen Studienjahren in München.

21 Annette Kolb hielt im Oktober 1946 im Comité des Refugiés intellectuels in Genf eine Rede zur deutsch-französischen Aussöhnung und sprach im November noch einmal in Bern zum selben Thema.

22 Die fortgesetzten Reisen zu Freunden in Luxembourg, Frankreich, der Schweiz, Deutschland und Irland nach dem Verlust ihrer Pariser Wohnung in der Rue Casimir Perrier.

Januar nach Paris zurück können. Auch über meine Eindrücke werde ich mich erst später zu äussern vermögen obwohl es mir ja sehr viel besser geht, aber noch nicht so gut; nächste Woche werde ich wohl das Clara Spital verlassen. Dann weiss man 29 Malzgasse Basel % Frau von der Mühl immer wo ich bin und schickt mir nach. Dies nur zur Entschuldigung meines Schweigens. Die lecture des Aufsatzes war natürlich erschütternd und welch Erwiederung haben Sie erhalten? Übrigens in der Aufzählung der Bücher vergassen Sie meine *Mozart*biographie. Ich wurde sehr heftig angegriffen, deshalb doch wollte ich ja gerade, so lange es nur möglich war mit List und Tücke meine Stimme in D.[eutschland] erheben. Dafür nannte mich in einem Blatte Georg Bernhard: »die *einst* mutige A.K.« Denn die Welt ist kraus und verbietet alle Illusionen. Man muss nur tun und wirken als hoffe man. Wenn ich nur hoffen dürfte dass mein Paket an Sie eintraf. Von allen die unterwegs sind wurde mir noch keine einzige Bestätigung zu teil. Das ist hart für Empfänger wie Absender. Sagen Sie mir ob der Bann endlich gehoben ist in Ihrer Zone. Sagen Sie mir vor Allem wie es Ihnen Beiden geht. Es war mir leid wie kurz es gewesen ist. Nächsten Sommer komme ich so bald ich nur kann, wenn nur die fatalen Interviews[23] nicht wären. Es gelang mir dieses Jahr erst beim 3. Anhieb, 3 Mal fuhr ich deshalb in die Schweiz. Leider sah ich auch Reiffenberg[24] nicht noch hörte ich von ihm. Er hat mich wohl vergessen. Sobald der »Ludwig Wagner« erscheint,[25] kriegen Sie ihn, es wird noch ein paar Monate dauern. Konnten sie ihn in Zeitungsausschnitten aus Lts. erhalten? Viel schlimmer als Emil

---

23 Befragungen zu einem Visumsantrag.
24 Benno Reifenberg.
25 *König Ludwig II. von Bayern und Richard Wagner* erschien 1947 im Querido Verlag, Amsterdam.

Ludwig[26] hat sich F.W. Foerster[27] gehalten, der schon in Genf die Bête noire [das rote Tuch] von Briand[28] war, er nannte ihn in den zwanziger Jahren: le saboteur de la Paix [Saboteur des Friedens]. Geben Sie mir Nachricht lieber Hausenstein von Ihnen Beiden! und was hören Sie von Ihrer Tochter.[29] Ich war froh sie drüben zu wissen. Ich aber dachte immer an das zurückkommen so bald es möglich gewesen ist. Ich hätte Ihnen noch so viel zu sagen und muss doch schliessen. Treue Grüsse
    Annette Kolb

Thomas Mann ist nie ein politischer Schriftsteller gewesen. Immer wieder wurde er genötigt sich politisch zu äussern. Dass er an Deutschland schwer gelitten hat kann ich bezeugen; das Buch an dem er arbeitet wird es beweisen. *Ach*! über wie *Vieles* hätten wir zu reden! Max Rychner tut was er kann um sie nach hieher zu ziehen!

*

26 Emil Ludwig, jüdisch-deutscher Schriftsteller, lebte in der Schweiz und emigrierte während des Zweiten Weltkriegs in die USA.
27 Friedrich Wilhelm Foerster.
28 Aristide Briand.
29 Renée Marie Hausenstein.

Hotel Berner Hof Basel bis 7. April
30. III. [1947]

Lieber H H

wie schön ist diese Rede vielen Dank. Wo haben Sie sie gehalten.[30] Ein guter Stern hat Ninon zu Ihnen geführt. Sagen Sie ihr wie ich an sie denke. Ich habe den mir anhänglichsten Menschen auf der Welt, eine seltenste jüdische Freundin[31] auf die selbe unnennbare Weise verloren – einfach aus Nizza deportiert und nie mehr ein Lebenszeichen. Wir sind alles auch Gezeichnete weil wir heute ins Leben geworfen wurden, halt diese Zeit erleben mussten. Ich hätte Euch so gerne wiedergesehen. Bermann schreibt heute, er fliegt aus Stockh. nach U.S.A. zurück,[32] gibt Rentsch[33] den Mozart[34] nicht, will ihn selbst in Berlin neu auflegen, d.h. ich werde darum gebracht. Ich lebe aber nunmehr ganz auschliesslich von meinem Geschreibe. »Treue und Klugheit der Geduld« ja wie Sie sagen. Es geht mir besser. Ich bleibe jedenfalls bis 7. hier. Ich hoffe, wir sehen uns doch wieder. Ich habe im Mai bei Max Rych-

---

30 *Ansprache in der ersten Stunde des Jahres 1946.* Die Rede wurde von einem Sprecher im Radio Basel gehalten.

31 Charlotte (Lotte) Kronheim wurde 1943 zusammen mit ihrer Mutter aus Nizza deportiert und 1944 in Auschwitz umgebracht.

32 Seit 1940 führte Gottfried Bermann Fischer die Verlagsgeschäfte von den USA aus weiter, nach Kriegsende wieder in Stockholm, später auch in Kooperation mit dem Querido Verlag in Amsterdam.

33 Eugen Rentsch Verlag, Erlenbach bei Zürich.

34 Annette Kolb, *Mozart. Sein Leben.* Ursprünglich 1937 im Bermann-Fischer Verlag, Wien.

ner ein kleines Buch in der Tat laufen: König Ludwig II und Richard Wagner.[35] Sie staunen vielleicht ich *musste* aber von innen heraus. bin heute fertig mit der französischen Version. Sie staunen wieder? Ihre – Eure

    Annette

Ich denke spätestens Mitte April in Paris zu sein.

    8.IV. diesen Brief finde ich eben Ach!![36] am Samstag Abend fahre ich lahmen Fusses noch nach Paris.

*

AN HERMANN UND TONI KESTEN

25.IV.47

Hat mein böser Hermann Kesten und meine böse Toni nie meinen lieben und schönen Brief bekommen und seid Ihr wieder in Cape Cot wo die Portugiesen wachsen[37] und habt mich ganz vergessen? denn von dem neuen Kesten-Buch[38] ist viel die Rede aber mir wird kein Exemplar zugedacht!! sondern Landshoff[39] bringt mich zur schieren Raserei auf seine Autoren besinnt er sich nur ein Mal im Jahr. Dachtet Ihr nicht zu kommen? Paris ist schön ich sag's Euch selbst wenn man

---

35 Das Buch erschien 1947 im deutschen Exilverlag Querido in Amsterdam.

36 Sie hatte vergessen, ihn abzuschicken.

37 Mögliche Anspielung auf das Provincetown-Portuguese-Festival von Cape Cod, das jedes Jahr die Einwanderung der Portugiesen im 17. Jahrhundert feiert.

38 Hermann Kesten, *Die Zwillinge von Nürnberg*, Amsterdam: Querido 1947.

39 Fritz H. Landshoff, Verleger des Querido Verlags.

sich ärgert wie ich über Landshoff. Gebt Nachsicht! Macht's nicht wie er, und seid herzlichst und in Treue gegrüsst von
  Eurer Annette Kolb

bis gegen Ende Juni rue de Berri, Hotel Lancaster Paris VIII Wann sieht man sich wieder? wie lang bleibt Ihr noch im ollen Riverside Drive?[40] o kommt zurück.

*

AN THOMAS MANN

Hotel Cayré 4 Boulevard Raspail Paris 7
17. V. 48

Lieber Thomas Mann

Gerade im Hinblick unserer langjährigen Freundschaft dürfte keine Unaufrichtigkeit zwischen uns bestehen. Ihre Worte über meine Mutter haben mich verletzt.[41] Meines Wissens kannten Sie sie nicht oder kaum, sie war jedenfalls ganz anders und ich hatte sie und ihren unsäglich schweren Tod in

---

40 Riverside Drive in Manhattan, New York.
41 Der Auslöser für diese Kränkung war die Schilderung von Annette Kolbs Mutter als Madame Scheuerl in Thomas Manns Roman *Doktor Faustus*. Beiden tat 1955 die langjährige Störung ihrer freundschaftlichen Beziehung leid. Thomas Mann sah kurz vor seinem Tod Carl Jacob Burckhardt und bat diesen, Annette Kolb zu sagen, dass er mit ihr Frieden schließen wolle. Als sie es von Burckhardt erfuhr, war Thomas Mann bereits gestorben. In einem Brief an Katia Mann drückte sie später ihr tiefes Bedauern um das Versäumte aus.

der Schaukel[42] geschildert, Ich musste Ihnen dies sagen bevor
ich Ihnen meinen Dank ausspreche für Ihren ergreifenden
Brief und diesen Pfingstgruss an sie entsende

Annette Kolb

*

AN HERMANN KASACK

Badenweiler, 3 Kandernerstrasse, Baden
14.IX.49

Lieber Hermann Kasack

Ihr Buch,[43] dessen lecture ich nie unterbrechen konnte, habe
ich soeben zu Ende gelesen und muss Ihnen gleich sagen wie
sehr mich die dichterische Sprache, die ungemeine Gestal-
tungskraft, Fantasie, Originalität und Reichtum der Gedanken in Banne hielten. Fürwahr: hätte ich das Werk gekannt,
bevor wir uns trafen, ich wäre nicht am letzten Abend ins
Kino während Sie am Tisch bei den anderen Herren blieben,
sondern ich hätte Sie am Aermel festgehalten um darüber zu
sprechen und Sie selbst darüber zu vernehmen. Denn weit
entfernt zu glauben dieses Ihr erstes Buch würde Ihr letztes
bleiben, sehe ich die zwingendsten Gründe! für Ihre Kommenden. Da sind noch so manigfache Ausblicke einzubezie-
hen. Auch über dies Werk hängt gleichsam eine Wage. Mag
der erste Teil der vielleicht erstaunlichere und packendere

---

42 Annette Kolb, *Die Schaukel*, Berlin: S. Fischer 1934.
43 Hermann Kasack, *Die Stadt hinter dem Strom*, Berlin: Suhrkamp
   1947. Annette Kolb lernte Hermann Kasack auf einer Tagung der
   Akademie der Wissenschaften und der Literatur in Mainz kennen.

sein, ein wundervoller Höhepunkt ist das Gastmahl der scheidenden Freunde ihr Verhalten und ihre Äusserungen, sowie der Schluss. Meine Einwände oder vielmehr einen Einwand könnte ich Ihnen nur mündlich mitteilen – aber wann und wo? ich richte diese Zeilen nach Frankfurt, das Sie schon verlassen haben und ich muss um den 20. auf 8 Tage nach München, bevor ich Mitte Oktober diesem Lande bis nächsten Sommer den Rücken kehre. Aber nah oder fern, lassen Sie es mich sagen, bleiben Ihnen meine Wünsche wie die Erwartungen die ich auf Sie setze!

Herzlich Ihre Annette Kolb

Ich wäre Ihnen sehr dankbar für einige Zeilen über Suhrkamps[44] Befinden und Ihre Ansicht. Ich bin doch recht besorgt um ihn, und Sie? Die Mainzer Tagung[45] habe ich in sympathischer Erinnerung: von den 25 Professoren den unprofessoralen Scheel[46] und den lachenden Mathematiker. Hoffentlich auf Wiedersehen lieber Hermann Kasack.

*

---

44 Peter Suhrkamp, der den S. Fischer Verlag in der Nazizeit
   unter seinem Namen weiterführte, verlegte trotz Verbots nicht
   systemkonforme Schriftsteller und kam deshalb in das KZ
   Sachsenhausen. Dort wurde er gefoltert und bekam eine schwere
   Lungenerkrankung, von der er sich auch nach seiner Rettung nie
   wieder ganz erholte.
45 1949 wurde die Akademie der Wissenschaften und der Literatur
   in Mainz gegründet. Annette Kolb wurde zum korrespondieren-
   den Mitglied gewählt.
46 Helmuth Scheel, deutscher Orientalist, Mitbegründer der
   Mainzer Akademie.

Hotel Cayré, 4 B'vd Raspail Paris 7
1.I.50

Lieber Hermann Kasack

Dieser »Webstuhl«[47] gehört wie Ihr erstes Werk zu den Büchern die geschrieben werden mussten. Sie haben sicher an
dessen Kraft und Schauer gelitten um ihm diesen überwälti-
genden Ausdruck zu geben. Sie haben die erstickende Trostlosigkeit die Sie da gestalten erlebt. Man wird nie wissen bis
zu welchem Grade der denkende Deutsche in den Webstuhl-
jahren aushalten musste. Hier aber ist ihm ein Monument ge-
setzt. Ich danke Ihnen sehr für die schönen Verse zum Neuen
Jahr. Ach Kasack, wenn Sie wüssten wie unglücklich ich bin
und wie glücklich, verglichen mit heute, ich in jenen Mainzer Tagen doch war, als wir uns kennen lernten. Ich hatte da
meine Schwester[48] bei mir auf 3 Monate. Am 2. November
flog sie nach Irland zurück, am 18. starb sie dort an einer
Lungenentzündung. Ich Verblendete, war sie doch noch älter
als ich, hatte ganz ungefähren Abschied am Flugplatz von ihr
genommen, als wäre es ganz sicher, dass sie nächsten Sommer
wieder zu uns kommen würde. Wenn Sie sie gekannt hätten,
würden Sie begreifen dass ich so um sie traure. Jetzt bin ich
ganz allein. Es war noch Sonne und Heiterkeit in meinem
Leben, jetzt wohin ich schaue, sind nur mehr Schatten. Ich,
die ich glaube, bin meines Glaubens nicht mächtig. Hätten
Sie die wohl nicht glauben ein Trosteswort? Der Glaube ist

---

47 Hermann Kasack, *Der Webstuhl*, Frankfurt am Main: Suhrkamp
    1949; Erzählung.
48 Germaine Stockley.

eine Gnade sagte Schopenhauer. Hat sie oder er mich jetzt im Stich gelassen? Reinhold Schneider[49] ist doch unserer Academie beigetreten. Ich sah ihn bei meiner Rückkehr in Freiburg: ein ganz ausgezeichneter Mensch, wirklich ohne einen Schimmer von Borniertheit. Wir sprachen viel von Ihrem Buch. Er ist Ihnen sehr zugetan. Ich hoffe Sie finden Musse zu Ihren ferneren Werken in Stuttgart. Alle meine besten Wünsche für Sie

herzlich Ihre Annette Kolb

Wissen sie wie es Suhrkamp geht. Zu Allem was mich traf, bin ich in Sorgen geradezu verstrickt und höre nichts von ihm. Ich führe einen 2 Frontenkrieg und möchte mich in die Arbeit retten. Ich gehe durch entsetzliche Tage, sagen Sie es ihm. Aber wo ist er?

*

AN THEA STERNHEIM

2.1.50

Liebste Stoisy

Danke für deine lieben Zeilen. Ich traure um meine Schwester,[50] mit der ich einen so glücklichen Sommer verlebte. 14 Tage nach ihrer Rückkehr in Dublin habe ich sie verloren am 18. November. Es gibt Schwestern und Schwestern. Niemand stand mir so nahe und ich bin jetzt ganz allein. Zu dir

---

49 Reinhold Schneider, deutscher Schriftsteller.
50 Germaine Stockley.

komme ich gerne wenn du *ganz* allein bist am Freitag um 7
und fahre um 9 zurück. Dir alles Gute von Herzen
   Deine Annette

*

1.5.50

Lieber Werner Richter,

Die kleine Brochure über Ihre Werke schickte ich alsbald
nach Mainz an das Comité dem sehr netten Professor Scheel[51]
zu, denn Sie sollten doch unbedingt der Academie angehören
die in Mainz unter französischer Aegide gegründet wurde;[52]
ich hielt mich deutsch französischen Annäherungsunterneh-
men immer fern, aber franz.-deutschen finde ich muss man
sein Interesse zuwenden. Ich war auf der Tagung vom Ende
Februar dort bin aber Ende April nicht wieder hin. Denn
die Professoren der Wissenschaft machen sich so breit und
drückten Alles mit ihren Mitgliedern, die wieder schlugen
zurück, dass Literatur und Geist kaum zur Sprache kamen.
Jetzt wollen wir das Ergebnis der letzten Tagung abwarten.
Sehr optimistisch bin ich noch nicht. Aber ich verstehe von
Elektronen und Atomen so wenig, dass ich da nicht mitreden
kann. Ich kann die Herren und ihre Gesichter alle nicht lei-

---

51 Helmuth Scheel.
52 Die Akademie der Wissenschaften und der Literatur wurde 1949
   von ehemaligen Mitgliedern der Preußischen Akademie in der
   neugegründeten Bundesrepublik mit Unterstützung der französischen Besatzungsmacht gegründet.

den, und das ist kein Gesichtspunkt wird man mit Recht mir entgegnen. Es wäre so gut Ihr kämt diesen Sommer. Kennen Sie Wilhelm Hausenstein. Er soll zum fr. [französischen] Minister ernannt werden. Obwohl keineswegs Politiker sondern nur Literat und Kunst und Dichtung geeicht, wäre er (gerade deshalb) sehr geeignet; seine belgische nette jüdische Frau sah all die Ihren deportiert. Hausenstein ist Mitglied der Mainzer Academie. Er würde sich für Ihr Werk und Ihre Person gewiss sehr interessieren und auch für ihn wäre es gut Sie zu kennen. Lassen Sie mir durch Ihren Verlag nochmal so eine kl. Brochure zugehen, damit ich sie Hausenstein schicke; von Rentsch[53] erhielt ich 176 frc. angekündigt, aber sie sind noch nicht gekommen. Ich hoffe auf ein Wiedersehen im Sommer. Glauben Sie es wird endlich glücken. Ihre Bücher müssten in Mainz alle vorliegen wegen Ihrer Wahl. Es ist dort noch im werden, aber die Leute an der französischen Spitze sehr klug und nett. Heute nur so viel. Herzlichst, ich hoffe auf ein Wiedersehen, Ihre

   Annette Kolb

*

AN LUISE RINSER

Hotel Cayré, 4 B'd Raspail
9. V. 50

Liebe Luise Rinser

Vielen Dank dass Sie die Freundlichkeit hatten mir die Nachrichten zu geben, die uns alle so angehen. Aber denken Sie

---

53 Eugen Rentsch Verlag.

dass ich noch garnicht weiss, wohin ich hinkomme. Ich schrieb an Suhrkamp deshalb und bin ohne jede Nachricht von ihm; da ich von ihm letzten Sommer einen beträchtlichen Vorschuss erhielt, sollte ich doch eigentlich zu seinen Autoren gehören.[54] Diese Warterei hat etwas so aufreibendes. Wenn Sie Zuckmayer[55] sehen, grüssen Sie ihn doch sehr von mir ich liebe ihn sehr und ist seine Frau auch in München ich hätte gerne Beide gesehen. und an Kesten[56] bitte recht heftige Vorwürfe dass sie mir nicht, wie versprochen, aus Amsterdam geschrieben haben. O des wortbrüchigen Paars! Landshoff[57] scheint es doch wirklich besser zu gehen. Vielleicht auf Wiedersehen in München, andernfalls in Paris im Herbst. Nach Badenweiler in mein Häuschen werde ich heuer nicht zurückkehren. Ihnen alles Gute. Mit aufrichtigen Wünschen für Sie und Ihre Arbeit und herzlichem Gruss

Ihre Annette Kolb

*

---

54 Nach längeren Restitutionsverhandlungen schied Peter Suhrkamp am 27. April 1950 aus dem S. Fischer Verlag aus, ab sofort war Gottfried Bermann Fischer alleiniger Inhaber. Die bisher von Peter Suhrkamp betreuten Autoren hatten die Wahl, bei S. Fischer zu bleiben oder in den neu gegründeten Suhrkamp Verlag zu wechseln.

55 Carl Zuckmayer, deutscher Schriftsteller, verheiratet mit Alice Zuckmayer.

56 Hermann Kesten.

57 Fritz H. Landshoff.

22.VIII.[50]

Lieber Carl

Ich sitze im Zug verliess München übernachte in Zürich. Hätte sehr viel zu erzählen, denke *spätestens* am 27. oder 28. in Paris zu sein. Ladet mich bald ein! Die Münchner waren sehr nett zu mir, aber ein Stuttgarter Nazi hat mich in Stücke zerrissen, nur mich selbst ohne auf meinen Vortrag einzugehen, so schlau war er schon ich hatte nämlich meine Seiten auf Schickele[58] vorgelesen und mich nicht genirt von Hitler Deutschland zu sprechen Ich besuchte Rinn[59] der seine Ungeduld auf Ihren Roman kaum meistert Er zwang mir einen Photographen auf der aber so excellent ist dass er Sie unbedingt photographiren muss. Ich bringe Ihnen einige Proben Der Zug schüttelt so bald sind wir in Zürich. Helene Thimig[60] lud mich gestern zur letzten Salzburger Woche ein, es fiel mir *schwer* abzusagen, aber ich muss ja hier hélas meinen Geschäften nachgehen. fühlte mich auch nicht auf der Höhe, j'ai du me droguer tout le temps [Ich musste die ganze Zeit Tabletten nehmen].

Bayern ist eine Insel – *die* Insel Deutschlands der die Vorherrschaft gebührt. Recht habe ich, aber erleben wird ich

---

58 Vermutlich ihr Text zum Tod von *René Schickele*, in: *Maß und Wert* 3 (1940), Heft 3, S. 345 f.

59 Hermann Rinn war Carl Jacob Burckhardts Münchner Verleger. Der »Roman«, von dem Annette Kolb spricht, ist vermutlich das Buch *Gedanken über Karl V.*, das 1954 bei Rinn herauskam.

60 Helene Thimig, österreichische Schauspielerin und Ehefrau von Max Reinhardt. 1947–1951 inszenierte sie Hofmannsthals *Jedermann* bei den Salzburger Festspielen.

es nicht, hab aber einige Commilitonen aufgerüttelt. Denn Hoffnungslosigkeit ist kein point de départ [Ausgangspunkt], wie immer sie begründet ist. 100 per cent bayrisch und 100 per cent Herr Stein und dabei bleib ich. Das peccavi [Schuldbekenntnis] vom François M[61] heute im Figaro hat mich amusiert.

Nach Salzburg wäre ich gern, im übrigen j'en avais assez [hatte ich genug davon]. – Eine unsagbar schöne Ausstellung Ars sacra ist im Prinz Carl Palais[62]

Sie werden mit Ungeduld in M. erwartet.

Schliesst mich bald in Eure Arme

Annette

22. VIII ab 24. zwei Nächte in Basel dann heim ohne Heim.

P. S

Küsnacht Zürich

Ruth[63] war auf der Bahn und nahm mich zu sich hinaus
St Peter[64] überfüllt
sie grüsst Sie herzlich
übermorgen Basel

*

61 François Mauriac, französischer Schriftsteller.
62 Das Prinz Carl Palais in München war ab 1948 Sitz der neu gegründeten Bayerischen Akademie der Schönen Künste.
63 Ruth Rudolph war die Tochter von Zürcher Freunden Annette Kolbs, Ada und Max von Martini, die sie aus der Zeit ihres Schweizer Exils während des Ersten Weltkriegs kannte.
64 In der Kirche St. Peter in Zürich hielt Annette Kolb ihren offenbar gut besuchten Vortrag.

31.XII.50

Lieber Hermann Kesten

Ihr schönes Buch mit dem ich aber meiner schlechten Augen wegen nur allmählig vorwärts kam, alle Bücher scheinen mir heute so blass gedruckt, oder sind meine Augen so erblasst, ich trau nur nicht fragen – das Ende ist ergreifend; ein Buch das geschrieben werden musste, mit ebenso viel Herz wie Einsicht geschrieben.[65] Es hätte einen Preis davon tragen müssen für alle seine Qualitäten. ist es auch englisch erschienen? ich verstehe den Enthusiasmus des Dänen, der bei André Gide darüber sprach. Und indessen hat sich die Welt von neuem verfinstert. Wo, wie geht es Euch? welche Pläne schmiedet Ihr für das kommende Jahr? Habt Ihr Landshoff[66] gesehen. es ging ihm besser heisst es, er entflog ohne ein Wort für mich schreibt mir wie es ihm geht und er möge doch Erica[67] sagen, dass es mir leid tat sie im Sommer in Paris zu verfehlen. Ich war da gerade in München. Wird Euch das Neue Jahr nach Europa zurück bringen? wie sehr wünsche ich es! Bitte schreibt mir die Toni[68] soll auch schreiben. Ich weiss so wenig. Habt Ihr eine Wohnung? Mein Essay über die Juden brachte ich schweisstriefend fertig. Es soll im »Hochland« erscheinen. Ich verlange Separatabdruck. Wollt Ihr eins, oder habt Ihr schon genug davon? nur den Flügeladjutanten des König David kennt Ihr noch nicht. Der kommt zum

---

65 Annette Kolb meint hier vermutlich *Die fremden Götter*, Amsterdam: Querido 1949.
66 Fritz H. Landshoff.
67 Erika Mann, die mit Landshoff eng befreundet war.
68 Toni Kesten.

Schluss.[69] Ach lieber Kesten mit Ihnen kann man so gut lachen und sind die Zeiten noch so finster diese Gabe ist Ihnen geblieben, auch der Humor in Ihren Büchern. Das ist aber eine so seltene Gabe geworden. Ich lache so selten, meine Lachmuskeln sind ganz eingerostet ich merke es beim lachen. Kommt doch zurück! und bitte schreibt mir beide einen langen Brief. Ich lechze nach Nachrichten von Euch. Wie weit sind Sie mit Ihrem Buch? Bei mir wird es das letzte werden, so ich es noch fertig krieg. Diese Nachtigall hat dann ausgesungen. Sie haben ihr immer Mut gegeben, lieber Kesten. Ich wünsche Euch ein ausgezeichnetes neues Jahr, Ihnen und den Ihren ein noch besseres wenn Ihr Euch gleich hinsetzt und mir schreibt! Warum wart Ihr nicht bei Werner Richter, seht Ihr Guerster[70]nie. Des ist auch ein Bayer. Alle Bayern – ob ganz oder halb – sollten zusammenhalten. Seht ihr Bemelmanns[71] je, der ist aus Regensburg? Lebt wohl!

Eure Annette Kolb

*

AN WERNER RICHTER

2.1.51

Lieber Werner Richter

Ich muss Ihnen sogleich sagen wie sehr und dringlich auch meine Wünsche in diesem Jahresanfang zu Euch zogen und

---

69 Annette Kolbs Essay *Gelobtes Land – gelobte Länder* erschien in F.J. Schöninghs Zeitschrift *Hochland*.
70 Eugen Gürster, deutscher Schriftsteller.
71 Ludwig Bemelmans, amerikanischer Schriftsteller und Illustrator.

auch die Hoffnung, dass Ihr es besser anfingt wie ich; und nun Ihr Brief, von dem ich den Passus über die kleinen Länder in Europa (im Gegensatz zu den grossen von seiten der U.S.A. mehr Achtung erwecken als diese) an Schöning[72] bekannt gab. Ich muss Ihnen sagen, dass ich seit Ende 1950 tapfer wie ein einarmiger Zinnsoldat den Kampf gegen Schön. führte, der wünschte, dass ich meinen Passus über Bayern aus meinem Essay: »Gelobtes Land, gelobte Länder« streichen sollte. Ich muss sagen, dass mir Hausenstein[73] zur Seite stand, denn meine Aufregung war zu gross um die Sache allein zu führen. Ich gab nicht nach, er führte seine ganze Redaktion gegen mich ins Feld; ich sagte: sie möge mich desavouiren so viel sie wolle, ich müsse auf meinem Standpunkt beharren. Zum Schluss eine Depeche die ein Sieg über mich war aber auch eine Fussnote wegen der ich von neuem die Waffen ergriff – denn sie war für mich nicht annehmbar. So weit sind wir jetzt. Kommt der Essay Anfang Februar so kriegen Sie sofort einen Separatabzug. Wenn mir Kolmsperger[74] schreibt ist sein Brief immer voll von Ihnen und seiner Hoffnung Sie in München zu sehen. Bis Sommer sind Sie sicher so weit gefestigt mit dem »Rücken Architecters«[75] und können seiner Behandlung wieder entraten man braucht Sie allhier! Sie sind der vorbildliche Mut und die Weisheit selbst. Eins nur drückt mich Ihnen gegenüber. Wie viele Gefälligkeiten erwiesen Sie mir nicht in N.Y. und nicht eine einzige habe ich Ihnen auf unserer Scholle erwiedert. Als wollte eine Tücke es nicht. Zu-

---

72 Franz Josef Schöningh, Chefredakteur der Zeitschrift *Hochland*.
73 Wilhelm Hausenstein.
74 Max Kolmsperger, Chefredakteur der *Bayerischen Landeszeitung*.
75 Gemeint ist ein Orthopäde oder Physiotherapeut.

letzt gar mit der A. Zeitung,[76] mit der ich mich gerade ver-
feindet hatte. Zum Glück sind andere da, die tatkräftiger zu
Ihnen stehen. Seien Sie beide in Liebe und Treue umarmt in
aller Eile entschuldigt

Eure Annette

Dieu donne que nous nous revoyions en 1951! [Gott gebe,
dass wir uns 1951 wiedersehen!]

*

AN HERMANN HESSE

Hotel Cayré, 4 B'd Raspail Paris 7
2. XI. 52

Liebster H. H.

Wie bin ich beschämt und erfreut über Ihre Sendungen. Der
Brief an die Freunde wie entzückend ist er! aber gerade weil
ich mir – nur nicht mit einem so prachtvollen Pinsel – den
Ansturm der Gratulanten ausmalte, hielt sich die Maus ver-
borgen und wollte erst daher rascheln wenn es stiller geworden war im Haus.[77] Und dafür bereichern Sie doch mit dieser
Fülle von Gaben: der Lecture für Minuten.[78] Die Gedichte
auf doppeltem Geleise: »Leb wohl, Frau Welt!« Wie schön!
Ja weiss Gott es zieht mich recht zu Euch heim nach Montagnola hinauf meinen Weg zu nehmen gestützt auf meinen

---

76 Möglicherweise die Münchner *Abendzeitung*.
77 Hermann Hesse feierte am 2. Juli 1952 seinen 75. Geburtstag.
78 Hermann Hesse, *Lektüre für Minuten. Ein paar Gedanken aus
   meinen Büchern*, Bern: Stämpfli 1952.

Wanderstab. Wird es mir noch gelingen? Meine Tage werden durch meine schlaflosen Nächte recht beeinträchtigt und dagegen scheint kein Kraut gewachsen. Auch diese Zeilen sind lang vor Morgengrauen geschrieben, und nehmen Sie sie nachsichtig auf, denn man merkt es ihnen wohl an. Was Sie mir so gütig zugedachten umgibt mich, ich greife wieder und wieder danach, labe und ergötze mich daran: meinen innigsten Dank! Von den Reden gefällt mir bisher die von Heuss[79] am besten. Eins muss ich Ihnen zurufen: Sie sind vielleicht der jüngste Mann von 75 Jahren den es noch gegeben hat. Ein Hoch auf diese Ihre entzückende Jugend. Seid Beide von Herzen umarmt von Eurer

Annette

*

AN CARL JACOB BURCKHARDT

Hotel Cayré
4, Boulevard Raspail
Paris
28. XI. 52

Lieber Carl

Mit der Grippe verliess mich auch die grosse Augenschwäche so dass ich mich gleich wieder Ihren »Reden und Aufzeich-

---

79 Theodor Heuss, 1949 bis 1959 erster Bundespräsident der Bundesrepublik. Er hielt die Rede *Mut zur Liebe* in der Gesellschaft für christlich-jüdische Zusammenarbeit 1949 in München. Diese wurde 1948 auf Anregung der US-amerikanischen Militärregierung und des internatonalen Rats der Christen und Juden gegründet.

nungen«[80] zuwandte! mit letzter Hingabe las ich heute Ihre Seiten über Goethe und den »Hofmannsthal«; hing mich an jedes Wort, las manches zwei Mal und mehr! Ihr Eindringen in beide Gestalten ist ungeheuer. Sie tragen durch Ihr profundes Wissen um sie so hohe Bürden allein mit sich herum Sie wären heute undenkbar in Ihrem Leben in der rue de Grenelle,[81] keinen Tag länger durften Sie es mit ihm aufnehmen. Denn eben dies Wissen und einfühlen, sowie Ihre eigene Gedankenwelt die Sie so abseits stellen im Leben nötigen Sie zur Mitteilung, ja machen sie unerlässlich. Von wem auf der Welt wird das unsagbare so belichtet wie von Ihnen!

29. XI

In der Nacht las ich den köstlichen Vormittag beim Buchhändler.[82] Haben Sie nicht die allerletzten Worte ein ganz klein wenig geändert?

Zu »Ostpreussen« fügt sich das wunderbare Concert die Naturbeschreibung so wunderbarlich! ich hoffe aber ich bin keine Falschmünzerin! das Wort von Schopenhauer über die Gnade, das ich so gern citire ist mir nicht erinnerlich im Anschluss an Rancé,[83] sondern ganz allein für sich; »Zu glauben *ist Sache der Gnade*« er sagte aber gern etwas wiederholt Täusche ich mich hier? Es freut einem zu lesen wie Sie Schopen-

---

80 Untertitel von Carl Jacob Burckhardts Buch *Gestalten und Mächte*.

81 Die Schweizerische Gesandtschaft befand sich im Hôtel Besenval an der rue de Grenelle in Paris.

82 *Ein Vormittag beim Buchhändler* ist eine autobiographische Erzählung Carl Jacob Burckhardts und sein bekanntestes Werk.

83 Armand Jean le Bouthillier de Rancé war ein französischer Abt des 17. Jahrhunderts, dessen Ideen den späteren Trappistenorden geprägt haben.

hauer in Danzig aufführen. Es ist so bezeichnend dass die Herren die einem heute nur Steine statt Brot zu geben haben, ihn so geflissentlich ignoriren, wie Bergson[84] auch, dem einzigen seit ihm. über den sehen sie auch hinweg. lieber Carl eine schwere Sehnsucht befällt mich auch – doppelt nach diesen zwei grandiosen Büchern – in Ihrem Schreibzimmer oben vor Jahreswende noch eine Stunde zu verbringen. Werden Sie vor dem 6. einen Moment haben mich in meiner Klause aufzusuchen. Mein Blüthner[85] ist ja wundervoll gestimmt worden. Was wird aus mir wenn ich Euch und Margeries[86] hier verlieren soll? – Ich müsste Ihnen viel erzählen, aber ich weiss wie gedrängt Ihre Zeit ist!

Sie müssen mir gelegentlich die 2 Bücher zeichnen! Ich hatte keinen üblen Eindruck von Sombart.[87] und Sie? er ist intelligent. Sehr komisch war der jüngere Bruder von Constantin in mancher Hinsicht preussischer wie dieser avec moins de dons [mit weniger Gaben]

Es umarmt Sie

Ihre

Annette

*

---

84 Henri-Louis Bergson.
85 Annette Kolbs Flügel.
86 Roland Jacquin de Margerie war ein französischer Diplomat, der sich für die Aussöhnung Frankreichs und Deutschlands einsetzte.
87 Nicolaus Sombart, deutscher Schriftsteller und Kultursoziologe.

ce 30. XI [1952]

Chére Dory

Merci de vos lignes, je trouve les deux livres de Carl grandioses [danke für Ihre Zeilen, ich finde die beiden Bücher von Carl[88] grandios] aber garnichts für ungewaschene Mäuler und proletenhafte Köpfe, ils ont tous les deux de quoi leur déplaire et les irriter [sie haben alle beide etwas, was sie ärgern und irritieren könnte] was fingen sie schon in ihrer Grube mit dieser »Höhle« und ihren Hintergründen an? Je donne quant á moi la palme an Hofmannsthal [ich gebe, was mich betrifft, die Palme an Hofmannsthal[89]] who in the world could speak of him with such an insight! it is a marvel [Wer in aller Welt könnte mit mehr Verständnis über ihn reden! es ist bewunderungswürdig] und diese Goethercde[90] hätte *Goethe* gefallen höheres kann man nicht sagen, die Rilkeerinnerungen[91] [–] ich erinnere mich nicht so lebendig und dabei so liebenswürdig! getroffen wie er leibt und lebte: bester Rilke von A bis Z hier der einem entzückt. Die Novellen liebe ich alle drei, aber RW[92] ist einzigartig in der Literatur ein Typ den man noch nicht kannte schwarz auf weiss, wohl aber im Leben und zwar auf deutschem Boden gewachsen

---

88 Carl Jacob Burckhardt, *Drei Erzählungen* (darin: *Die Höhle*, *R. W. Ein Bericht*, *Die Jagd*) und der Band *Reden und Aufzeichnungen*, beide 1952 im Manesse Verlag, Zürich, erschienen.

89 *Erinnerungen an Hofmannsthal* im Band *Reden und Aufzeichnungen*.

90 *Gedanken über Goethes Idee der Gerechtigkeit*, ebd.

91 *Ein Vormittag beim Buchhändler*, ebd.

92 Die Erzählung *R. W. Ein Bericht*.

in seiner Problematik, seiner Tücke ja ich finde all die Worte nicht gleich, die ihn erklären und dabei unerklärlich lassen, so tief, so unmännlich et entre les deux sexes [und zwischen den Geschlechtern]. Man wird lange über ihn reden und ihn discutieren, Carl bringt ihn das 1. Mal auf die Scene. Immer wird ein schaler Rest dieses Typs übrigbleiben – vorläufig.

Nein bei »Basel« kann ich nicht mitreden, ich kenne es in seinen Gründen viel zu wenig es entgeht mir dabei zu viel von dem fesselnden Dialog. Dagegen hat mich in »Ostpreussen«[93] die so kühne und dabei sich organisch so wunderbar dem Orgelconcert anfügende Naturbeschreibung entzückt! ich muss Ihnen sagen, dass ich noch nicht alles las, weil ich zu Anfang wegen meiner Grippe so geschwächte Augen hatte, dass ich den kleineren und blasseren Druck nicht bewältigte. Ich gehe erst seit vorgestern aus und huste noch ganz erbärmlich so oft so viel denke ich an Sie. sieht man mir's nicht an dem kleinen Bildl an? Aber alle Möbel in meinem Zimmer gehören jetzt mir und mein Blüthner ist wundervoll gestimmt. Aber Sie kommen nie. Neulich traf ich Mme J L Vaudoyer[94] bei Jenny.[95] Sie wohnen jetzt scheint es in der Nähe. Aber das lockt Sie auch nicht. Was fehlt ihm eigentlich? Ist das Gekrächze von François Mauriac[96] im Radio nicht geradezu unerlaubt Wer mag sich das anhören Meine 3 Romane sind schöner wie seine 8 – ich bin erbittert auf seinen N-Preis. Ach der Phönix war natürlich eitel Trug: »zu unseren Gunsten« eine Abrech-

93 *Basel* und *Erinnerungen an Osteuropa* im Band *Reden und Aufzeichnungen.*

94 Die Frau des französischen Schriftstellers Jean-Louis Vaudoyer.

95 Jenny de Margerie, die Frau von Roland Jacquin de Margerie.

96 François Mauriac, französischer Schriftsteller, der 1952 den Nobelpreis für Literatur erhielt.

nung des Herrn Scherz[97] wie lange werden es die Verleger un-
kontrolliert so weitertreiben in der Welt. Wann wird sie der
Teufel holen? aber ich will nicht so weiter schreiben an einem
Sonntagmorgen, chère Dory je vous embrasse et Hans dans
votre chère maison. Écrivez moi! [liebe Dory ich umarme Sie
und Hans in Ihrem lieben Haus. Schreiben Sie mir!]

    love A.

que de choses Carl aura encore à dire! [was für Dinge wird
Carl noch zu sagen haben!]

        *

AN ERICH KÄSTNER

Hotel Victoria National, Basel
Centralbahnplatz 3–4
Ab 1. April wieder Hotel Cayré, Bvd.Raspail
Basel, den 28.3.53

Lieber Erich Kästner

Ihr so interessantes, reichhaltiges Buch[98] konnte ich nicht aus
der Hand legen, bevor ich es zu Ende gelesen hatte. Überall
echter Witz, echte Geistesblitze, echte Gesinnung, echte Melancholie: »welkes Laub vom Baum der Zeit gerissen, jagt der
Wind euch durch den Staub der Welt«, und ich brauche und
ich brauche nur: »Ist Existentialismus heilbar?«, »über den
Tiefsinn im Parkett«, »Marktanalyse«, »der troyanische Wal-
lach«, zu nennen (ich citiere un peu au hasard [ein bisschen

---

97 Der Schweizer Verleger Alfred Scherz.
98 *Die kleine Freiheit*, Zürich: Atrium 1952.

zufällig]) die wunderhübsche Geschichte mit dem Velociped, das Ihr Vater, (wie sympatisch muss er gewesen sein!) und das Steckenpferd u. a.! für Sie kaufte. Die Geistesschärfe in der Zurückweisung des grässlichen Stückes von T. S. Elliot und in der Entlarvung des ausgemachten Esels, – ach vergessen Sie die schreckliche Feder – der bei allem sonstigen Talent in Sartre[99] steckt; wie frei, wie köstlich, wie treffend ist das Alles, man könnte sich lange darüber unterhalten. Wie schade nicht länger bleiben zu können und nach der Pause die »kleine Freiheit« verlassen zu müssen.[100] Ich will – und wäre es nur um den 2. Teil zu hören und zu sehen – im Sommer nach München zurückkommen, vielleicht mit Euch?! im Juni? Es geht mir besser als vor meiner Reise, weil ich so aufpasste, das muss ich ja leider Gottes von nun an tun. Es steckt in Ihrer K. Fr. so viel Talent. Z. B. der Mann, der die ausgezeichnete Sache mit dem Ritornell »in 56 Jahren ist alles vorbei« vortrug, es steckt viel Hoffnung, viel bestes München in dieser Kl. Fr. Alles was in Ihren Büchern so erfrischend anmutet: die Anmut, der Humor, das *Herz*. Ihre Kampfansage an jede Art von Spiessbürgertum! Sie übertragen in die »Kleine Freiheit« die Poesie und die saubere Luft, die in Ihren Büchern weht: »Der Prinz auf Zeit«, »Haus der Erinnerung«, »die Acharner«, »die Worte an Penzoldt«, »die schwarze Spinne« ... ich gratuliere Ihnen herzlich zu diesem Werk, umarme Sie mit Lotte.[101] Auf Wiedersehen! Stets Eure

Annette

---

99 Jean-Paul Sartre, französischer Philosoph des Existentialismus.
100 Das Kabarett »Die kleine Freiheit« in München. Erich Kästner war einer der Hausautoren.
101 Luiselotte Enderle, deutsche Journalistin, Partnerin von Erich Kästner.

P.S. Rudolf Alexander Schröder war indes bei mir, sprach so reizend von Ihnen, nimmt Ihr Talent sehr ernst, das möchte ich noch hinzufügen. Wollen Sie ihm nicht Ihre »Kleine Freiheit« schicken? Sonnleithen bei Bergen, Oberbayern. Das würde ihn freuen. Heut Abend gehe ich zu Ilse,[102] die schon oben in ihrem Dorf tront. Sie hat besonders dank Eurer Gegenwart ihren Münchner Aufenthalt restlos genossen sagte sie.

*

AN CARL ZUCKMAYER

Hotel Cayré, 4 Bvd.Raspail, Paris 7
23.1.54

Lieber Zuck

Ich hatte eine leise Hoffnung Sie hier anzutreffen; nun verfehle ich Euch vielleicht überhaupt, indes man sieht sich so selten und das Leben geht immer schnell dahin. Nach Paris kommts Ihr nie. Ich sah Ihr Stück[103] hier aber fand dass die Schauspieler ihm nicht genügten. Ein brennender Wunsch befiel mich es mit Gründgens zu sehen! Der hätte die Tragweite so mancher Worte zu ihrer vollen Geltung gebracht. Mündlich könnte ich's Ihnen so viel besser sagen, so manches gehört da der Zukunft die es noch heben wird. Ich fahre heute

---

102 Gemeint ist Ilse von Seilern-Aspang, eine fast lebenslange
   Freundin von Annette Kolb, die in der Nähe von Basel lebte.
103 Vermutlich Zuckmayers Schauspiel *Gesang im Feuerofen*, das
   1950 uraufgeführt wurde.

Abend schon via Basel und dann nach Paris zurück. Vergessts mich nicht. Es liebt Sie herzlich Ihre

  Annette Kolb

Eben telephonierte mir Hilda Rothschild[104] sie kommt im März nach Paris.

*

AN THEODORA VON DER MÜHLL

Hotel Victoria-National, Basel
Basel, den 10.7.[54]
Besitzer: Paul Otto's Erben
Centralbahnplatz 3–4
Dir.H.J.Tobler

Chére Dory

je vous écris dans le courant de cette nuit blanches parce que je pense à vous. [Ich schreibe Ihnen im Lauf dieser schlaflosen Nacht, weil ich an Sie denke.] Es graut schon der Morgen! Ich kaufte indes die Schwyzer Rundschau, dessen Artikel ich aber schon kannte und ich möchte so gerne bald etwas Neues von Ihnen lesen, denn in dem letzten was ich schon vor längerer Zeit von Ihnen las hatten deutlich Flügel Ihrer Feder zugesellt desshalb weiss ich Sie so gern an der Arbeit in Ihrer so beschaulichen und schönen zwar so vereinsamten aber zu-

---

104 Hilda de Rothschild wohnte auf der Ellis Farm, Vermont, USA, und war sowohl eine Freundin von Annette Kolb als auch von Carl Zuckmayer, der während seiner amerikanischen Exilzeit eine kleine Farm in der Nähe gepachtet hatte.

gleich so beseelten Aura dass sie einem ans Herz geht. Nicht nur eine äussere Schönheit hat sich Ihren Räumen eingeprägt.

Mes vœux vont à vous ma chère Dory [Meine Wünsche gehen zu Ihnen, meine liebe Dory]

Votre [Ihr] alter Sportsmann

*

AN HERMANN KASACK

4 B'vd Raspail, Paris 7
10.I.55

Lieber Hermann Kasack

Haben sich unsere Briefe gekreuzt? oder gehen sie jetzt schneller? Ich gedenke – und ich glaube Sie werden mich verstehn – am 1. Februar ohne Hinterlassung meiner Adresse nach London zu fahren, denn ich kann von Kind auf Geburtstage nicht leiden, sie wurden bei uns daheim nicht gefeiert sondern die Namenstage und je mehr Geburtsdaten anstiegen je lieber vergass ich sie, nur während 4 Jahre meines Lebens – zwischen 1941 und '45 beging ich diesen Tag indem ich in New York eingehängt in eine Leidensgenossin durch die Strassen ging, und die Läden ansah und sie half mir diesen Tag vergessen und im Jahr '45 brachte sie mich ans Luftschiff und ich flog nach Irland und jetzt, 1955 soll ich wieder erinnert werden ach nein liebster Hermann Kasack! Ich schöpfe aus dem nicht dran denken wie aus einem Jungbrunnen den Mut weiter zu gehen als ob nix wär, in Badenweiler werde ich am 7. Mai noch nicht sein, aber ich komme wenn irgend möglich nach Darmstadt und nehme gern den genannten Trostpreis, aber nur keine Ehrung entgegen (wozu Ehrung?) – (wofür und wo hinaus mit ihr?) Aber ich sehe gerne meine Freunde wieder, zu welchen Sie zählen lieber Hermann Kasack, und sagen Sie dass Sie zu mir stehen, geben Sie mir's schriftlich dann will ich auch dankend gerne Ehrenmitglied des Schriftstellerverbandes Baden Württemberg werden. Hoffentlich auf Wiedersehen

    Ihre Annette Kolb

*

AN NINON UND HERMANN HESSE

Hotel Cayré 4 Boulevard Raspail, Paris 7
23.I.[1955]

Die Karte blieb liegen doch das Jahr ist noch jung. Ich denke oft an Sie und bedaure Sie nie zu sehen. Statt südwärts fahre ich am 1. Februar nach London meinem Geburtstag davon, den man nun auf einmal feiern will. Nie im Leben tat ich dies es ist mir so conträr ihn mir aufzwingen zu lassen schon gar wo er sich so hoch beziffert.[105] Seid Beide umarmt und allen guten Geistern befohlen und vielleicht steh ich doch noch einmal unter Eurer Tür, aber nicht lang – wie gegenwärtig ist mir doch der Raum und die Aussicht davor und der Garten und Sie im Gartenhut. Nochmal Ihnen Beiden Alles Liebe und vielleicht kommt doch wieder einmal so ein Rundbrief

    Annette Kolb

*

---

105 Annette Kolb wurde im Februar 1955 fünfundachtzig Jahre alt.

AN HERMANN HESSE

Paris 28.2.55

Lieber verehrter Hermann Hesse

bin mir selber ausgerissen, aber jetzt wieder zurück. Herzlichen Dank Ihnen Beiden und für den prachtvollen Rundbrief giere schon nach dem nächsten! Wie gern würde ich wieder über Ihre Schwelle treten in Mantel und Hut wie Figura zeigt.[106] Aber nah oder fern in herzlicher Liebe wünscht alles Gute
  Ihre Annette Kolb

*

AN CARL ZUCKMAYER

Badenweiler, Baden bis 7. Sept.
3.9.55
dann bis 20. München Hotel Continental

Lieber Zuck!

Wie lieb ist Ihre Depeche und Sie wissen wie *sehr* gern auch ich Sie habe. Leider sieht man sich so selten und da wird ein neues Stück[107] von Ihnen gegeben und ich sehe es nicht. Das ist mir sehr empfindlich. Spielt Gründgens darin? den sehe ich auch nie und bewundere ihn sehr. Lieber Zuckmayer, lassen Sie mich wissen wo Sie sind wenn Sie sich in Europa auf-

---

106 Der Brief enthält ein Foto von Annette Kolb, aufgenommen am 7. Februar 1955 in London.
107 *Das Kalte Licht* von Carl Zuckmayer, 1955 Uraufführung am Hamburger Schauspielhaus, Regie Gustav Gründgens.

halten.[108] Dann combiniere und meditire ich wie es möglich sein könnte Euch beide irgendwo zu treffen. Basel ist ja nicht weit von Paris. Von Frankfurt[109] brauch ich Ihnen nichts zu erzählen, lieber Herr Vorgänger,[110] College und Freund, denn Sie wissen wie es dort ist. Das Wetter war sehr gnädig, Albert Schweitzer eine liebe Gegenwart. Alles in Allem, Sie wissen, ist es ein schöner Tag nicht wahr. Aber die Journalisten sind etwas schreckliches, die meisten wenigstens. darüber mündlich, so das Glück will dass wir uns begegnen. Viel viel Glück lieber Zuck und ich drücke Euch an mein treues Herz

Annette

verzeihen Sie die schlechte Schrift und die schlechte Tenue [Form] dieses Briefes. Ich habe gerade so viele zu schreiben.

*

AN HERMANN KASACK

St. Clara Spital Basel
4. II. 56

Lieber Hermann Kasack

Obige Adresse sagt Ihnen warum ich erst heute für Ihre freundliche Aufforderung an der Heinefeier[111] teilzunehmen

---

108 Carl Zuckmayer behielt bis 1957 seinen Wohnsitz in Woodstock, Vermont, USA.
109 Annette Kolb wurde im Sommer 1955 in der Paulskirche der Goethepreis der Stadt Frankfurt verliehen.
110 Carl Zuckmayer erhielt 1952 den Goethepreis der Stadt Frankfurt.
111 Feier zum 100. Todestag des Dichters.

beantworte. Am 22. I. musste ich in Zürich lesen, am 24. I. auf dem Rückweg in Basel wurde ich mit einer heftigen Grippe hier oben eingeliefert, mit einem grauen hässlichen Besen genannt Penicillin vom Fieber befreit und sollte schon übermorgen (aber es wird vielleicht übermorgen) auf ein paar Tage ins Hotel Victoria National am Bahnhof Basel zurückkehren um gestählt das rauhe Leben wieder aufzunehmen. Gern werde ich natürlich der Feier beiwohnen hoffentlich sind wir bis dahin nicht Alle erfroren und die Kältewelle ist von einer Frühjahrs- verscheucht. Seien Sie Alle herzlich gegrüsst von

Ihrer Annette Kolb

Wird uns die Mainzer Academie keinen Krakehl machen.

*

AN HERMANN KESTEN

Hotel Continental München
25. I. 60

Lieber Hermann Kesten

Meine herzlichsten Wünsche für den 28.[112] and many happy returns! und ich hoffe Ihnen meine Wünsche am 16. Februar im Cuvilléeteater mündlich zu sagen nach Ihrer Vorlesung. Ich freue mich darauf und auf ein Wiedersehen auch mit meiner Toni,[113] die hoffentlich auch kommt. Leider geht es mit meinen Augen nicht gut, eine Allergie nach der anderen ich wollte ja gerne in Pension gehen aber nicht mit einer lädir-

---

112 Hermann Kestens 60. Geburtstag am 28. Januar 1960.
113 Kestens Ehefrau Toni.

ten Sehkraft von der Literatur entlassen werden. Für ein paar Aphorismen mag es noch reichen, aber sonst bin ich a.D.[114] wie ein alter General. Doch Ihren Geburtstag wollen wir in Heiterkeit hier feiern und der früheren Tage gedenken wo noch keine Lücken waren in unserem Freundeskreis. Lannatsch[115] war kürzlich hier; die haben wir noch in unserer Mitte! Für Ihren so freundlichen Brief vom 10. Oktober herzlichen Dank. Ich bewahre ihn. Entschuldigen Sie die Schrift. am 28. fahre ich übrigens nach Mailand soll dort am 29. vorlesen; fahre dann gleich wieder zurück und bleibe hier bis 22. Februar. Also nochmals alles Gute Ihnen und meiner Toni von Ihrer blau bebrillten

Annette Kolb

*

AN LUISE RINSER

Im Zug nach Frankfurt
22. II. 60
bis 2ten Hotel Frankfurter Hof

Liebe Luise Rinser,

vorgestern erhielt ich Ihren Brief, war sehr bestürzt und telefonierte aber Sie schliefen und eine Schwester sagte mir Sie schliefen und die Operation sei nach Ansicht der Ärzte glücklich verlaufen. So hoffe ich von Herzen Sie bald gesund wieder zu sehen. Ich will am Freitag zurück sein, soll zwei Vorlesungen halten, aber mir ist bang weil ich schlecht sehe. Ich

---

114 Außer Dienst.
115 Anna Schickele.

verstehe, dass Sie gern einen neuen Roman schreiben wollen. In Ihrem letzten wie vorletztem Roman sieht man dass Sie auf diesem Gebiet noch viel producieren werden, und noch lange nicht fertig sind. Gerade auf Ihre nächsten Romane bin ich gespannt, indes freue ich mich auf Ihr Essaybuch.[116] Aber warum glauben Sie ich mich nicht in guter Gesellschaft fühlen werde. Werfel und Zuckmayer liebe ich sehr. Auch menschlich. Dass Sie gern nach Rom ziehen werden o wie begreife ich das! Mich zieht es oft hin und wäre es nur der Landschaft wegen die mehr als in irgend einer Stadt Rom beseelt. Ich hoffe ich sehe Sie vorher liebe Luise Rinser zu sehen seien Sie meiner Anteilnahme so wohl an Ihrem Leben wie an Ihren Arbeiten versichert. Ich will am Freitag nach München zurück fahren – sehe in Frankfurt S. Fischers[117] und auch R. Hirsch[118] vermutlich. Soll ich da irgend etwas ausrichten, so geschieht es gern am 7. März will ich aufbrechen und auf einige Monate nach Paris hoffentlich sehe ich Sie vorher. Von ganzem Herzen gute Besserung!

Ihre Annette Kolb

*

---

116 Luise Rinser, *Der Schwerpunkt*, Frankfurt am Main: S. Fischer 1960, enthält Essays zu Annette Kolb, Franz Werfel, Carl Zuckmayer, Elisabeth Langgässer und Bertolt Brecht.

117 Gottfried und Tutti (Brigitte) Bermann Fischer.

118 Rudolf Hirsch, damaliger Leiter des S. Fischer Verlags.

[München,] 22.XI.60

Lieber Carl

Vorgestern las ich Ihr grosses Buch über Ihre Danziger Zeit[119] zu Ende. Einmal angefangen konnte ich nicht mehr davon lassen. Zu welcher gottverlassenen Welt sind Sie da gestanden, haben gegen sie gekämpft, ausgeharrt bis zuletzt es ist ein grosses, erschütterndes Buch. Nicht nur dass ich es las, ich werde es wieder lesen, denn ich bin nicht fertig mit allem was es besagt. das Mass das Sie einhalten, die Mühe die Sie aufbringen, die Dämme: wie viel Sie da retten, mitten in der Hoffnungslosigkeit. Mitgefühl und Bewunderung wird mich zu diesem Buch zurückführen, aber ist die erleuchtete Welt heute nicht eine Art Hiob, der Klage zum Himmel erheben möchte über die Macht des Teufels hinieden. Diese Journalie die er am Ende einsetzt – Und wie soll Alles noch werden! Menschen wie Sie bleiben dennoch ein Halt! Nimmt ihre Zahl ab oder zu?

Ich fahre am 30. Nov. oder 1. Dezember nach Paris, bleibe 3 Tage in Basel, hätte Ihnen so viel zu erzählen war kürzlich 3 Tage in Rom und Mailand aber auch 3 Wochen im Claraspital, hatte einen harten Sommer.

Meine Freunde wollen mir eine Wohnung hier verschaffen so lange warte ich im Hotel Cayré. In Rom sah ich Palewski[120]. an Stern habe ich geschrieben. Seine Unterlassungssünde ist ein schweres Vergehen. Ich möchte Sie so gerne se-

---

119 Carl Jacob Burckhardt, *Meine Danziger Mission 1937–1939*, München: Callwey 1960.
120 Gaston Palewski, 1957–1962 französischer Botschafter in Italien.

hen lieber Carl. Hier kann ich nicht länger bleiben vorläufig, aus vielen Gründen.

J'embrasse Elisabeth et je vous embrasse, vous aime et vous admire [Ich küsse Elisabeth und ich küsse Sie, liebe Sie und bewundere Sie]

Annette

Viendrez-vous à Paris cet hiver? [Werden Sie diesen Winter nach Paris kommen?]

*

AN CARL JACOB BURCKHARDT

[München,] 15. VIII. 63

Cher Carl

Combien souvent presque journellement je pense à vous mais je n'écris pas et vous ne m'écrivez pas. Et le temps passe et il n'apporte rien de bon. [Wie oft und fast täglich denke ich an Sie aber ich schreibe nicht und Sie schreiben mir nicht. Und die Zeit vergeht und sie bringt nichts Gutes.] Die Welt selbst wird jeden Tag hässlicher, es bleibt nur die Natur. Ich habe die letzten Monate gearbeitet das war mein einziger Trost – mit einer Sekretärin par force [zwangsläufig], denn meine Augen sind schlecht daran. Meine Freunde meinten es gut indem sie mir über meinen Kopf hinweg eine Wohnung suchten, fanden und mieteten, die Fenster leider alle nach Südwesten die blenden. Die Sonne ohne Bäume davor. [Max Rychner] hielt hier in der Akademie einen grossartigen Vortrag[121] es war eine

---

121 Max Rychner hielt am 11. Juli 1963 auf der öffentlichen Jahressitzung der Bayerischen Akademie der Schönen Künste den Vortrag *Moderne Dichter als Gegner der Geschichte*.

Freude ihn wieder zu sehen Was den Herrn Dohrn[122] betrifft, befolgte ich Ihren Rat, auch den der Baronin Guttenberg,[123] mittlerweile hatte er leider schon meinen Namen missbraucht. das selbe tat der Verfasser des »Stellvertreter«[124] oder so ähnlich heisst das kläglich schlechte Stück, das er nach dem so schönen Stück Raffalts[125] der »Nachfolger« schrieb nur aus Geldgier natürlich. Er citirt etwas das ich nie sagte. Dies Stück geht aber auch über viele Bretter. Und ich kann nichts tun.

Roland[126] ist auf Urlaub – was könnte er heute auch tun. Zu spät war alles er schrieb mir von seinem Travail écrasant [seiner erdrückenden Arbeitsbelastung]. Jenny[127] leidet weniger wie er. Ich kann ihre Sympathien nicht teilen, mais je regrette de les voir rarement [aber ich bedaure, sie selten zu sehen], bin tief betrübt über die jetzige Wendung.

Je vous embrasse et Elisabeth et je souffre de ne pas vous voir ni les enfants. De tout coeur votre bien fidèle [Ich küsse Sie und Elisabeth und ich leide darunter, weder Sie noch die Kinder zu sehen. Von ganzem Herzen Ihre sehr treue]

Annette

Un *mot* comment vous allez. Je vais manquer cette lettre [Ein *Wort*, wie es Ihnen geht. Ich werde diesen Brief verpassen]

*

---

122 Vermutlich der deutsche Publzist Klaus Dohrn.
123 Vermutlich Elisabeth Freifrau von und zu Guttenberg.
124 Rolf Hochhuth, dessen 1963 uraufgeführtes Stück *Der Stellvertreter* über das Schweigen des Papstes angesichts der Judenverfolgung eine der größten Debatten der deutschen Theatergeschichte auslöste.
125 Reinhard Raffalt, katholischer deutscher Schrifsteller und Publizist, veröffentlichte 1962 sein Stück *Der Nachfolger*.
126 Roland Jacquin de Margerie.
127 Jenny de Margerie.

8 München 27
17. XI. 63
Händelstr. 1

Lieber Herr Professor

Entschuldigen Sie mich bitte, wenn ich mir eine Anfrage Ihnen gegenüber erlaube. Aber ich weiss Christianens[128] Adresse nicht mehr und es drängt mich sehr ihr eine Mitteilung zu machen. Würden Sie die Güte haben sie ihr wissen zu lassen, oder falls es Ihnen weniger lästig fiele, ihr diesen Brief einfach zu schicken? – Dass Rudolf Hirsch nicht mehr im Verlag S. Fischer ist, muss ich sehr beklagen. Ich arbeitete ganz allein mit ihm. Meine früheren Bücher erschienen fast alle ohne Einführung auf der 1. Seite. Jetzt ist das anders. Zwischen Hirsch und mir war ausgemacht, dass der neu zu erscheinende Roman »Daphne Herbst« Worte darüber aus einem Brief von Hofmannsthal als Einführung stehen sollten. Als Hirsch fortging, schrieb ich nochmals ausdrücklich, es dürfen nur die Worte aus dem Privatbrief gebracht werden, die sich auf das Buch beziehen. Ich hörte aber der ganze Brief stünde da, und als ich gegen die Taktlosigkeit protestierte, erhielt ich zur Antwort, daß man mir in einer »eventuellen« Ausgabe, in einer Buchgemeinschaft in Stuttgart mir entgegen kommen würde! – Sie können sich denken wie peinlich mir die Sache Christiane gegenüber ist. Der Brief ist kurz aber der Verstoss ist gross und mir ist das Buch verleidet. Mir ist es

---

128 Christiane Zimmer, älteste Tochter von Hugo von Hofmannsthal. Werner Vordtriede und Christiane Zimmer verband eine langjährige Freundschaft.

besonders wegen Christiane so zum Ärger. Es geht den geistigen Arbeitern am härtesten heute. Ich hoffe Sie können mich lesen ich habe Not mit meinen Augen. Herzlich grüsst Sie
Ihre Annette Kolb

*

AN ELAZAR BENYOËTZ
[München] 2.III.64

Lieber Hebräer
Lieber Elazar

ich bin in Ihrer Schuld, aber ich habe solche Not mit den Correcturen. [Weil das Buch] Vor Ostern heraus soll.[129] Was Sie betriffft, so war Ihre Zeit wahrhaftig kurz ermessen ein gewichtiges Buch über Ihre Deutschlandreise zu beenden; jetzt wird es gewiss *sehr* gut.

Ich will am 7. März auf eine Woche nach Bonn[130] bin dann wieder in München bis gegen Ostern vorher oder nachher. Dann Paris so Gott will. Werden wir uns dort oder hier sehen?

Was Israel betrifft,[131] die Kosten könnte ich schon aufbringen aber welchen Grund hätte das Land Israel mein Kommen zu wünschen? Ist es nicht meinerseits unbescheiden mich ihm anzubiedern? Das ist doch hier die Frage!

Ich freue mich aber dass Sie Ihre Deutschlandreise wieder machen werden, über Ihre Verse freute ich mich, sie waren eine Übersetzung nicht. Halten Sie mich auf dem Laufenden,

---

129 Annette Kolb, *1907–1964. Zeitbilder*, Frankfurt am Main: S. Fischer 1964.

130 Annette Kolb besuchte Konrad Adenauer.

131 Annette Kolbs dringlicher Wunsch, nach Israel zu reisen.

au revoir hier oder dort, dann oder wann – in Paris bleibe ich gewöhnlich 3–4 Wochen, auf Wiedersehen hier oder dort, dann aber nicht zu spät: sehen Sie in Frankfurt Inselverlag den Rudolf Hirsch, in Köln den Dr. Witsch,[132] der bedauert Sie nicht gesehen zu haben. Alle besten Wünsche auf *Ihren* Weg
Ihre chrl. [christliche] Schwester Annette

*

AN ERIKA MANN

7.8.1964

Liebe Erika

meine Augen taugen so garnichts sonst würde ich dir oft schreiben, denn meine Gedanken ziehen so oft zu dir. Nie hast du so schön geschrieben und ich denke bewundernd an dich.
alle guten Geister mit dir! In Treue und Liebe
Deine Annette

*

AN ELAZAR BENYOËTZ

[München] 7. September [1964]

Lieber Hebräer

Dank für Ihren lieben Brief aber bitte tun Sie *gar nichts* in der Sache Palästina. Es wäre falsch hier etwas zu forciren.

---

132 Joseph Caspar Witsch, deutscher Verleger, gründete nach dem Zweiten Weltkrieg den Verlag Kiepenheuer & Witsch.

Soll ich hinkommen, so wird es geschehen, andern Falls ist es mir nicht bestimmt. An Rychner[133] habe ich gedankt für seinen Artikel über mein Buch,[134] und nur gesagt, dass ich zur [Zeit] Missgeschicke habe, nachdem ich Jahrzehnte lang vor ihnen behütet gewesen sei; den unschuldigen C. B.[135] und die unschuldige R. R. die bis Ende September in Italien sein wird, liess ich grüssen. Sie sind beide auf meiner Seite gewesen. Von Wüste war gar keine rede für mich, im übrigen aber sei der See Genezareth nicht gefährlicher wie der Bodensee. Damit Schluss. Auch Rychner haben Sie mit dieser Sache behelligt. Lassen wir jetzt die Dinge werden oder verderben. Es hat ja Zeit und in [den] letzten zwei Monaten hat meine Gesundheit gelitten. Ich habe noch nie eine Kur gemacht, vielleicht wäre es der Moment im Oktober eine zu machen wenn ich sie erschwinge. Aber noch 1 Mal forcieren wir nichts. habe ich nicht recht? Auch Sie haben Ihre Schwierigkeiten und halten durch, ich muss auch durchhalten.

Paul[136] lässt Sie vielmals grüssen. Können Sie mich lesen?!? Sagen Sie mir ob Sie mir nicht auch recht geben. Tun wir nichts.

Herzlichst alles Gute für Sie

A

*

---

133 Max Rychner.
134 *1907–1964. Zeitbilder.*
135 Vermutlich Carl Jacob Burckhardt.
136 Paul Kolb, der jüngere Bruder von Annette Kolb.

AN ELAZAR BENYOËTZ

München 15. VII. 67

Lieber Elazar!

Danke für Deine liebe, schöne Karte, die mich sehr freute!
Auch ich war in Sorge um Dich. Nun bin ich froh zu wissen
dass es Dir gut geht! Wie geht es Deiner so lieben Schwester
und Ihrem Mann in Jerusalem! Wann sehen wir uns wieder?
Für heute grüsst Dich herzlich
    Deine alte Schwester
    Annette

Dein Land ist schon mein Land geworden!!

7. Blick in die Ebene von Hebron

Die Briefempfängerinnen und -empfänger

ELAZAR BENYOËTZ (1937–) ist ein israelischer Dichter, der als Kleinkind mit seinen Eltern aus Österreich auswandern musste. Ursprünglich hieß er Paul Koppel, nahm aber in Israel einen hebräischen Namen an. Die Zweisprachigkeit sollte sein Leben bestimmen. Benyoëtz wurde 1959 Rabbiner und zog in den sechziger Jahren nach Berlin, um von dort aus den deutschen Sprachraum zu erkunden. In diese Zeit fiel der Beginn seiner Freundschaft mit Annette Kolb, der er nach ihrem Tod mit dem Buch *Annette Kolb und Israel* ein Denkmal setzte. »Annette war mein Deutschland«, heißt es auf der ersten Seite dieses Buches, »und das, was mit ihr verloren ging, fehlt hier nun für immer. Dieser Verlust für Deutschland, wurde er bemerkt?«[1] Benyoëtz war der erste Israeli, den Annette Kolb persönlich kennenlernte. Er ermutigte sie zu ihrer Reise nach Israel in ihrem letzten Lebensjahr. Elazar Benyoëtz, der seit seiner Rückkehr aus Deutschland 1968 wieder in Jerusalem lebt und arbeitet, verfasste seine Gedichte zunächst ausschließlich auf Hebräisch, bevor er Deutsch zu seiner künstlerischen Sprache machte. Sein Werk umfasst neben Lyrik und autobiographischen Texten sowie Essays zu religiösen Themen vor allem Aphorismen, für die er berühmt ist. Wegen seiner Verdienste um die deutsche Sprache und Literatur erhielt er zahlreiche Preise.

---

1 Elazar Benyoëtz, *Annette Kolb und Israel*, Heidelberg: Lothar Stiehm Verlag 1970, S. 9.

FRANZ BLEI (1871–1942), war ein österreichischer Schriftsteller, der sich um die Jahrhundertwende als Essayist einen Namen machte. Eines seiner Interessengebiete war die erotische Literatur. Er betätigte sich auch als Übersetzer französischer und englischsprachiger Autoren wie André Gide oder Oscar Wilde. Überdies war er Herausgeber und Redakteur diverser Zeitschriften, darunter *Die Insel* und *Hyperion*. Große Verdienste erwarb er sich durch die Entdeckung und Förderung junger Autoren wie Franz Kafka, Robert Walser und Robert Musil. In sein 1923 erschienenes Hauptwerk *Das große Bestiarium der deutschen Literatur*, in dem er zeitgenössische Schriftstellerinnen und Schriftsteller satirisch porträtierte, flossen seine reichen Erfahrungen als Literaturkritiker mit ein. Eines der bekanntesten dieser humorvollen Porträts ist das der »Kolbannette«. Blei lebte lange Jahre in München, wo er Annette Kolb kennen und schätzen lernte. Er trug wesentlich zur literarischen Laufbahn Annette Kolbs bei, indem er ihr Publikationsmöglichkeiten verschaffte, Texte von ihr lektorierte und sie bei Übersetzungsarbeiten unterstützte. Franz Blei hatte eine hohe Meinung von ihr. Noch kurz vor seinem Tod wiederholte er, was er schon Jahrzehnte vorher über sie geschrieben hatte: »Annette Kolb hat den Typus einer Frau als Vorläuferin vorweggenommen und lebendig hingestellt, wie wir ihn als geläufigen Typus für einmal in dreißig Jahren erhoffen, wo die weibchenhaften Hysterien dank eines sie nicht mehr verlangenden Männchens ausgestorben sein werden, ebenso wie die männerhafte grobe Allüre des steifen Hemdes über weicher weiblicher Brust als falscher Protest gegen lächerlichen Mannswillen. Ja, die große Vorläuferin dieses erlösten und erlösenden Frauentypus ist die Annette.«[2]

---

2 Franz Blei, *Zeitgenössische Bildnisse*, Amsterdam: Allert de Lange 1940, S. 306.

CARL JACOB BURCKHARDT (1891–1974) entstammte einer Basler Patrizierfamilie. Wie schon sein Großonkel, der bedeutende Kulturhistoriker Jacob Burckhardt, studierte er Geschichte, trat jedoch nach Abschluss seines Studiums in den diplomatischen Dienst ein. Als Gesandtschaftsattaché in Wien lernte er Hugo von Hofmannsthal kennen, mit dem ihn eine lebenslange Freundschaft verband. In die Schweiz zurückgekehrt lehrte er als Professor für Geschichte an den Universitäten Zürich und Genf. Perfekt zweisprachig bewegte er sich sicher sowohl in der deutsch- als auch französischsprachigen Gelehrtenwelt. Sein Hauptwerk ist eine vierteilige Biographie Richelieus. Er verfasste aber auch eine Vielzahl von Essays und schrieb Erzählungen. Neben seiner Arbeit als Wissenschaftler und Literat betätigte sich Burckhardt weiterhin politisch. So war er 1937 Hoher Kommissar des Völkerbunds für die Stadt Danzig. Er engagierte sich auch für das Internationale Komitee vom Roten Kreuz, dessen Präsident er während der ersten Nachkriegsjahre war. Von 1945 bis 1949 war er zudem Schweizer Gesandter in Paris. Carl Jacob Burckhardt und Annette Kolb verband das Interesse an Frankreich und seiner Kultur sowie das Bemühen um die deutsch-französische Verständigung. »Diese unverdrossene Kentaurin«, sagte er einmal über sie, »leidet unter ihrer doppelten ethnischen Natur, aber sie lächelt über dieses Leiden. Ihr Lächeln ist so traurig als tapfer, auch ahnungsvoll, denn es bereitet darauf vor, einsehen zu müssen, daß die deutsch-französische Grenze, die ihre Natur mitten entzweischneidet, in ihr selbst nie überschritten werden kann. Und doch kennt sie – wie niemand sonst – das Geheimnis des Einklangs zwischen ihren beiden Vaterländern.«[3]

---

3 Carl Jacob Burckhardt, *Tochter zweier Vaterländer*, in: *Die Zeit*, Nr. 29/1958, https://www.zeit.de/1958/29/tochter-zweier-vaterlaender [26. November 2018].

GERHART HAUPTMANN (1862–1946) war ein deutscher Schriftsteller, der es dank seiner Dramen zu internationalem Ruhm brachte. Der Durchbruch als Theaterautor gelang ihm 1892 mit dem sozialkritischen Stück *Die Weber*. 1910 wurde ihm vor allem für sein dramatisches Werk der Nobelpreis für Literatur verliehen. Diese Ehrung war der Höhepunkt einer langen Reihe von Auszeichnungen, die Hauptmann im Laufe seines Lebens erhielt. So überrascht es nicht, dass Annette Kolb ihn in ihrem Brief vom 12. November 1909 mit »Hochverehrter Meister« ansprach. Gerhart Hauptmann schadete seinem Ruf nachhaltig, als er sich 1933 den Nationalsozialisten andiente und sogar die Parteimitgliedschaft beantragte.

WILHELM HAUSENSTEIN (1882–1957) wurde in Hornberg im badischen Schwarzwald geboren. Er wuchs auf mit dem Blick nach Westen, nach Frankreich. Als junger Mann kam er zum ersten Mal nach Paris, gegen Ende seines Lebens wirkte er dort von 1950 bis 1955 als deutscher Generalkonsul. Annette Kolb, die ihn schon 1903 kennengelernt hatte, als er Student in München war, teilte die allgemeine Begeisterung über diese glückliche Wahl: »Als Hausenstein zum ersten Vertreter der Bonner Republik nach Paris berufen wurde und mit Frau Hausenstein eintraf, hieß es hier: ›Enfin un geste. Enfin un acte de compréhension‹ [Endlich eine Geste. Endlich ein Akt des Verstehens]. Jetzt, nachdem man sie beide kennenlernte, heißt es: ›On n'aurait pas pu mieux choisir‹ [Man hätte nicht besser wählen können].[4] Frankreich ernannte Hausenstein wegen seiner Verdienste 1955 zum Grand Officier de la Légion d'Honneur. Er war der erste

---

4 Annette Kolb, *Gruß aus Paris*, in: W. E. Süskind (Hrsg.), *Festgabe für Wilhelm Hausenstein. Zum 70. Geburtstag, 17. Juni 1952*. München 1952, S. 148.

Deutsche im 20. Jahrhundert, dem diese Ehre zuteilwurde. Wilhelm Hausenstein war nicht nur auf dem diplomatischen Parkett sehr erfolgreich, auch als Kunsthistoriker, Journalist und Schriftsteller fand er viel Anerkennung, bis ihn die Nationalsozialisten mehr und mehr schikanierten und schließlich mit einem Berufsverbot belegten. Dennoch blieb er seiner Gesinnung und seiner jüdischen Frau Margot treu. Nach dem Krieg wollten die Amerikaner ihn wegen seiner moralischen Integrität zum Chefredakteur einer neuen Zeitung in München machen. Er lehnte ab, schlug aber einen Namen für das Blatt vor: *Süddeutsche Zeitung.*

HERMANN HESSE (1877–1962) ist neben Rainer Maria Rilke und Thomas Mann der wohl berühmteste Korrespondenzpartner Annette Kolbs. Schon zu Lebzeiten war er höchst erfolgreich als Schriftsteller und wurde 1946 als einziger Schweizer außer Carl Spitteler mit dem Nobelpreis für Literatur ausgezeichnet. Sein psychologisches Interesse und sein Verständnis für Spiritualität sowie seine humanistische Gesinnung ließen ihn eine Haltung über den Tagesstreitigkeiten und politischen Konflikten einnehmen, was ihm einige Kritik, aber auch die Sympathie und Freundschaft unabhängiger Geister wie René Schickele und Annette Kolb einbrachte. So sehr fühlten sich letztere ihm geistesverwandt, dass sie ihn zum Umzug nach Badenweiler zu bewegen versuchten: »[...] wir haben uns gedacht: was wäre der Hesse für ein Nachbar!«[5]

ALFRED WALTER HEYMEL (1878–1914) gehörte zu den frühesten Förderern Annette Kolbs. Er schrieb in erster Linie Gedichte, aber auch ein Theaterstück, *Der Tod des Narzissus,* das von Felix Mottl vertont wurde. Seine Bedeutung für die

---

5 Annette Kolb an Hermann Hesse, 22. Februar 1927.

Literaturgeschichte liegt weniger in seinem Werk begründet als seiner Tätigkeit als Verleger und Mäzen. Er gehörte zu den Herausgebern der Zeitschriften *Die Insel* und *Hyperion*, die vielen angehenden Künstlern und Schriftstellern, darunter Heinrich Vogeler oder Robert Walser, ein Forum boten. Als Erbe eines großen Vermögens konnte Heymel in München ein mondänes Leben führen. 1907 wurde er in den Adelsstand erhoben. Es gelang ihm allerdings nicht, den von ihm gewünschten Platz in der Gesellschaft einzunehmen. Umso wichtiger waren für ihn die Freundschaften mit seinem Vetter Rudolf Alexander Schröder, dem Schriftsteller Karl Gustav Vollmoeller, Hugo von Hofmannsthal und Annette Kolb. Heymel war mit Marguerite (genannt Gitta) von Kühlmann, der Schwester Richard von Kühlmanns, verheiratet. 1914 rückte er als Oberleutnant der Reserve zum Kriegsdienst ein, starb jedoch schon am 26. November an Tuberkulose in Berlin.

HUGO VON HOFMANNSTHAL (1874–1929) war zunächst als Lyriker und ab der Jahrhundertwende zunehmend als Dramatiker sehr erfolgreich. Eine fruchtbare Zusammenarbeit verband ihn mit Richard Strauss, für den er Opernlibretti verfasste, darunter für die Oper *Ariadne auf Naxos*, die Annette Kolb begeisterte. Die Bewunderung war durchaus gegenseitig. Als Annette Kolbs erster Roman *Das Exemplar* 1913 erschien, lobte Hofmannsthal das Buch in den höchsten Tönen: »Sie können sehr stolz sein. Sie haben Dinge hingestellt, die für die meisten Menschen gar nicht existieren, die wirklich zu fixieren eigentlich kein deutscher Autor auch nur versucht hat.«[6] Hugo von Hofmannsthal war als Öster-

6 Hugo von Hofmannsthal an Annette Kolb, 2.6.[1913], zitiert nach: Sigrid Bauschinger, *Ich habe etwas zu sagen, Annette Kolb 1870–1967*, München: Diederichs, S. 85.

reicher die Sympathie Annette Kolbs ebenso sicher wie als Europäer. Überdies überschnitten sich ihre Freundeskreise, so dass sich ihre Lebenswege fast selbstverständlich immer wieder kreuzten.

ERICH KÄSTNER (1899–1974) ist als Autor von Kinderbüchern wie *Emil und die Detektive* unvergessen, war aber auch ein Schriftsteller für Erwachsene. Ursprünglich aus Dresden stammend, lebte er bis gegen Ende des Zweiten Weltkriegs in Berlin, ließ sich dann aber 1945 in München nieder, wo er als Feuilletonchef der *Neuen Zeitung* sowie als literarischer Kabarettist sich der Auseinandersetzung mit der nationalsozialistischen Schreckensherrschaft, dem Krieg und dessen Folgen widmete. Einige der Artikel, Lieder und Prosatexte, die in dieser Zeit entstanden, kamen 1952 in dem Sammelband *Die kleine Freiheit* heraus. Erich Kästners politische Gesinnung entsprach auf weite Strecken der Annette Kolbs, die er nicht zuletzt wegen ihrer konsequent pazifistischen Haltung sehr schätzte. Sie war für ihn noch im Alter die »First Lady unserer zeitgenössischen Literatur«.[7]

HERMANN KASACK (1896–1966) gehörte wie Erich Kästner zur sogenannten Inneren Emigration, also zu den Schriftstellern, die zwar in Deutschland blieben und nach Möglichkeit weiter arbeiteten, dem nationalsozialistischen Regime jedoch ablehnend gegenüberstanden. Kasack war ein Pionier des literarischen Rundfunks, durfte aber ab 1933 auf diesem Gebiet nicht mehr wirken. 1941 wurde er Cheflektor des S. Fischer Verlags, dessen Leitung er 1944 übernahm, als Peter Suhrkamp, dessen Name der Verlag mittlerweile trug,

---

7 *Der Spiegel* 23/1960 http://www.spiegel.de/spiegel/print/ d-43065886.html [2. Dezember 2018]

verhaftet worden war. Nach dem Krieg konnte Kasack seinen ersten Roman, *Die Stadt hinter dem Strom*, veröffentlichen. 1948 half er, das Deutsche PEN-Zentrum zu gründen und 1949 die Akademie der Wissenschaften und der Literatur in Mainz, zu deren Mitgliedern auch Annette Kolb zählte.

HERMANN KESTEN (1900–1996) war vielleicht der Exilautor schlechthin. Schon sein Deutschlehrer am Gymasium nannte ihn prophetisch einen »Heine redivivus« (einen wieder zum Leben erweckten Heine). Als Jude musste Kesten 1933 Deutschland fluchtartig verlassen, ließ sich in Paris nieder und arbeitete für den Verlag Allert de Lange in Amsterdam, bis er 1940 erneut fliehen musste, diesmal nach New York. Von dort aus setzte er sich unermüdlich für die Rettung verfolgter Schriftstellerinnen und Schriftsteller ein. Dank ihm konnte Annette Kolb 1941 in die USA entkommen, wofür sie ihm sehr dankbar war. Hermann Kesten teilte Annette Kolbs europäische Gesinnung und war wie sie und ihr gemeinsamer Freund René Schickele einer der unabhängigen Geister des Exils. Diese Unabhängigkeit bewahrte er sich auch in seiner zweiten Lebenshälfte, die er wieder in Europa, vornehmlich in Rom, verbrachte. In Annette Kolb sah er, dessen bekanntestes Werk *Meine Freunde die Poeten* heißt, ein weibliches Pendant zu sich selbst: »Sie besaß das Genie der Freundschaft und Freundlichkeit und hatte auch in aller Welt, und wie sie sich rühmte, in allen Gesellschaftsklassen, ergebene Freunde, wie sie selber eine unbeirrbare, unerschrockene Freundin war, ein guter Mensch, der unbefangen von Freunden nahm, weil sie immer bereit war, Freunden zu geben.«[8]

---

8 Hermann Kesten, *Nachwort* zu Annette Kolb, *Wera Njedin*, zitiert nach: Sigrid Bauschinger, *Ich habe etwas zu sagen, Annette Kolb 1870–1967*, München: Diederichs 1993, S. 168.

ERIKA MANN (1905–1969) kannte Annette Kolb seit ihrer Kindheit in München, doch begegneten sie sich auch im Exil in Frankreich und später den USA immer wieder. Beide Frauen einte neben ihrer Beziehung zu München ihre Abneigung gegen den Nationalsozialismus. Erika Mann schrieb in einem gemeinsam mit ihrem Bruder Klaus verfassten Buch über Annette Kolb: »Wie eine kleine Fanfare wird die Stimme dieser deutschen Französin, dieser französischen Deutschen, wenn sie von dem Nazi-Unwesen spricht. ›Ah!‹ ruft sie aus und macht eine Geste, als wolle sie sich das Haar raufen – was aber gar nicht möglich ist, da sie niemals, selbst am Morgen nicht, ohne Hut erscheint – ›ah, diese Nazis! Quels salots! Quels cochons! Was für Schweine!‹«[9] Sie blieb ihr bis an ihr Lebensende verbunden.

KLAUS MANN (1906–1949) war wie seine Schwester Erika ein entschiedener Gegner der Nationalsozialisten. Sowohl seine Homosexualität als auch seine im Gegensatz zu seinem Vater von Anfang an öffentlich bekundete Ablehnung der Machthaber in Deutschland machten ihn zu deren Feind und zwangen ihn, schon 1933 ins Exil zu gehen. Als Schriftsteller und Herausgeber der Zeitschrift *Die Sammlung* wurde er rasch zu einer wichtigen Figur unter den exilierten Autorinnen und Autoren. Annette Kolb gehörte indes nicht zu den Beiträgerinnen der *Sammlung*, sie distanzierte sich sogar klar von der Zeitschrift und damit von deren Herausgeber. Als sie später in die USA emigrierte, veröffentlichte Klaus Mann aber in seiner Zeitschrift *Decision* einen englischsprachigen Aufsatz von ihr, woraus hervorgeht, dass er ihr nicht grollte. Sie schätzte ihn als Schriftsteller und sagte ihm das auch. Er

9 Zitiert nach: Armin Strohmeyr, *Annette Kolb*, München: dtv 2002, S. 226.

revanchierte sich in seiner 1942 erschienenen Autobiographie *The Turning Point* und nannte sie »eine alterslose Figur«, was sie sehr freute.[10]

THOMAS MANN (1875–1955) galt Annette Kolbs große Bewunderung. Dies hielt sie allerdings nicht davon ab, sich Dritten gegenüber zuweilen kritisch über den Nobelpreisträger zu äußern. Thomas Mann war für sie nicht nur der gefeierte Autor, sondern auch das Oberhaupt einer Münchner Familie, mit der sie von Anfang ihrer literarischen Laufbahn an bekannt und vertraut war. Die Bücher von Annette Kolb und Thomas Mann wurden vom gleichen Verlag, S. Fischer in Berlin, herausgegeben. Ihr Romanerstling *Das Exemplar* erschien im selben Jahr wie Thomas Manns *Der Tod in Venedig*. Sie konnte sich also mit Fug und Recht als seine Kollegin betrachten. Er verhielt sich jedoch nicht immer kollegial ihr gegenüber und verletzte sie nachhaltig, als er sie 1947 in seinem Roman *Doktor Faustus* als Jeannette Scheurl karikierte: »Von mondäner Häßlichkeit, mit elegantem Schafsgesicht, darin sich das Bäuerliche mit dem Aristokratischen mischte, ganz ähnlich wie in ihrer Rede das bayerisch Dialekthafte mit dem Französischen, war sie außerordentlich intelligent und zugleich gehüllt in die naiv nachfragende Ahnungslosigkeit des alternden Mädchens.«[11]

WERNER RICHTER (1888–1969) war ein deutscher Schriftsteller und Journalist. Ab 1926 berichtete er für das *Berliner Tageblatt* aus München. 1936 ging er wegen seiner jüdischen

---

10 Vgl. ebd., S. 232.
11 Thomas Mann, *Doktor Faustus*, Hrsg. v. Ruprecht Wimmer (*Große kommentierte Frankfurter Ausgabe*, Bd. 10.1), Frankfurt am Main: S. Fischer 2008, S. 269.

Abstammung ins Exil. Er blieb jedoch seiner Wahlheimat Bayern innerlich verbunden und veröffentlichte 1939 sein bis heute immer wieder aufgelegtes Hauptwerk, eine Biographie König Ludwigs II. 1941 gelang ihm wie vielen anderen mit Hilfe Hermann Kestens die Flucht in die USA. Seine Dankbarkeit diesem Land gegenüber schlug sich in einer weiteren Biographie aus seiner Feder nieder, die George Washington zum Gegenstand hatte und gleich nach dem Krieg herauskam. In New York unterstützte er Annette Kolb nach Kräften. Werner Richter wurde 1947 amerikanischer Staatsbürger, kehrte aber nach Europa zurück und verbrachte seinen Lebensabend in Lugano in der Schweiz.

RAINER MARIA RILKE (1875–1926) war einer der bedeutendsten Lyriker der frühen Moderne. Auch Annette Kolb war von Rilkes Gedichten beeindruckt. Sie lernte den Dichter in München kennen, wo er studiert hatte und wohin er immer wieder zurückkehrte. Rilke und Annette Kolb verband die Liebe zu Frankreich und seiner Kultur, doch dürfte sie Rilkes elitäres Selbstverständnis und problematische politische Gesinnung – er bejahte den italienischen Faschismus – getrennt haben, worüber sie sich allerdings nicht äußerte. Rilke schätzte Annette Kolb als Autorin und war wie Hofmannsthal sehr angetan von ihrem erstem Roman *Das Exemplar.* Aus Ronda in Andalusien schrieb er ihr: »Wenn ich nicht in dieser infamen Entfernung wäre, ich würde Ihnen alle Blumen ins Haus schicken, die ich zu sehen bekomme, um nur etwas zu tun, was meiner Freude und Ergriffenheit gleichkommt, denn Worte sind da schon zu weit und zu urteilerisch, so was müßte im Schweben bleiben und schwebend sich mitteilen.«[12]

---

12 Brief vom 9. Januar 1913, zitiert nach: Armin Strohmeyr, *Annette Kolb*, S. 82.

LUISE RINSER (1911–2002), eine einst erfolgreiche, heute wegen ihres Verhältnisses zum Nationalsozialismus umstrittene deutsche Schriftstellerin, hatte ihren literarischen Durchbruch 1941 mit der von Hermann Hesse begeistert aufgenommenen Erzählung *Die gläsernen Ringe*. Der Erfolg stellte sich aber erst nach dem Krieg ein, als sie in rascher Folge Erzählungen und Romane veröffentlichte. Luise Rinser war bis 1953 freie Mitarbeiterin der *Neuen Zeitung* in München, deren Feuilleton Erich Kästner verantwortete. Sie war zwar Katholikin, vertrat hingegen zunehmend linke Positionen. Annette Kolb verfolgte ihre literarische Laufbahn mit Interesse. Obwohl Luise Rinser 1959 nach Italien zog, behielt sie ihre Wohnung in München. Die beiden Schriftstellerinnen blieben bis zu Annette Kolbs Tod in Kontakt.

ROMAIN ROLLAND (1866–1944) war für Annette Kolb während der Jahre ihres Schweizer Exils eine sehr wichtige Figur. Der französische Schriftsteller hatte bei Kriegsausbruch 1914 in der Schweiz beschlossen, nicht nach Frankreich zurückzukehren, sondern sich von neutralem Boden aus für die Völkerverständigung einzusetzen. Sein 1912 abgeschlossener zehnbändiger Roman *Jean-Christophe*, für den er den Nobelpreis für Literatur erhielt, handelt von einem deutschen Komponisten, der in Frankreich sein Vaterland und seine Wahlheimat in sich harmonisch vereinigt. Kein Wunder fühlte sich Annette Kolb Romain Rolland geistig verwandt und wollte sie seine persönliche Bekanntschaft machen. Nachdem sie schon seit dem Frühjahr 1915 Briefe gewechselt hatten, unterstützte er sie 1916 bei ihren pazifistischen Aktivitäten und auch nach ihrer Flucht in die Schweiz 1917. »Ich gehöre zu der kleinen Zahl derer, die Ihren Schmerz verstehen und teilen können«, versicherte er ihr, »mein Geist verlangt nach der Einheit der beiden Völker und er fügt sich keinesfalls in diesen Bruderkrieg.«[13]

MAX RYCHNER (1897–1965) veröffentlichte in den von ihm betreuten Zeitschriften und Feuilletons viele Beiträge von Annette Kolb, die ihn zu ihren Freunden zählte. Der Schweizer Schriftsteller und Journalist war 1923 bis 1931 Chefredaktor der *Neuen Schweizer Rundschau*, einer international ausgerichteten Kulturzeitschrift. Später arbeitete er für die *Kölner Zeitung*, verlor die Stelle aber 1933 wegen seiner politischen Überzeugungen und war anschließend bis 1937 Korrespondent der *Neuen Zürcher Zeitung* in Köln. 1939 bis 1962 baute er das Feuilleton der Schweizer Zeitung *Die Tat* zu einem der wichtigsten im deutschsprachigen Raum aus. Als Übersetzer Paul Valérys war Max Rychner ein Brückenbauer zwischen Frankreich und Deutschland. Mit zeitgenössischen Schriftstellern stand er in engem Austausch. Er war zum Beispiel mit Hugo von Hofmannsthal und Carl Jacob Burckhardt gut befreundet. Außerdem förderte er aktiv junge Dichter. Bereits 1947 publizierte er in der *Tat* Gedichte von Paul Celan, der damals noch völlig unbekannt war.

RENÉ SCHICKELE (1883–1940) war Annette Kolbs engster Freund. Als Elsässer wuchs er wie Annette Kolb zweisprachig auf und fühlte sich wie sie sowohl in Frankreich als auch in Deutschland zu Hause. Für Annette Kolb war er »le seul compatriote que j'eus jamais« (der einzige Landsmann, den ich je hatte).[14] Er selbst nannte sich »citoyen français und

---

13 Romain Rolland an Annette Kolb, Genf, 11.3.1915, zitiert nach: Armin Strohmeyer, *Annette Kolb*, S. 109.
14 Annette Kolb, *Blätter in den Wind*, Frankfurt am Main: S. Fischer 1954, S. 173.

deutscher Dichter«. René Schickele war ein etablierter, erfolg-
reicher Autor, als er Annette Kolb Anfang 1915 in München
kennenlernte und sie zur Mitarbeit an der von ihm herausgegebenen Zeitschrift *Die weißen Blätter* aufforderte. Annette Kolb veröffentlichte daraufhin in Schickeles Zeitschrift
ihre *Briefe an einen Toten*, die unter dem Titel *Briefe einer
Deutsch-Französin* als Buch erschienen. Annette Kolb folgte
Schickele ins erste Schweizer Exil und wurde seine Nachbarin
in Badenweiler. Auch nachdem er Ende 1932 nach Südfrankreich gezogen war, blieb sie ihm verbunden. Erst Schickeles
Tod setzte ihrer besonderen Beziehung ein Ende. Schickeles
Werk ist durchdrungen von deutschem, französischem und
spezifisch elsässischem Geist. René Schickele war der gebo-
rene Europäer, und er zerbrach daran, dass der Nationalsozialismus seinen Traum eines friedlichen Europas zunichte
machte.

THEA STERNHEIM (1883–1971) veröffentlichte zu Lebzei-
ten außer einem Roman nur wenig, schrieb jedoch während
Jahrzehnten Tagebücher, die heute als literaturgeschichtliche
Quellen von großem Wert sind. Thea Sternheim gehörte wie
Annette Kolb zu den entschiedenen Gegnerinnen des Ersten
Weltkriegs. »Ich habe immer wieder das Bedürnis Ihnen zu
sagen wie anständig ich's von Ihnen finde, so zu schreiben
wie Sie geschrieben haben«,[15] schrieb sie ihr anerkennend,
nachdem sie ihre pazifistischen *Briefe an einen Toten* in der
Zeitschrift *Die weißen Blätter* gelesen hatte. Thea Sternheim
und Annette Kolb trafen sich nach dem Ersten Weltkrieg des
Öfteren in Uttwil am Bodensee, wo sich um Henry van de
Velde eine kleine Künstlerkolonie gebildet hatte. Auch später

---

15 Thea Sternheim an Annette Kolb, 15.3.1915, zitiert nach: Sigrid
Bauschinger, *Ich habe etwas zu sagen*, S.97.

kreuzten sich ihre Wege. Während der dreißiger Jahre in Paris, als sie beide dort lebten, trug die Erfahrung des Exils dazu bei, dass ihre Freundschaft sich intensivierte.

DOROTHY THOMPSON (1893–1961) wurde von einem ihrer Biographen »die amerikanische Kassandra«[16] genannt. Die amerikanische Journalistin und Schriftstellerin Dorothy Thompson gehörte in der Tat zu den warnenden Stimmen, die die Welt auf die Gefahren aufmerksam machten, die von den Nationalsozialisten und Sowjetkommunisten ausgingen. Ihre Stimme wurde gehört. 1939 bezeichnete sie das Magazin *Time* als die einflussreichste Frau in den USA nach Eleanor Roosevelt.[17] Thompson lebte als Auslandskorrespondentin ein Jahrzehnt lang in Berlin, musste die Stadt aber 1934 verlassen. Sie kehrte zurück in die USA und setzte sich von dort aus für verfolgte Schriftstellerinnen und Schriftsteller ein. So kam Annette Kolb im Frühling 1939 zu einer Einladung zum Internationalen PEN-Kongress in New York, die sie gerne annahm. 1940 erschien Annette Kolbs Buch über ihre Erfahrungen in Amerika unter dem Titel *Glückliche Reise* im Verlag Allert de Lange in Amsterdam.

KURT TUCHOLSKY (1890–1935) leistete zwar drei Jahre Dienst im Ersten Weltkrieg, kritisierte aber als Journalist Militarismus und Nationalismus aufs Schärfste. Seit 1913 war er Mitarbeiter der Zeitschrift *Die Weltbühne*, zu deren wichtigstem Repräsentant er in den zwanziger Jahren wurde. *Die Weltbühne* druckte auch zahlreiche Beiträge von Annette

---

16 Peter Kurth, *American Cassandra. The Life of Dorothy Thompson*, Boston: Little Brown 1991.
17 https://de.wikipedia.org/wiki/Dorothy_Thompson [30. Dezember 2018].

Kolb ab, deren pazifistische Gesinnung ganz auf der Linie der Zeitschrift lag. So lernten sich die beiden kennen. Für *Die Weltbühne* und die *Vossische Zeitung* berichtete Tucholsky mehrere Jahre aus Paris. 1930 ließ er sich in Schweden nieder, weil er nicht nach Deutschland zurück wollte. Zwei Jahre später machte man in Berlin dem Herausgeber der *Weltbühne*, Carl von Ossietzky, wegen eines Satzes in einem Artikel von Kurt Tucholsky den Prozess. Der Satz lautete:»Soldaten sind Mörder«. Annette Kolb schrieb daraufhin an Tucholsky: »Nächstens wird einem der Process gemacht, wenn man aus den Evangelien alle Sentenzen gegen das Totschlagen citirt.«[18] 1935 starb Tucholsky im schwedischen Exil an einer Überdosis Schlaftabletten.

THEODORA VON DER MÜHLL (1896–1982), genannt »Dory«, hat nie ein Universitätsstudium absolviert, doch ging lange das Gerücht um, sie habe die Doktorarbeit ihres Bruders Carl Jacob Burckhardt geschrieben,[19] was zumindest denkbar wäre, denn Dory Von der Mühll verfügte über große kulturhistorische Kenntnisse, die sich in zahlreichen Publikationen niederschlugen, deren bekannteste das Buch *Vorspiel zur Zeitenwende. Das Basler Konzil 1431–1448* ist. Überdies tat sie sich als Übersetzerin aus dem Französischen hervor. So hat sie Voltaires *Geschichte Karls XII* und die Briefe der Madame de Sévigné sowie die Erinnerungen Bella Chagalls ins Deutsche übertragen. In ihrem Haus gingen Schriftstellerinnen und Schriftsteller ein und aus. Rilke und Hofmannsthal gehörten zu ihren Gästen. Mit Annette Kolb

---

18 Annette Kolb an Kurt Tucholsky, 4.3.1932, zitiert nach: Armin Strohmeyr, *Annette Kolb*, S.176 f.
19 Vgl. Peter F. Kopp, *Rilke und Basel*, in: *Baselbieter Heimatblätter*, 70. Jg., Nr. 3, September 2005, S.101.

war sie ein Leben lang befreundet. Da diese von Badenweiler regelmäßig nach Basel kam, sahen sich die Freundinnen oft. Als Hitler an die Macht kam und Annette Kolb ihr Häuschen am Rande des Schwarzwaldes verlassen musste, unterstützte sie Dory Von der Mühll materiell und moralisch. Annette Kolb fand bei ihr an der Malzgasse 29 stets eine offene Tür.

WERNER VORDTRIEDE (1915–1985) war ein deutsch-amerikanischer Literaturwissenschafter und Schriftsteller, der in Freiburg in Breisgau aufwuchs, aber gleich nach seinem Abitur in die Schweiz auswanderte, da seine Mutter Käthe Vordtriede Jüdin war und er als sogenannter Halbjude mit dem Schlimmsten rechnen musste. Er begann in der Schweiz ein Germanistikstudium, ging dann 1938 in die USA und schrieb eine Magisterarbeit über Friedrich Hölderlin. Vordtriede brachte es in Amerika bis zum Professor, zog jedoch 1961 nach München, wo er zunächst als freier Autor lebte, bis er seine Lehrtätigkeit wieder aufnahm. Er unterrichtete sowohl französische als auch deutsche Literatur. Zu seinen Studenten gehörten Dieter Borchmeyer und Werner Herzog. In den USA hatte Werner Vordtriede Hugo von Hofmannsthals Tochter Christiane Zimmer kennengelernt und sich mit ihr angefreundet. In den sechziger Jahren lebte sie in München im selben Haus wie er.[20]

JULIUS ZEITLER (1874–1943) war Kunsthistoriker, Philosoph, Schriftsteller und Verleger. Zunächst war er Angestellter des Verlags Hermann Seemann Nachf., machte sich jedoch 1904 selbständig, um seine von der Buchkunstbewe-

---

20 https://de.wikipedia.org/wiki/Werner_Vordtriede [31. Dezember 2018].

gung inspirierten Ideen umsetzen zu können. Ähnliche Wege hatten vor ihm schon Eugen Diederichs sowie Alfred Walter Heymel und Rudolf Alexander Schröder, die Gründer des Insel Verlags in München, beschritten. War die Zeitschrift *Die Insel* das Flagschiff des gleichnamigen Verlags, wagte Zeitler gemeinsam mit Franz Blei die Gründung einer vornehmlich Erotica gewidmeten Zeitschrift *Die Opale – Blätter für Kunst und Literatur*, die beachtlichen Erfolg hatte. Zeitler gab indes auch Klassiker heraus. 1906 erschienen in seinem Verlag *Die Briefe der heiligen Catarina von Siena. Ausgewählt, eingeleitet und Deutsch herausgegeben von Annette Kolb*. Dies war Annette Kolbs zweite Buchpublikation, an der sie wegen der schönen Gestaltung des Einbandes große Freude hatte.

BERTA ZUCKERKANDL (1864–1945) war eine Wiener Schrifstellerin, die einen berühmten Salon unterhielt, in dem sämtliche Geistesgrößen Österreichs ein und aus gingen. Als Schwägerin von Paul Clemenceau, dem Bruder von Georges Clemenceau, hatte sie beste Beziehungen zur politischen Elite Frankreichs, die sie 1917 für einen Separatfrieden Österreich-Ungarns mit Frankreich zu nutzen versuchte. Auch später wurde sie von Politikern um Rat und Unterstützung angegangen. 1938 musste sie wegen ihrer jüdischen Herkunft aus Österreich fliehen. Sie ging nach Frankreich, später nach Algerien ins Exil und starb 1945 in Paris. Während der wenigen Jahre, die sie in dieser Stadt lebte, stand sie in regem Austausch mit anderen österreichischen und deutschen Exilanten. Annette Kolb kannte sie aus der Zeit von deren Schweizer Exil. Gemeinsam mit ihr übersetzte sie 1936 Jean Giraudoux' Stück *La guerre de Troie n'aura pas lieu (Der trojanische Krieg findet nicht statt)*.

CARL ZUCKMAYER (1896–1977) feierte als Dramatiker im Berlin der zwanziger und frühen dreißiger Jahre Triumphe. Sein Stück *Der Hauptmann von Köpenick* machte ihn zum reichen Mann. Wegen seiner Opposition zum Nationalsozialismus konnte er sich nach 1933 in Berlin nicht halten, und er zog nach Henndorf am Wallersee bei Salzburg. 1938 holten ihn die Zeitläufte ein, er musste Hals über Kopf in die Schweiz fliehen. 1939 erhielt er eine Einladung von Dorothy Thompson in die USA und konnte seine Familie dorthin mitnehmen. Er setzte sich mit Hermann Kesten dafür ein, dass Annette Kolb 1941 ein amerikanisches Visum bekam, das auch ihr die Flucht aus Europa ermöglichte. In Barnard/Vermont, wohin er sich zurückgezogen hatte, war Zuckmayer der Nachbar von Dorothy Thompson, auf deren Landsitz »Twin Farms« Annette Kolb zuweilen Erholung von den Strapazen der Großstadt New York fand: »Annette Kolb, zu Gast bei Dorothy Thompson, besuchte uns häufig, ich stellte ihr einen Stuhl auf die Wiese, und sie sagte: ›Hier ist noch ein Ort, da kann man zu Hause sein.‹«[21]

---

21 Carl Zuckmayer, *Als wär's ein Stück von mir*, Frankfurt am Main: S. Fischer 1966, S. 529.

Verzeichnis der Briefe

8. Annette Kolb an Hugo von Hofmannsthal,
7. Februar [1913]

ABKÜRZUNGEN:

DLA Marbach	Deutsches Literaturarchiv Marbach
Monacensia	Münchner Stadtbibliothek / Monacensia
ÖNB Literaturarchiv	Literaturarchiv der Österreichischen Nationalbibliothek (LIT)
SLA	Schweizerisches Literaturarchiv Bern
UB Basel	Universitätsbibliothek Basel

ELAZAR BENYOËTZ

Zitiert nach: Elazar Benyoëtz, Annette Kolb und Israel, Heidelberg: Lothar Stiehm Verlag 1970

2. III.64
7. September [1964]
15. VII.67

FRANZ BLEI

DLA Marbach, A: Blei, Franz

3.7.[1938]   Zugangsnummer 12.33.3/4

CARL JACOB BURCKHARDT

UB Basel, NL 110: Korrespondenz zwischen Annette Kolb und Carl Jacob Burckhardt

ce 11 aout [1928]	Signatur G3821, 5
le 10 Aout [1930]	Signatur G3821, 21
le 11 mars [1933]	Signatur G3821, 48
13. III 33	Signatur G3821, 49
25.3.[35]	Signatur G3821, 69
22.XI.35	Signatur G3821, 74
18.I.36	Signatur G3821, 83
le 27 avril 1945	Signatur G3821, 91
[August 1946?]	Signatur G3821, 104
22.IX.46	Signatur G3821, 106
22.VIII.[50]	Signatur G3821, 130

28.XI.52	Signatur G3821, 147
22.XI.60	Signatur G3821, 261
15.VIII.63	Signatur G3821, 280

GERHART HAUPTMANN

Staatsbibliothek zu Berlin, Handschriftenabteilung, Nachlass
Gerhart Hauptmann

12.11.09	Signatur: GH Br NL A: Kolb, Annette, 1, 3–4
22.I.24	Signatur: GH Br NL A: Kolb, Annette, 1, 8
23.XI.31	Signatur: GH Br NL A: Kolb, Annette, 1, 9
12.XII.32	Signatur: GH Br NL A: Kolb, Annette,1, 10–11

WILHELM HAUSENSTEIN

DLA Marbach, A: Hausenstein, Wilhelm

| 30.11.46 | Zugangsnummer 66.2272/2 |

HERMANN HESSE

DLA Marbach, D: Hesse, Hermann
7.4.1915

SLA Hesse-Ms-L-83-Kolb-Annette
[1919]
27.I.[1920]
17.[5.]27
28.XII.27
21.V.[1930]
4.X.[1936]
30.VI.[1937]
8.V.[1938]
5.VI.38
27.XII.1938
20.IV.[1939]

12.8.[1939]
15.VIII.[1939 oder 1940]
30.III.[1947]
2.XI.52
23.I.[1955]
28.2.55

ALFRED WALTER HEYMEL

DLA Marbach, A: Heymel, Alfred
16. Okt. 1908   Zugangsnummer 62.1570/13
[1909/1910]   Zugangsnummer 62.1570/18
11.03.1914   Zugangsnummer 62.1570/65
21.09.[1914]   Zugangsnummer 62.1570/82

HUGO VON HOFMANNSTHAL

Freies Deutsches Hochstift Frankfurt am Main, Nachlass Hugo
von Hofmannsthal
6.2.[1913]   HS-30750, 2
7.2.[1913]   HS-30750, 3
17.8.13   HS-30750, 1

HERMANN KASACK

DLA Marbach, A: Kasack, Hermann
14.IX.49   Zugangsnummer 91.128.1377/1
1.I.50   Zugangsnummer 91.128.2308
10.I.55   Zugangsnummer 91.128.1377/4
4.II.56   Zugangsnummer 91.128.3833

ERICH KÄSTNER

DLA Marbach, A: Kästner, Erich
28.3.53   Zugangsnummer HS 1998.0003

HERMANN KESTEN

Monacensia, Nachlass Hermann Kesten, HK B 604
  17.9.40
  25.11.40
  14.2.[1941]
  3.III.41
  15.III.41
  28.II.46
  25.IV.47
  31.XII.50
  25.I.60

ERIKA MANN

Monacensia, Nachlass Erika Mann, EM B 117
  5.3.31
  7.8.1964

KLAUS MANN

Monacensia, Nachlass Klaus Mann, KM B 148
  [New York, Winter 1942/1943]

THOMAS MANN

Thomas-Mann-Archiv der ETH Zürich
  10.I.25   B-II-KOLA-2
  25.IV. [1933]   B-II-KOLA-6
  3.X.[1934]   B-II-KOLA-8
  8.4.35   B-II-KOLA-10
  [10.10.?] 1938   B-II-KOLA-17
  30.XI.38   B-II-KOLA-18
  20.I.39   B-II-KOLA-19
  6.August 40   B-II-KOLA-21
  16.IV.41   B-II-KOLA-22
  22.III.44   B-II-KOLA-24

2. VIII.44   B-II-KOLA-25
17. V.48   B-II-KOLA-27

WERNER RICHTER

DLA Marbach, A: Richter, Werner
28. VI.46   Zugangsnummer 69.3840/8
1.5.50   Zugangsnummer 69.3842/1
2.1.51   Zugangsnummer 69.3842/8

RAINER MARIA RILKE

DLA Marbach, A: Rilke, Rainer
24.12.11   Zugangsnummer 05.114.19

LUISE RINSER

DLA Marbach, A: Rinser, Luise
9. V.50   Zugangsnummer HS. 2002.0007
22. II.60   Zugangsnummer HS. 2002.0007

ROMAIN ROLLAND

Monacensia, Nachlass Annette Kolb, AK B 365a
   ce 8 mars [1915]
   Ce 8 avril [1915]
   [Bern,] Ce 26 février [1919]
Publiziert in: Anne-Marie Saint-Gille, La vraie patrie, c'est la
lumière!: Annette Kolb et Romain Rolland; Correspondance et
documents, Bern: Peter Lang 1994

MAX RYCHNER

DLA Marbach, A: Rychner, Max
8.9.31   Zugangsnummer HS. 2004.0008.00623
23.9.31   Zugangsnummer HS. 2004.0008.00623

4.2.40	Zugangsnummer HS.2004.0008.00623
22.1.[1941]	Zugangsnummer HS.2004.0008.00623
31.1.[1941]	Zugangsnummer HS.2004.0008.00623
4.1.46	Zugangsnummer HS.2004.0008.00623
3.2.46	Zugangsnummer HS.2004.0008.00623

RENÉ SCHICKELE

DLA Marbach, A: Schickele, René

[Dezember 1915/Januar 1916]	Zugangsnummer 64.978/2
2.2.1916	Zugangsnummer 64.978/1
9.3.23	Zugangsnummer 64.978/11
[12.]11.23	Zugangsnummer 64.978/18
ce 21 [septembre 1924]	Zugangsnummer 64.978/37
30.IX.24	Zugangsnummer 64.978/38
22.XI.[24]	Zugangsnummer 64.978/45
8.III [1925]	Zugangsnummer 64.978/52
11. Okt. 25.	Zugangsnummer 64.978/61
21.XII [27]	Zugangsnummer 64.978/82
7.II.28	Zugangsnummer 64.978/91
[28.4.1929]	Zugangsnummer 64.978/104
[28.4.1932]	Zugangsnummer 64.978/126
23.XI.1932	Zugangsnummer 64.978/136

Zitiert nach: Annette Kolb; René Schickele, Briefe im Exil: 1933–1940, Heidemarie Gruppe und Hans Bender (Hrsg.), Mainz: v. Hase & Koehler 1987

10.II.[1933]
20.12.[1933]
17.9.[1934]
22.8.[1938]
12.9.[1939]

THEA STERNHEIM

DLA Marbach, A: Sternheim, Thea

2.1.50	Zugangsnummer 71.293/7

DOROTHY THOMPSON

P.E.N. American Center Records (C0760); Manuscripts Division,
Department of Rare Books and Special Collections, Princeton
University Library
February 5th 39   Box 95, Folder 2
April 20th [1939]   Box 95, Folder 2

KURT TUCHOLSKY

DLA Marbach, A: Tucholsky, Kurt
8.8.31   Zugangsnummer 86.2206/2
4.3.32   Zugangsnummer 86.2206/4

THEODORA VON DER MÜHLL

DLA Marbach, A: Von der Mühll, Theodora
9.IX.32   Zugangsnummer 81.817/20
16.IX.[32?]   Zugangsnummer 81.817/21
25.V.33   Zugangsnummer 81.817/34
4.II.35   Zugangsnummer 81.818/5
8.XI.[36]   Zugangsnummer 81.819/23
31.V.[37]   Zugangsnummer 81.819/36
21.Februar [1941] Zugangsnummer 81.820/14
ce 25 juillet 42 Zugangsnummer 81.820/16
ce 30.XI [1952]   Zugangsnummer 81.820/43
10.7.[54]   Zugangsnummer 81.820/48

WERNER VORDTRIEDE

DLA Marbach, A: Vordtriede, Werner
17.XI.63   Zugangsnummer 86.2936

JULIUS ZEITLER

DLA Marbach, A: Zeitler, Julius
19.11.06	Zugangsnummer 81.3058/6
26.2.11	Zugangsnummer 81.3058/10

BERTA ZUCKERKANDL

ÖNB Literaturarchiv der Österreichischen Nationalbibliothek, Wien (LIT)
21.3.18	Signatur 405/B42/1
30.7.[1918?]	Signatur 405/B42/2
18.9.[1932]	Signatur 405/B42/13
14.1.[1936]	Signatur 405/B42/13
20.1.[36]	Signatur 405/B42/13

CARL ZUCKMAYER

DLA Marbach, A: Zuckmayer, Carl
23.1.54	Zugangsnummer HS.1995.0001
3.9.55	Zugangsnummer HS.1995.0001

Bildnachweis

1. Münchner Stadtbibliothek / Monacensia, Sign. AK F 54
2. Münchner Stadtbibliothek / Monacensia, Sign. AK F 29
3. Foto: Thea Sternheim. Münchner Stadtbibliothek / Monacensia, Sign. AK F 46
4. ETH-Bibliothek Zürich / Thomas-Mann-Archiv, Sign. TMA_AL7_6147_4
5. Foto: Hermann Landshoff. bpk / Münchner Stadtmuseum, Sammlung Fotografie / Archiv Landshoff
6. Foto: Willy Pragher. Münchner Stadtbibliothek / Monacensia, Sign. AK F 33
7. Fotografie aus dem Besitz von Annette Kolb. Münchner Stadtbibliothek / Monacensia, Sign. AK F 46
8. Hofmannsthal-Archiv / Freies Deutsches Hochstift, Frankfurt am Main, Sign. HS-30750, 3

Die Herausgeber und der S. Fischer Verlag danken allen Rechteinhabern für die Abbildungsgenehmigung.

Da in einigen Fällen die Rechteinhaber nicht festzustellen oder nicht erreichbar waren, verpflichtet sich der Verlag, rechtmäßige Ansprüche nach den üblichen Honorarsätzen nachträglich zu vergüten.

Editorische Notiz

Bei der vorliegenden Edition handelt es sich um eine Auswahl nach biographischen und literaturhistorischen Kriterien. Die Transkription der Briefe erfolgte nach dem Prinzip der möglichst großen Texttreue. Die Briefe erscheinen ungekürzt. Die zuweilen abenteuerliche Orthographie und Zeichensetzung Annette Kolbs wurden beibehalten. Einzig das Erscheinungsbild der Briefe wurde behutsam vereinheitlicht, sofern der Inhalt dies zuließ. In wenigen Fällen war die Ergänzung eines Briefes um ein Wort in eckigen Klammern für das Textverständnis notwendig. Auf Englisch oder Französisch geschriebene Passagen und Briefe wurden von Albert M. Debrunner in Absprache mit Cornelia Michél ins Deutsche übersetzt. Er hat auch die Einleitungstexte sowie die Kurzporträts der Briefempfängerinnen und -empfänger verfasst. Personen werden in einer Fußnote zu dem Brief, in dem sie erstmals erwähnt werden, näher bezeichnet. Das Personenregister ermöglicht das rasche Auffinden dieser Informationen. Das Verzeichnis der Briefe verweist auf die Archive, wo sich diese befinden, oder auf die Bücher, in denen einige schon einmal publiziert wurden.

Personenregister

Adenauer, Konrad 220, 270
Arco auf Valley, Anton Graf von 57
Auernheimer, Raoul 156, 159 f., 162

Ball, Hugo 146
Barrère, Camille 14, 40, 108, 215
Bartsch, Rudolf H. 16
Beethoven, Ludwig van 211
Beideek, Herr 87
Beiger, Maurice 88
Bemelmans, Ludwig 247
Benyoëtz, Elazar 8, 222, 270–273, 275
Bergson, Henri-Louis 178, 252
Bermann Fischer, Brigitte, genannt »Tutti« 116, 134, 165, 265
Bermann Fischer, Gottfried 113, 115 f., 134, 138 f., 141, 165 f., 176, 183, 188 f., 199–201, 203, 226, 228, 234, 243, 265
Bernhard, Georg 142, 159, 232
Bernoulli, Alice 196, 205, 207
Bernoulli, Christoph 111, 163, 196, 205, 207
Berton, René 81
Berwick, s. Hulton, Edith Teresa
Biel, Frau 228
Binding, Rudolf G. 170
Bismarck, Otto von 21, 48
Bizer, Emil 77, 120
Blei, Franz 8 f., 12–14, 16 f., 33, 51–53, 126, 167 f., 276, 292

Bodmer, Martin 109 f.
Boerner, Maria 168
Bonsels, Waldemar 136
Borchmeyer, Dieter 291
Bosetti, Hermine 25 f.
Brahms, Johannes 184
Brakl, Franz Joseph 19
Braun, Otto 106, 121
Brecht, Bertolt 265
Breitbach, Joseph 114 f., 117, 176
Breitscheid, Rudolf 140, 142, 198
Briand, Aristide 91 f., 145, 215, 233
Bruckmann, Elsa 151 f.
Bruckner, Ferdinand 144
Brüning, Heinrich 157
Bülow, Bernhard Fürst von 37
Bulgarelli-Benti, Marianna 153
Burckhardt, Carl Jacob 8, 92–94, 98–100, 103, 112, 125, 128–132, 146–154, 156–158, 187, 196 f., 203, 205, 207 f., 217 f., 225, 229–231, 236, 244 f., 250–255, 266–268, 272, 277, 287, 290
Burckhardt, Dr. 131 f.
Burckhardt, Elisabeth 93, 99, 125, 130–132, 149 f., 153, 203, 205, 208, 217 f., 224 f., 252, 267 f.
Burckhardt, Jacob 277
Busoni, Ferruccio 93
Busoni, Gerda 93, 166

Caillaux, Joseph 91, 108
Cantacuzene, Herr 151
Carlebach, Alfred 114
Carlebach, Frau 114, 117
Castellane, Dolly de, s. Talley-
  rand-Périgord Castellane,
  Dorothée de
Castellane, Jean de 153
Catarina von Siena 11, 14, 17, 21
Celan, Paul 287
Chagall, Bella 290
Chamberlain, Arthur Neville 174,
  176
Chenevière, Jacques 229
Chevrillon, André 12, 22
Chilhaud Dumaine, Jacques 74,
  153
Chilhaud Dumaine, Jean 70, 74
Churchill, Winston 214
Clemenceau, Georges 292
Clemenceau, Paul 292
Colin, Paul 66
Coulondre, Robert 173
Courot, Antoinette-Marie 56, 58
Craft, Marcella 25
Curtius, Ernst Robert 121, 223,
  225
Curtius, Ilse 223

Daladier, Édouard 172
Danvin, Sophie 20, 28, 33, 236
Darwin, Charles 96
Degenfeld, Ottonie von 27, 29
Diederichs, Eugen 292
Dobržensky, Mary Gräfin 96, 141
Dohrn, Klaus 268
Dolbin, Ninon, s. Hesse, Ninon
Drechsel von Deufstetten, Sophie
  Gräfin 16
Droop, Herr 121
Duchesne, Louis 14, 32, 40, 98 f.

Dumaine, Jacques, s. Chilhaud
  Dumaine, Jacques

Ebert, Friedrich 215
Edschmid, Kasimir 82, 101 f., 120
Eich, Günter 257
Eisner, Kurt 56–58
Eliot, T. S. 256
Elisabeth, s. Burckhardt, Elisabeth
Enderle, Luiselotte 256
Epp, Franz Ritter von 128 f.

Falke, Konrad 172
Farinola, Stephanie 81 f.
Fay, Maude 26
Fischer, Hedwig 134
Fischer, Samuel 49, 68, 72, 113,
  134
Fladung, Irene von 25
Flake, Otto 52
Flandin, Pierre-Étienne 173
Foerster, Friedrich Wilhelm 108,
  214 f., 233
Franckenstein, Georg Albert von
  und zu 27
Frank, Leonhard 197
Franz Josef I., Kaiser 109
Fröhlich, Anna 193
Fry, Varian 203

Galiani, Ferdinando 21
Gan, Peter, Pseudonym von Moe-
  ring, Richard
Gaulle, Charles de 220, 229
Gebsattel, Viktor Emil von 16
Gentile Farinola, Marchese Folco
  82
Géraldy, Paul 77
Germain, André 16
Germaine, s. Stockley, Germaine
Gide, André 108, 208 f., 246, 276

Gidon, Blanche 108
Gigon, Alfred 100, 196
Giraudoux, Jean 80, 125, 148f.,
    154–157, 159f., 162f., 167,
    172, 204, 206, 292
Goethe, Johann Wolfgang von
    251, 253
Grabbe, Christian D. 115
Graf, Richard 119
Graumann, Karl 26
Green, Julien 108, 169
Grossmann, Maria 115
Grossmann, Rudolf 84f., 115
Gründgens, Gustav 257, 261
Grumbach, Moumay 94
Grumbach, Salomon 94
Gsottschneider, Ilse 121
Gubler, Frau 121
Gubler, Friedrich Traugott 121
Gürster, Eugen 247
Gugelmann, Emma 59, 88, 109f.,
    120, 125
Gugelmann, Paul 88, 125
Gugelmann Bossard, Frau 185
Guggenheim, Felix 212
Guttenberg, Elisabeth Freifrau
    von und zu 268

Haase, Hugo 56f.
Habermann, Hugo von 19, 206
Häberlin, Paul 40, 42, 44f.
Hamsun, Knut 158
Hartung, Gustav 68, 71
Hauptmann, Gerhart 8, 18, 67,
    105, 117f., 278
Hauptmann, Margarete 67
Hausenstein, Margot 233, 242,
    278f.
Hausenstein, Renée Marie 233
Hausenstein, Wilhelm 8, 87, 89,
    101, 231–233, 242, 248, 278f.

Hausmann, Manfred 116, 124
Heimeran, Ernst 228
Heimeran, Margrit 228
Heine, Heinrich 262, 282
Helene, s. Welti, Helene
Heneage, Dorothy Margaret 30
Herzog, Werner 291
Hespera, s. Kolb, Louise
Hesse, Bruno 41
Hesse, Heiner 41
Hesse, Hermann 8, 35, 41–43,
    45f., 55, 58f., 86, 90, 97f.,
    160f., 164–167, 177, 182,
    184f., 234f., 249f., 260f., 279,
    286
Hesse, Martin 41, 161
Hesse, Ninon 98, 161, 164f.,
    167, 177, 184f., 234, 250,
    260f.
Heuss, Theodor 250
Heymel, Alfred Walter 8, 14–17,
    19–21, 28–30, 36–38, 279f.,
    292
Heymel, Marguerite (Gitta) 38,
    280
Hildebrand, Adolf von 21
Hilferding, Rose 114, 122, 140f.,
    143
Hilferding, Rudolf 114, 122, 135,
    137, 198f.
Hindenburg, Paul von 106, 121
Hirsch, Rudolf 265, 269, 271
Hirt, Fritz 75, 205, 207
Hirt, Leonie 75, 205, 207
Hitler, Adolf 119, 121f., 136,
    145f., 151f., 171–173, 175f.,
    214f., 244, 291
Hochhuth, Rolf 222, 268
Hölderlin, Friedrich 151, 291
Hofmannsthal, Christiane
    von 80f., 269f., 291

Hofmannsthal, Gertrud von 24,
  28
Hofmannsthal, Hugo von 13,
  24–29, 68, 98–100, 136, 150,
  199, 253, 269, 277, 280 f., 285,
  287, 290 f., 295
Hofmiller, Josef 21
Homberg, Jeanne 158
Homberg, Octave 158
Horowitz, Vladimir 184
Hulton, Edith Teresa, Lady
  Berwick 158

Ilse, s. Seilern-Aspang, Ilse von

Jacobsohn, Siegfried 82, 102
Jaffe, Heinrich 12
Jahn, Johann Friedrich 215
Jaloux, Edmond 81
James, Henry 178, 211 f.
James, William 178, 211 f.
Janin, René 179, 205, 208
Jaurès, Jean 44, 47
Joner, Bertha 66
Joner, Louis 66
Ju, s. Meier-Graefe, Julius

Kästner, Emil Richard 256
Kästner, Erich 8, 255–257, 281,
  286
Kafka, Franz 276
Kasack, Hermann 8, 237–240,
  259 f., 262 f., 281 f.
Kaulbach, Frida von 87
Kaulbach, Hermann 38
Kaulbach, Sophie 38
Kefer, Alfred 63, 72
Kerr, Alfred 82
Kessler, Harry Graf 29, 34, 75,
  115, 135, 157
Kesten, Hermann 8, 126, 189–

191, 194 f., 197–201, 209 f.,
  219, 226 f., 235 f., 243, 246 f.,
  263 f., 282, 285, 293
Kesten, Regina 201
Kesten, Toni 126, 189–191, 195,
  199, 209 f., 226 f., 235 f., 246 f.,
  263 f.
Kestenberg, Leo 116
Keyserling, Hermann Graf 135
Kind, Silvia 191
Kippenberg, Anton 20
Kleiber, Otto 147
Knoop, Gerhard Ouckama 14 f.,
  19
Knorr, Thomas 20
Kolb, Emil 139 f.
Kolb, Fred 222
Kolb, Germaine, s. Stockley,
  Germaine
Kolb, Louise 144, 149
Kolb, Max 33, 221
Kolb, Paul 272
Kolb, Sophie, s. Danvin, Sophie
Kolmsperger, Max 248
Korn, Herr 166
Korrodi, Eduard 87, 162 f., 192,
  197
Kracauer, Siegfried 115
Kraus, Karl 96
Kronheim, Charlotte 234
Kühlmann, Richard von 37 f., 96,
  108 f., 111, 136, 159, 231, 280
Kuhny (Chauffeur) 114, 120

Lagerlöf, Selma 28
Landauer, Walter 114, 189 f., 195
Landsberg, Magdalena 149, 154
Landsberg, Paul 149, 154
Landshoff, Fritz H. 200, 207,
  226, 235 f., 243, 246
Landshoff-Yorck, Ruth 205, 207

Langgässer, Elisabeth 265
Lannatsch, s. Schickele, Anna
Lehman, Herbert Henry 201
Leonard, Lotte 201
Lerchenfeld, Hugo Graf von und zu 145 f.
Lessing, Gotthold Ephraim 221
Lichnowsky, Karl Max Fürst von 37 f.
Lichnowsky, Mechtilde von 24, 27
Lion, Ferdinand 172 f., 176
Löwenstein, Hubertus Prinz zu 174
Lothar, Ernst 154–156, 158
Ludwig II., König von Bayern 285
Ludwig, Emil 232 f.
Luther, Martin 146

Machenauer, Emma 135
Mahler, Alma, s. Werfel, Alma
Mallin, Sophie 139
Manga Bell, Andrea 114
Mann, Erika 8, 100 f., 126, 172, 174, 179, 202, 209 f., 211, 246, 271, 283
Mann, Golo 177
Mann, Heinrich 89, 115, 152 f.
Mann, Katia 79, 100, 125, 133 f., 145, 167, 174 f., 177, 179, 188–190, 194, 203, 207, 212, 217, 236
Mann, Klaus 8, 101, 126, 140, 142, 208–210, 283 f.
Mann, Monika 205, 207
Mann, Thomas 8, 13, 15, 20, 48, 61, 78–80, 89 f., 97, 100, 125, 133 f., 140, 143–145, 150–153, 156, 161, 165, 167, 171–181, 188 f., 194, 200–204, 207, 211–217, 233, 236 f., 279, 283 f.
Marcu, Valeriu 143, 202
Margerie, Jenny de 252, 254, 268
Margerie, Roland Jacquin de 252, 254, 268
Martini, Ada von 59, 89, 109 f., 245
Martini, Max von 59, 109 f., 245
Matteotti, Giacomo 128 f.
Mauriac, François 85, 146, 245, 254
Mayrisch de St. Hubert, Aline 120, 125, 135, 223 f.
Meier-Graefe, Anne-Marie 114, 116
Meier-Graefe, Helene 116, 120, 136
Meier-Graefe, Julius 114, 116 f., 120, 141, 228
Mendelssohn, Eleonora de 162, 205, 207
Mendelssohn, Francesco de 163
Mertz-Rychner, Claudia 224
Messiah, Gaston 89
Messiah, Magdeleine 89
Metternich, Paula 85
Meyer, Georg Heinrich 49, 68 f., 72
Mörike, Eduard 151
Moering, Richard 177, 179
Montgelas, Maximilian Graf von 56 f.
Monts, Anton Graf von 37
Mottl, Felix 18, 43, 46, 191, 279
Müller, Hermann 93 f.
Müller, Herr 52, 75
Musil, Robert 176, 276
Mussolini, Benito 129, 172

Nostitz, Alfred von 77
Nostitz, Helene von 29 f., 77

Olden, Balder 201 f.
Oprecht, Emil 173
Ossietzky, Carl von 117, 122,
    158, 290
Ostertag, Ferdinand 180

Palewski, Gaston 266
Pange, Jean Thomas de 95, 97,
    147
Paz, María de la 135
Pennec, Anna 151
Peters, Frau 142
Pfemfert, Franz 39
Pfitzner, Hans 79
Pinner, Erna 120
Pirandello, Luigi 82
Platen-Hallermünde, August von
    150 f.
Platon 178
Poupet, Georges 108
Pourtalès, Friedrich Graf von
    37
Pourtalès, Guy de 95
Pringsheim, Alfred 175
Pringsheim, Hedwig 175
Provenzale, Francesco 46
Pulver, Max 49
Puttkamer, Anne-Marie von 84

Raffalt, Reinhard 268
Ramlo, Marie 26
Rancé, Armand Jean le Bouthillier
    251
Ranke, Hubert von 140
Rathenau, Walther 34
Rauch, Annie 136
Rauschning, Hermann 186
Regnier, Milly 89

Reifenberg, Benno 118 f., 121,
    170, 182, 232
Reiff, Hermann 174, 176
Reiff, Lily 174, 176, 202
Reinhardt, Max 77, 244
Reiss, Kurt 34
Reventlow, Ernst Graf von 52
Reynold, Colette de 153, 217 f.
Reynold, Gonzague de 42, 45
Richelieu, Kardinal 153, 277
Richter, Werner 8, 126, 227 f.,
    241 f., 247–249, 284 f.
Rilke, Rainer Maria 8, 13, 23, 29,
    39 f., 81, 96, 253, 279, 285, 290
Rinn, Hermann 244
Rinnecker, Frau 89
Rinser, Luise 242 f., 264 f., 286
Rolland, Romain 8, 34 f., 39 f.,
    41–47, 50–52, 55–58, 128,
    286 f.
Roosevelt, Eleanor 191, 289
Roosevelt, Franklin D. 216
Roosevelt, Theodore 191
Rosa (Wahrsagerin) 36
Roth, Joseph 87 f., 114, 143 f.
Rothschild, Hilda de 258
Rowohlt, Ernst 91, 116
Rubiner, Ludwig 40
Rudolph, Ruth 245
Rupprecht, Kronprinzessin
    Marie-Gabriele 15
Rupprecht, Kronprinz von Bayern
    15
Rychner, Elly 225
Rychner, Max 8, 103 f., 121, 187,
    192–194, 196, 223–225, 233,
    234 f., 267, 272, 287

Sandoz, Maurice 110, 205 f.
Sartre, Jean-Paul 256
Savile-Lumley, Lady Violet 30

Schaukal, Richard 14
Scheel, Helmuth 238, 241
Scheffer, Paul 87
Scheler, Max 48
Scherz, Alfred 255
Schickele, Anna 64, 78, 80, 84, 86, 89 f., 112, 122, 125, 157, 177, 264
Schickele, Gustav 80
Schickele, Hans 85
Schickele, Jacques Antoine 79
Schickele, Rainer 85
Schickele, René 33–35, 39, 48–53, 61–66, 68–78, 80–92, 94–97, 100, 106–109, 112–122, 125 f., 137–143, 150, 153 f., 156 f., 159, 168–171, 177–179, 186, 213, 215, 229, 244, 279, 282, 287 f.
Schiess, Hans Rudolf 135
Schiller, Friedrich von 162
Schleicher, Kurt von 120 f.
Schmitthenner, Paul 61 f.
Schneeli, Gustav 110, 152
Schneider, Reinhold 240
Schneller, Franz 120
Schnitzler, Lilly von 76, 78, 89
Schoen, Wilhelm Eduard Freiherr von 37
Schöningh, Franz Josef 248
Schopenhauer, Arthur 178, 240, 251 f.
Schott, Helen 50
Schröder, Eduard 122
Schröder, Rudolf Alexander 29, 99, 257, 280, 292
Schwabach, Erik Ernst 50
Schwarz, Vera 25
Schwarzenbach, Annemarie 196 f.
Schweitzer, Albert 262
Schwörer, Hilde 70, 74 f.

Schwörer, Josef 74, 84
Seilern-Aspang, Ilse von 201, 257
Sévigné, Marie de Rabutin-Chantal, Marquise de 290
Sieburg, Friedrich 107
Simon, Heinrich 115, 121
Simon, Hugo 77, 92, 116, 171, 186
Simon, Trude 92, 116, 171, 186
Simolin-Bathory, Rudolf von 19 f., 109
Solf, Wilhelm H. 37
Sombart, Nicolaus 252
Spitteler, Carl 279
Stanislawski, Igor 111
Stanislawski, Konstantin 111
Sternheim, Carl 82, 71
Sternheim, Dorothea, genannt »Mopsa« 68, 71, 142
Sternheim, Thea 8, 44, 47, 51, 56, 58, 68, 71, 240 f., 288 f.
Stockley, Germaine 64, 125, 134, 139, 168 f., 171, 202, 219, 239 f.
Stolberg-Wernigerode, Juliana Prinzessin zu 135 f.
Storm, Theodor 150 f.
Strauss, Richard 24, 134, 280
Suarez, Georges 168
Suhrkamp, Peter 104, 141 f., 165 f., 238, 240, 243, 281
Swarzenski, Georg 122

Tagger, Theodor, s. Bruckner, Ferdinand
Talleyrand-Périgord Castellane, Dorothée de 153, 158
Thimig, Helene 77, 244
Thompson, Dorothy 8, 180–183, 191, 289, 293
Tolstoi, Lew 111

Toscanini, Arturo 184
Treu (Frl.) 68, 71
Tucholsky, Kurt 8, 101 f., 105 f.,
    289 f.
Tyrrell, William 139

Unruh, Franz von 77
Unruh, Fritz von 77, 82
Unruh, Kurt von 77

Valéry, Paul 157, 287
Vaudoyer, Jean-Louis 254
Vaudoyer, Madame 254
Velde, Henry van de 29, 288 f.
Villiers de l'Isle-Adams, Jean-
    Marie Comte de 12
Viénot, Pierre 135
Vogeler, Heinrich 280
Vogelweide, Walther von der
    151
Vollard, Ambroise 168
Vollmoeller, Karl Gustav 70,
    74 f., 97, 280
Voltaire 290
Von der Mühll, Beat 205, 207
Von der Mühll, Dory, s. Von der
    Mühll, Theodora
Von der Mühll, Hans 110, 112,
    137, 196, 255
Von der Mühll, Inès 205, 207
Von der Mühll, Jan 205, 207
Von der Mühll, Theodora 8,
    109–112, 125, 131, 134–137,
    141, 145–148, 153, 161–163,
    195–197, 204–208, 227,
    253–255, 258 f., 290 f.
Vordtriede, Käthe 291
Vordtriede, Werner 8, 269 f.,
    291

Wagner, Frau 173, 176
Wagner, Richard 18, 133 f.
Walser, Robert 276, 280
Walter, Bruno 25 f., 211
Walterspiel, Alfred 88
Washington, George 285
Wassermann, Jakob 116, 142,
    144
Weber, Carl Maria von 211
Weber, Hans von 15 f.
Wells, Sumner 216
Welti, Friedrich Emil 75, 109 f.,
    125, 166, 205 f.
Welti, Helene 75, 109 f., 125, 166,
    188, 190, 205, 208
Werfel, Alma 112, 126, 170, 183
Werfel, Franz 53, 112 f., 126, 165,
    167, 170, 183, 188, 265
Wilde, Oscar 276
Wilhelm II., Kaiser 107
Wilhelmine von Bayreuth 12
Winsloe, Christa 142
Winter, Herr 27
Witsch, Joseph Caspar 271
Wohlmuth, Alois 25
Wolf, Georg Jacob 14
Wolff, Kurt 49, 68, 72, 87 f., 200
Wolff, Theodor 77

Zeitler, Julius 8, 11 f., 14, 22 f.,
    40, 291 f.
Zimmer, Christiane, s. Hof-
    mannsthal, Christiane von
Zuckerkandl, Berta 8, 35, 53 f.,
    112 f., 125, 154–156, 158–161,
    174, 179, 292
Zuckmayer, Alice 243
Zuckmayer, Carl 8, 126, 243,
    257 f., 261 f., 265, 293
Zweig, Stefan 10

Nachwort und Dank

Archive gelten als verstaubte, düstere Gebäude, in denen Vergangenes abgelegt und dem Vergessen überlassen wird, aber nichts Neues entsteht. Nichts könnte falscher sein als dieses weit verbreitete Bild. Das Literaturarchiv der Stadt München befindet sich in einer ehemaligen Künstlervilla an bester Lage und ist ein äußerst einladender Ort. Doch nicht dort, sondern in den provisorischen und ziemlich prosaischen Räumlichkeiten, die das Archiv während des Umbaus des Hildebrandhauses beziehen musste, wurde die Idee zu vorliegendem Buch geboren. Wir saßen beide über alte Briefe gebeugt, als plötzlich von einem Archivar der Name »Annette Kolb« genannt wurde. Wer beschäftigt sich denn da mit Annette Kolb? Rasch gefragt und dann schüchtern das Gespräch gesucht, in dessen Verlauf rasch klar wurde, dass das letzte Wort noch nicht gesprochen worden war. Adressen wurden ausgetauscht, E-Mails geschrieben und schließlich stand fest, dass wir gemeinsam einen Band mit Briefen Annette Kolbs an Schriftstellerinnen und Schriftsteller herausgeben wollten.

Viel Vorarbeit war bereits geleistet, hatten wir beide uns doch schon intensiv mit Annette Kolb und ihrer Korrespondenz auseinandergesetzt, aber jetzt galt es, eine möglichst breite Auswahl von Briefen zu treffen, um ein adäquates Bild von Annette Kolb als Persönlichkeit und Autorin zu vermitteln. So begaben wir uns wieder in die Archive, lasen, transkribierten, verglichen, wählten aus und verwarfen, bis wir eine repräsentative Menge von Briefen zusammen hatten. Dann verfassten wir die Fußnoten, die einleitenden Texte, und schließlich kümmerten wir uns um das Beiwerk, wie z. B. das

Register. So rundete sich zuletzt, was als offene Sammlung begonnen hatte, zu einem zusammenhängenden Ganzen, zu diesem Buch.

Möglich gemacht haben das eine Vielzahl von Menschen, die unserem Projekt mit großem Wohlwollen entgegengetreten sind, allen voran die Großnichten Annette Kolbs, Annette Mallin-Ryder und Sybill-Ann Kolb-Mertineit, die die Rechte an Annette Kolbs Werken innehaben. Herr Dr. Emmanuel Wiemer, München, hat freundlicherweise den Kontakt zum S. Fischer Verlag hergestellt, wo wir durch Roland Spahr sehr viel Unterstützung erfuhren und wo Norma Schneider das Register erstellte. Im Literaturarchiv der Stadt München in der Monacensia waren sämtliche Mitarbeiterinnen und Mitarbeiter stets ausgesprochen hilfsbereit. Dies gilt ebenso für das Personal des Deutschen Literaturarchivs in Marbach am Neckar, des Freien Deutschen Hochstifts in Frankfurt am Main, des Literaturarchivs der Österreichischen Nationalbibliothek in Wien, des Thomas-Mann-Archivs der ETH Zürich, des Schweizerischen Literaturarchivs in Bern, der Handschriftenabteilung der Universitätsbibliothek Basel sowie der Manuscripts Division, Department of Rare Books and Special Collections, Princeton University Library. Elazar Benyoëtz hat uns freundlicherweise seine Zustimmung zur Veröffentlichung der an ihn gerichteten Briefe gegeben. Der wohl beste Kenner von Hermann Hesses Leben und Werk, Volker Michels, stellte uns Briefkopien aus seinem Archiv zur Verfügung und gab uns bereitwillig Auskunft zur Korrespondenz Hesses mit Annette Kolb. Ohne zu fragen, aber nicht weniger dankbar haben wir auf das große Wissen verschiedener Autorinnen und Autoren zurückgegriffen, das sich in diversen von uns benutzten Publikationen zu Annette Kolbs Leben und Werk niedergeschlagen hat. Sie mögen uns verzeihen, dass sie hier nicht namentlich aufgeführt werden. Zu großem

Dank verpflichtet sind wir auch verschiedenen Privatpersonen, die uns mit Rat und Tat zur Seite standen, namentlich den Annette-Kolb-Expertinnen und -Experten Dr. Sigrid Bauschinger, Dr. Hiltrud und Dr. Günter Häntzschel, einer weiteren Verwandten Annette Kolbs, Sigrid Mrsich-Michél, sowie Liza Klein und Alfred Küng. Unsere Angehörigen schließlich mussten sehr viel Geduld mit uns haben, während wir an nichts anderes als an Annette Kolb und ihre Briefe dachten. Wir hoffen sehr, dass alle, die uns begleitet und unterstützt haben, ebenso gerne zu dem nun fertigen Buch greifen werden wie wir.

Basel und München,   Cornelia Michél und
im Februar 2019   Albert M. Debrunner